DAS GEHEIMNIS ERFOLGREICHER WERBUNG
VON SEBASTIAN TURNER
VERLAG HERMANN SCHMIDT MAINZ

SPRING!

NICHT VON DEN S

ITEN SPRINGEN

DAS GEHEIMNIS ERFOLGREICHER

WERBUNG IST KEIN GEHEIMNIS.

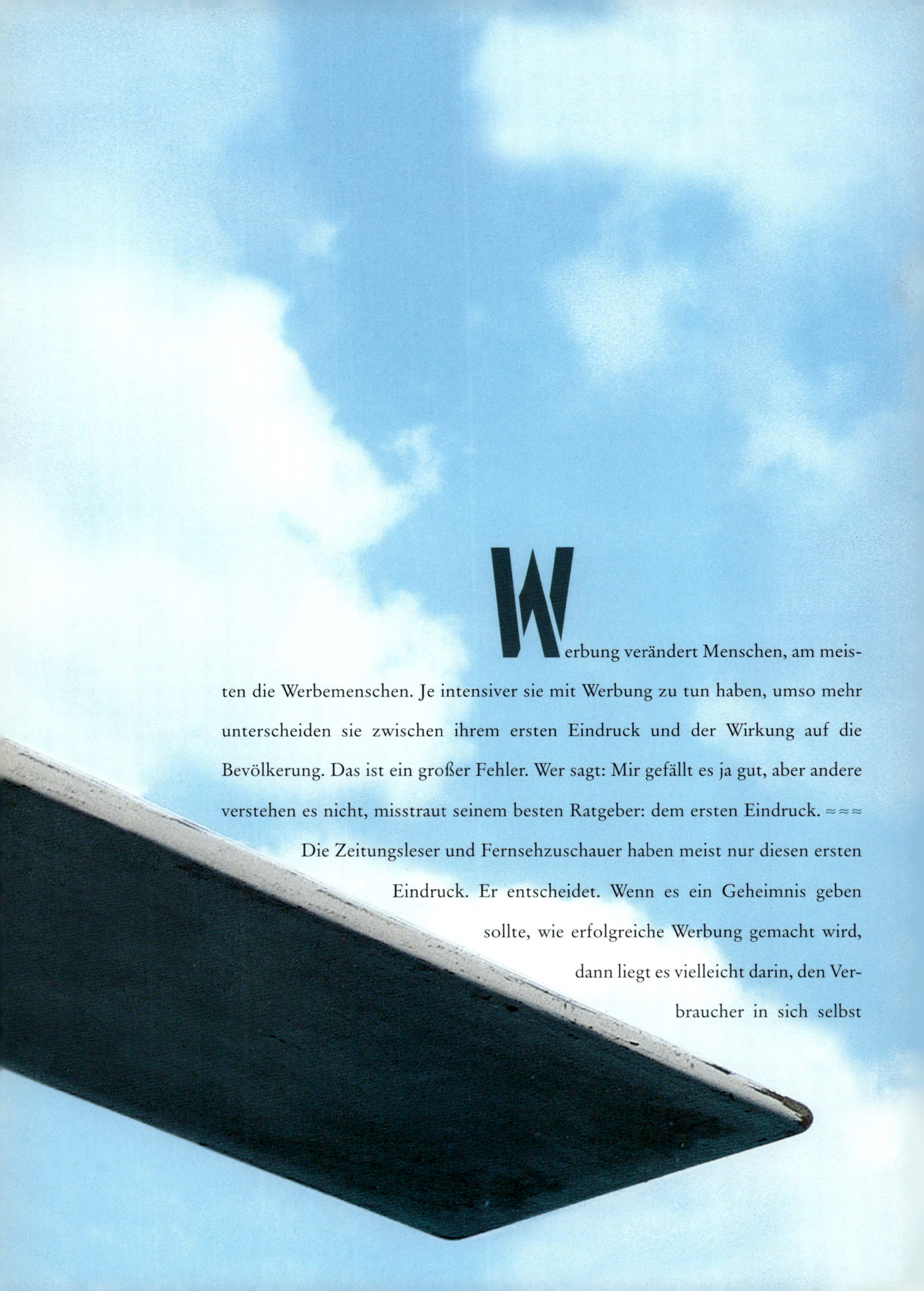

Werbung verändert Menschen, am meisten die Werbemenschen. Je intensiver sie mit Werbung zu tun haben, umso mehr unterscheiden sie zwischen ihrem ersten Eindruck und der Wirkung auf die Bevölkerung. Das ist ein großer Fehler. Wer sagt: Mir gefällt es ja gut, aber andere verstehen es nicht, misstraut seinem besten Ratgeber: dem ersten Eindruck. ≈≈≈ Die Zeitungsleser und Fernsehzuschauer haben meist nur diesen ersten Eindruck. Er entscheidet. Wenn es ein Geheimnis geben sollte, wie erfolgreiche Werbung gemacht wird, dann liegt es vielleicht darin, den Verbraucher in sich selbst nicht zu vergessen. ≈≈≈ Wer sich noch auf seine Sinne als Verbraucher verlassen kann, kann gleich zum zweiten Kapitel vorrücken. Für alle anderen, also vermutlich fast alle Werber und Werbetreibenden, gibt es trotzdem eine Hoffnung. Sie können sich durch dieses Buch wieder in den Zustand der professionellen Unschuld versetzen lassen. Blättern Sie einfach in Ruhe das erste Kapitel durch. Was Sie dort sehen, wird Sie erschüttern. Alles was Sie dort erblicken, haben Sie schon einmal gesehen. Gestern. Und heute sehen Sie es wieder und morgen auch. Aber es fällt Ihnen gar nicht mehr auf. ≈≈≈ Dafür tragen wir alle die Verantwortung: Die Werber machen es, die Auftraggeber bezahlen es und die Verbraucher lassen es sich gefallen. In der Konsumentendemokratie bekommt jeder die Kampagne, die er verdient. ≈≈≈ Für die Konsumenten ist es lästig; für die Werber fällt mir keine vernünftige Entschuldigung ein; für die Auftraggeber aber ist es heute gefährlich. Sie merken, dass die Effizienz ihrer Werbung dramatisch nachlässt. Immer weniger Wirkung kostet immer mehr Geld. Der Preis für die Aufmerksamkeit des Publikums ist in den letzten Jahren so gestiegen, dass sich niemand mehr darauf verlassen kann: Masse machts. Das ist vorbei. Die Masse macht nicht mehr mit. Jeder zusätzliche Fernsehkanal, jedes zusätzliche Internet-Angebot und jede neue Zeitschrift gibt dem Publikum noch mehr Gelegenheiten, der Werbung zu entrinnen. Nur kreative Werbung bietet heute noch die Chance, ein bezahlbares Publikum zu finden. Das belegt eine Fülle aktueller Studien, deren Ergebnisse im zweiten Kapitel zusammengefasst sind. ≈≈≈ Bislang war es das Monopol von ambitionierten Werbe-

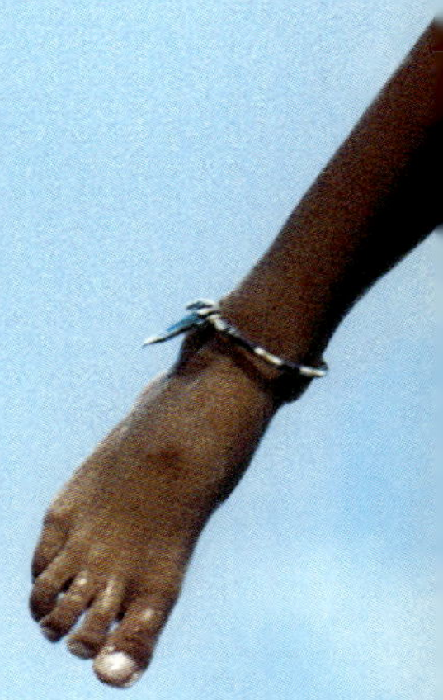

leuten, mehr Kreativität zu fordern. Das wird sich ändern. Im Büro eines besonders erfolgreichen Marketingchefs hängt ein Filmplakat: »In Gefahr und höchster Not ist der Mittelweg der Tod.« Die Werber sind gewarnt: Die Auftraggeber ändern sich. Sie werden bessere Werbung verlangen, nicht aus ästhetischen Gründen, sondern weil es besser fürs Geschäft ist. ≈≈≈ Wie aber kommt man zu kreativer Werbung? Das vierte Kapitel versucht sich an dieser Frage mit 20 Ratschlägen und einigen Hundert Beispielen. Kaum einer dieser Ratschläge ist originell. Mit Helmut Krone, einem der Väter der bahnbrechenden Käfer-Werbung, muss ich gestehen: Alles, was ich mache, habe ich geklaut. Viele Ratschläge finden sich so oder so ähnlich bei Howard Gossage, Bill Bernbach, David Ogilvy oder Michael Schirner, Werner Gaede und Reinhard Siemes. ≈≈≈ In zwei Dutzend Schritten zum kreativen Werber – ist das nicht zu einfach gedacht? Nein, es ist eher noch zu kompliziert. Eine Regel sollte es tun: Spring! ≈≈≈ Gewöhnliches wird nicht beachtet. Das Außergewöhnliche entsteht aber nur, wenn Grenzen übersprungen werden. Das mag gelegentlich Mut erfordern, und wem fehlte der manchmal nicht? Vielleicht ein Trost: Die Alternative zu Mut heißt nicht Zurückhaltung. Es gibt nur noch mutig oder tollkühn. Mutlos gibt es nicht mehr. Mutlosigkeit ist das Tollkühnste. So gesehen ist Mut also immer noch das Sicherste. ≈≈≈ In diesem Sinne danke ich zwei Tollkühnen: Thomas Heilmann und Olaf Schumann sind mit mir in die DDR gegangen, um dort gemeinsam eine Werbeagentur zu gründen. Mutig waren Karl Helesic von der Sächsischen Zeitung und Walter Rogg von der Wirtschaftsförderung Sachsen. Sie waren die ersten Auftraggeber unserer Drei-Mann-Agentur in Dresden. Drei Berufsanfänger, die kein Büro und keinen Telefonanschluss, keine Erfahrung und schon gar keinen Namen vorweisen konnten. Das war vor zehn Jahren. Seinen guten Namen gab uns schließlich Jürgen Scholz, der Gründer von Scholz & Friends in Hamburg, der in einem Nachwort an diese Jahre erinnert und heute eine Berliner Schule erkennt. Die ersten Lektionen gaben Günther Gahren und Wolfgang Schönholz, Geschäftsführer von Scholz & Friends Hamburg und das, was man heute Inkubatoren nennt. Sie waren Geburtshelfer zahlloser Kampagnen und Ratgeber bei vielen Entscheidungen. Schließlich danke ich allen Friends, die in den letzten zehn Jahren dabei geholfen haben, dass dieses Buch so dick werden konnte, vor allem Petra Reichenbach, die dieses Buch gestaltet hat, und Matthias Koslik, dem die Fotos zu verdanken sind. ≈≈≈ Und ich entschuldige mich bei allen Lesern. Jetzt kommt Werbung. Bitte bleiben Sie dran. Wenn Ihnen etwas nicht gefällt, denken Sie bitte an die 21. Regel: Alles ist für etwas gut, und sei es als abschreckendes Beispiel.

20 Regeln sind 18 zu viel. Eine sollte es tun: Spring! Und eine zweite: Alles ist für etwas gut, und sei es als abschreckendes Beispiel.

≈≈≈≈≈≈≈≈≈≈≈≈≈≈≈≈≈≈≈≈≈≈≈≈≈ *Berlin, im Oktober 2000, Sebastian Turner*

IHR TAG, EIN

WERBEBLOCK.

Guten Tag. Das ist Ihr Tag, Ihr Tag als Verbraucher. Wenn Sie schon immer einer waren un

ach nichts anderes werden wollten, dann wird Ihnen dieser Anblick bekannt vorkommen.

Ihr Bad ist Ihr erster Werbekontakt. Jetzt geht es an den Frühstückstisch. Wenn Sie vor

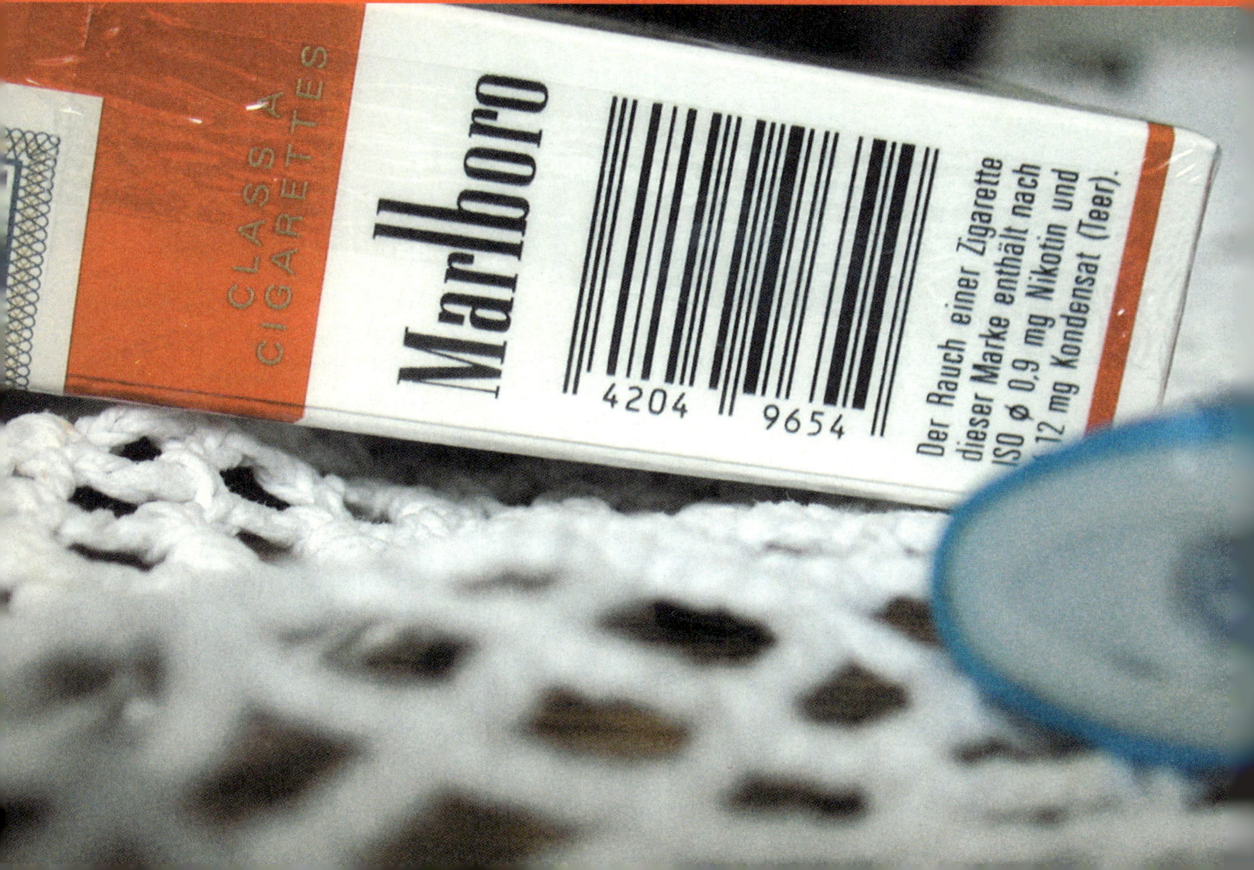

Verbrauchern leben, was an sich nichts Verwerfliches ist, dann werden Sie Mitleid empfinden.

Nicht mit dem Verbraucher, sondern mit Ihrer Marke. Die anderen Marken sind auch scho

alle da. Der Verbraucher ist vermutlich ganz schön untreu. Oder er kennt Sie noch nicht einmal.

Alle wollen seine Aufmerksamkeit. Hier haben Sie keine großen Chancen, sich durchzusetzen

ber der Tag hat erst angefangen. Gleich geht er aus dem Haus. Ihre Chance. Zeigen Sie es ihm.

So, jetzt ist der Verbraucher auf der Straße. Hier werden Sie ihn schon irgendwie packen. Er

plakatieren Kultur
86
Deutsche O
Mariins
KIRC
und Ki
St. Pete
Jewels, L
4.–8. Juli
Deutsch
kann ja nicht einfach die Augen zumachen. Irgendwas muss er sehen. Wozu gibt es Tausende
SIEM
Deutsch
Mariin
KIR
und K

Plakate, Busse, Bauzäune und Schaufenster? Ja, wozu? Damit sich alle möglichen anderen

Marken frech an Ihren Verbraucher heranmachen! Das ist die Wahrheit. Was können Sie mit

Ihrem Budget schon erreichen? Alle Städte über 250.000 Einwohner? Oder die Leser von sech
y.

Zeitschriften? Als Verbraucher kann Ihnen das alles ganz egal sein. Ist es Ihnen ja auch. Aber

als Werbetreibender macht Sie diese Gleichgültigkeit noch verrückt. Da geben Sie jedes Jahr

len Gegenwert einer Einfamilienhaussiedlung aus – und? Und keiner sieht hin. Wobei das so

nicht stimmt. Viele sehen hin, nehmen aber nichts auf. Jeder Einwohner soll jeden Tag 2.000

Verbeimpulse abbekommen. Manche sprechen auch von 3.000. Einer davon war ganz sicher

Ihrer. Aber ob er angekommen ist? Sie könnten sich auf die Marktforschung berufen. Die hat

lles getestet und gesagt: Das wird wirken. Aber ob es den Verbraucher überzeugt, dass die

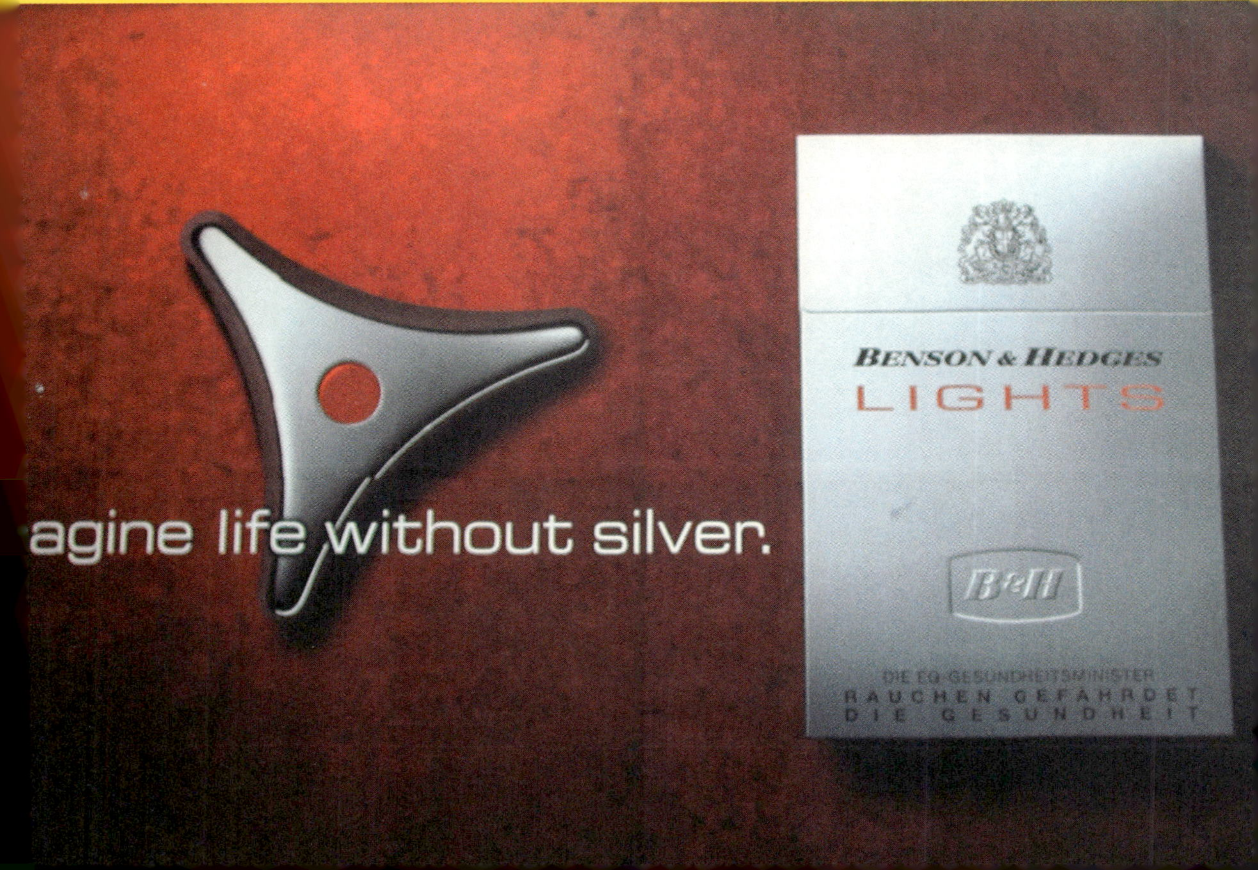

Marktforschung sagt, er müsste überzeugt sein? Wir werden den Verbraucher noch ein wenig

eobachten. Er muss ja mal zur Besinnung kommen. Alles andere wäre der reine Undank.

Jedes Jahr investieren die Werber über 60 Milliarden Mark in die Deutschen. Pro Erwachsenen

000 Mark. Wer gibt einem eigentlich sonst einfach mal so einen Tausender? Eben! Da kann

man doch mal eine Aufmerksamkeit erwarten. Ein bisschen wenigstens. Geben Sie nicht auf.

leich geht der Verbraucher in ein Geschäft. Und kauft Sie. Ganz bestimmt. Wen denn sonst?

Was ist denn hier los. So einfach wird es wohl doch nicht werden. Stehen Sie mit Ihrer Mark

venigstens auf Griffhöhe? Nein? Trösten Sie sich, es gibt auch viele kleine Menschen. Als

Verbraucher wissen Sie ganz genau, wie Sie hier wieder heil herauskommen. Wenn alles gleic

…ussieht, dann schauen Sie auf den Preis, die Füllmenge und machen das, was man mal Kopf-

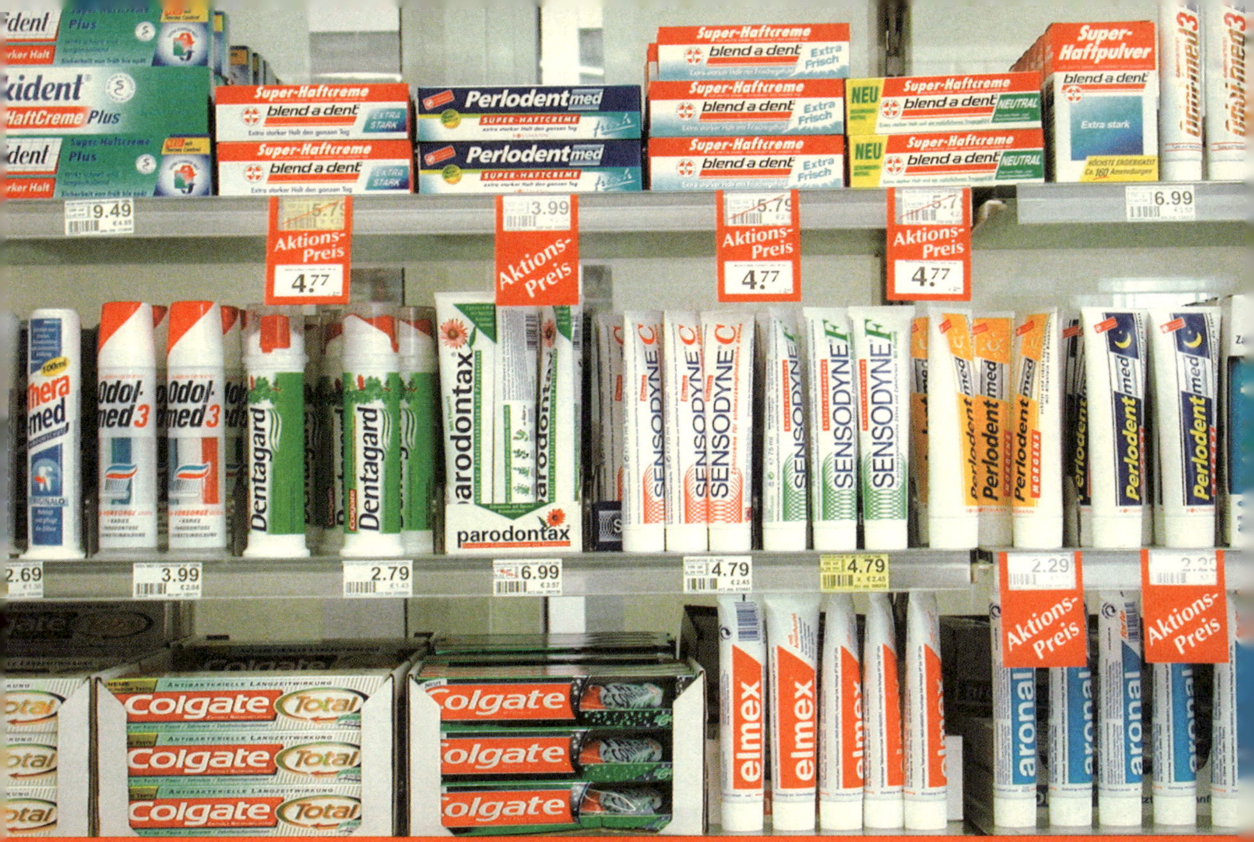

rechnen nannte. Heute heißt das smart Shopping. Das Smarte am smarten Shopper ist, das

sich manchmal auch etwas gönnt. Warum nicht Ihr Produkt? Aber weiß der Verbraucher,

dass Ihr Produkt zum Gönnen da ist? Jetzt hat er schon den ganzen Weg zur Kasse hinter sic

Vie gleichgültig er an Ihrem Produkt vorbeigegangen ist. Smart soll das sein? Ignorant ist das!
biovit A-Z
multi-sanostol zuckerfrei
multi-sanosvit mit Eisen
Aktions-Preis
Vitamine · Mi
Haut · Haare · Nägel
Nesquik
TRIO
CORNY

HP Deskjet 930C
C-PR15977-M
HP Deskjet 970Cxi
C-PR15393-M
PR15979-M
Für nur DM649,- (€331,83)
Ausgabe 58a AUGUST '00
Compaq Prosignia S318
Inmac Nr. T-E111037
• Mini Tower.
• Celeron 533MHz.
• 64MB RAM.
• 10GB Festplatte.
• 40fach CD-ROM.
• nVidia 8MB AGP Grafikkarte.
• 3,5" Floppy Disk Drive 1,44MB.
• MS Win 98SE, Word 2000.
• Sound.
• 1 Jahr Hersteller-garantie.
Für nur 1199,-* € 613,04*
IMATION
Black Watch
DLTtape IV
400 oder 500MHz.
1MB Backside Level 2 Cache.
64MB bzw. 128MB.
6GB- oder 12GB-Festplatte.
14,1" TFT Farbdisplay.
8MB ATI Rage Mobility 128 Grafikkarte.
2x DVD-ROM.
2 12Mbit/s USB-Ports.
10/100 Base-T Ethernet.
PowerBook G3 400MHz T-CPU1587 DM 5.599,-
PowerBook G3 500MHz T-CPU1603 DM 7.899,-
Pilot WheelMouse für iMac
Die Bildlaufmaus mit preisgekröntem Design und Komfort!
Für nur DM49,-
SOMMER-SCHL
Tepp
jetzt
Nicht aufgeben! Morgen ist wieder ein Tag. Und noch heute können Sie den Verbraucher au
121aC August '00
Powerbooks!
Think different.
Der Symantec Sommer-Spaß!
Sony öffnet alle Türen
HP AKTIONSPACKS:
Jetzt bekommen Sie zu folgenden Tintenpatronen 200 Blatt Bright White Inkjet-papier dazu:
HP Bright White
DM52,90
Große von Philips!
CD-Professional Library
Compaq Prosignia S3
CD-R 80
KARSTADT
KARSTADT

inen neuen, erfüllten Konsumtag einstimmen. Er ist wieder zu Hause und wird einige Stunden

mit Werbeträgern verbringen. In Zeitschriften kann er auf Ihre Anzeigen stoßen, vielleich

urft er an Ihrem Banner vorbei, oder – was ihm zu wünschen wäre – er geht erst einmal direkt

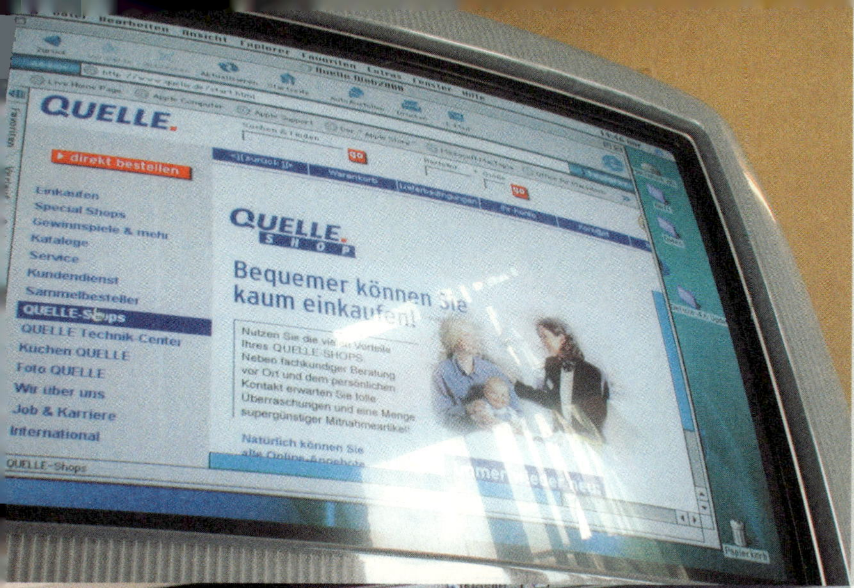

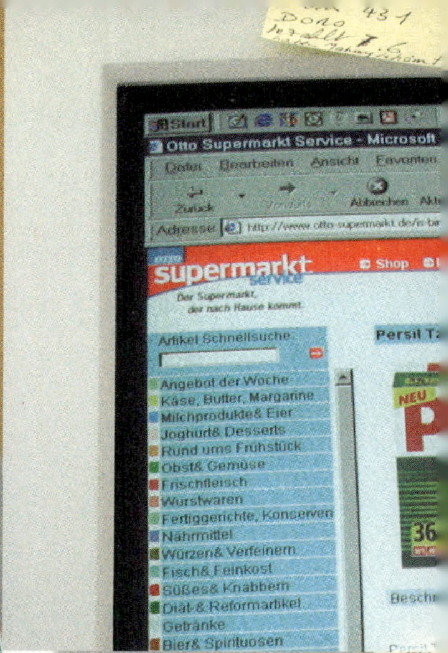

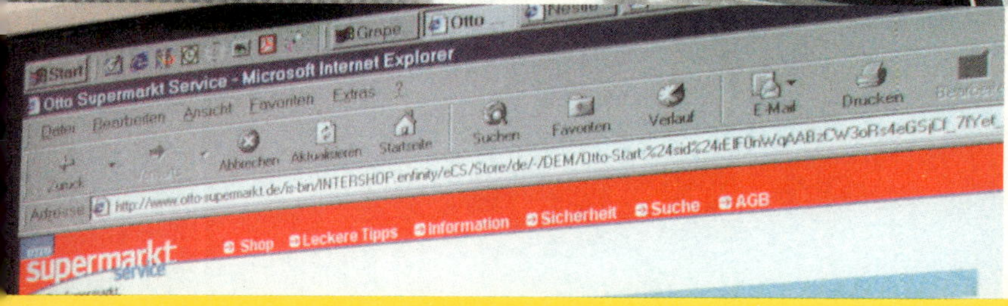

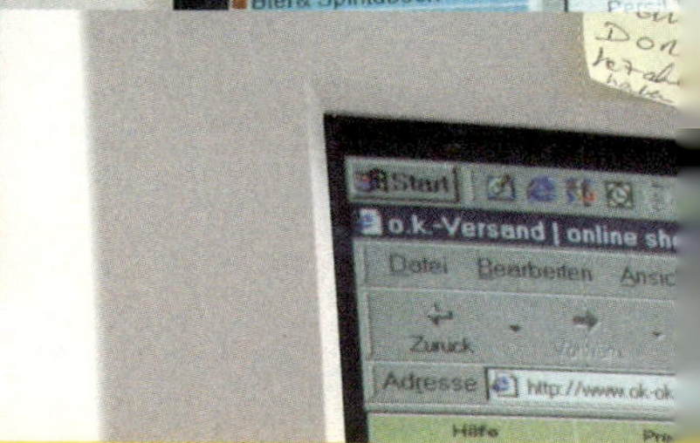

auf Ihre Internetseite. Sie war teuer genug und Ihre Zielgruppe ist ja sehr online-affin. Sagt

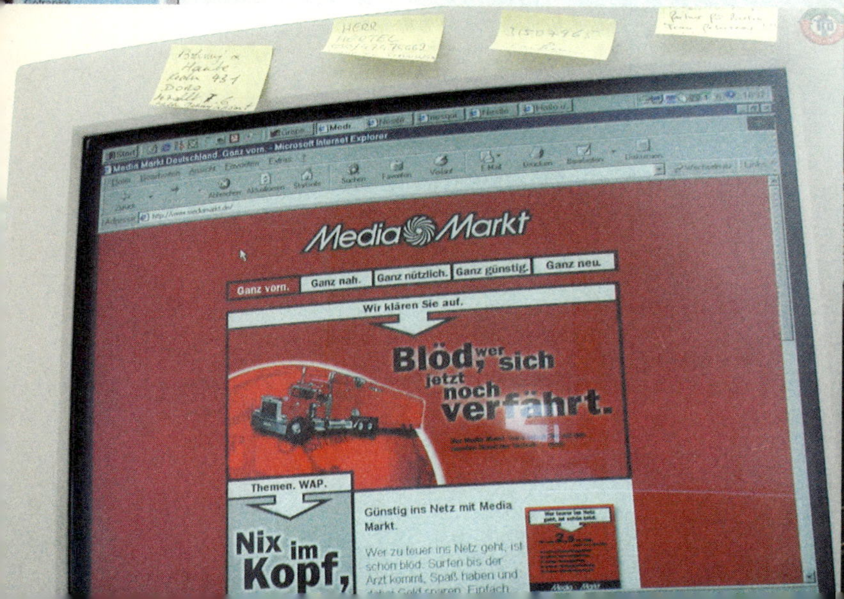

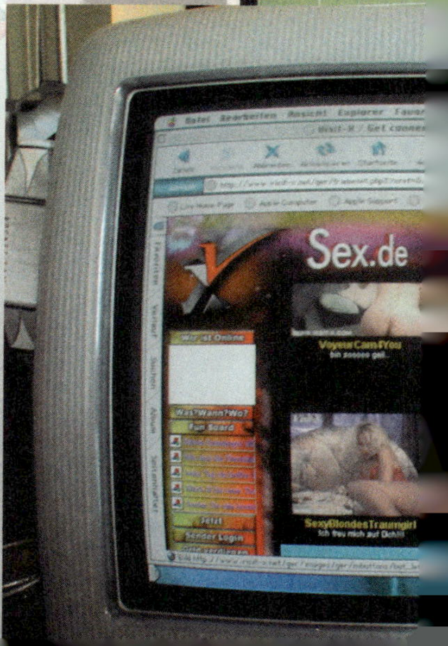

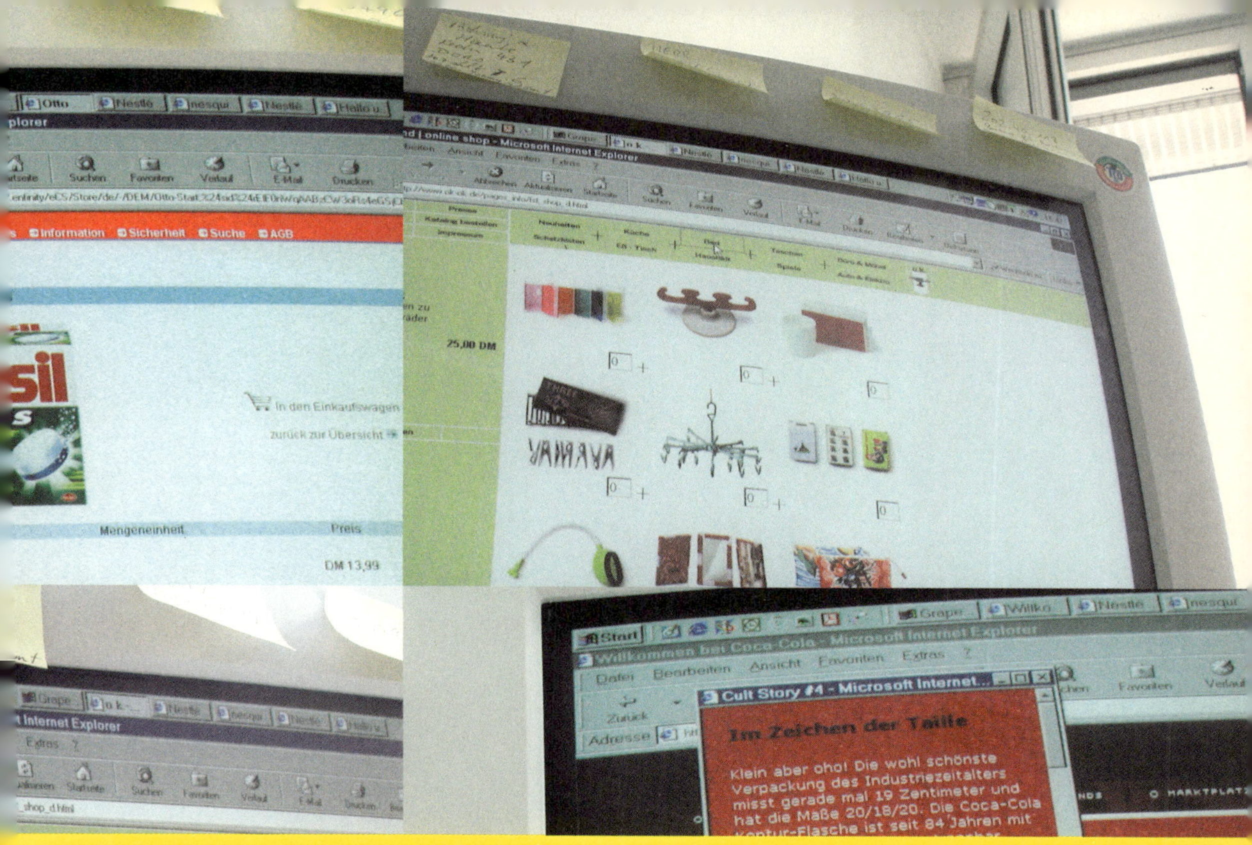

zumindest die Marktforschung. Es gibt ein paar Millionen Internetseiten. Das wäre ein

Grund, warum er nicht auf Ihre Seite kam. Nach vorne schauen: Jetzt erwartet ihn ei

entspannter Fernsehabend. Ihre Stunde. Sie haben Ihre Spots so optimal geplant, der

Verbraucher kommt nicht an Ihnen vorbei. Was macht er denn da mit der Fernbedienung?
2-STEP SAUCE
Uncle Ben's
Vittel
HYGIENE ZUM WOHLFÜHLEN
AGROTAN
Zewa
Wisch & Weg
NEU MIT SCAN REPAIR
GLISS KUR
www.glisskur.d
NEU
Sunil active
Salbei Plus C
Lenor
NEUER DUFT
Veet
Sensitive Plus
Veet ischistinnen lieben's länger glatt
Grieß Brei
müller
LEERDAMMER
Nur diese Woche: McAmerica
SPRAY FÜR GESUNDEN H
Mirácoli
SPAGHETTI BOLOGNESE
NEU!
Somat
Sauberkeit mit Glanzgarantie
L'ORÉAL PARIS
NEU
Récital
Landliebe
Liebe ist, wenn es Landlieb
1802/32 33 32
DAC
.adac.de
siehe Teletext Seite 200
40 plus
Odol-med 3
NEU
SANDWICH SCHEIBEN
GOUDA
250 g
LEIBNIZ
Butter Leibniz.
Knackfrisch. Nur echt mit 52 Zähnen
WORLD
West
0180/

Das hier kann man alles auf einmal empfangen. Da wo unser Verbraucher ist, wird auch

irgendwann Ihre Marke auftauchen. Ihre Chance wird kommen! Aber was machen Sie, wenn

sie da ist? Sie haben nur ein paar Sekunden. Was sollen Sie nur machen? (Bitte umblättern.)

ÜBERRASCHE!

ÜBERZEUGE!

Ke
Werb

Wie kann Werbung die Barrieren durchbrechen, mit denen wir uns vor der Werbeflut schützen? Durch mehr Kreativität oder mehr Strategie oder mehr Forschung? Ja.

Der Werbung werden wahre Wunderdinge nachgesagt. Mit »einer qualitativ hochwertigen Werbung kann ich einen drei-, vier- oder fünffach höheren Effekt erzielen als bei einer Wald-und-Wiesen-Werbung«. Das sagt kein großspuriger Werber, auch kein Wald-und-Wiesen-Marketingmann, sondern Helmut Maucher, der langjährige Chef des weltweit tätigen Markenartikel-Konzerns Nestlé. ≈≈≈ Wie aber kommt man zu dieser Wirkung? Wie wirbt man erfolgreich und vermeidet Flops? ≈≈≈ Die Trefferquote der Werbetreibenden ist niederschmetternd. Je nach Schätzung lassen sich bei 50 bis 75 Prozent *aller* Werbeanstrengungen keine Wirkungen feststellen! ≈≈≈

Mit anderen Worten: Von den über 60 Milliarden Mark, die jedes Jahr in Deutschland in Werbung investiert werden, können bis zu 45 Milliarden wirkungslos verpuffen. ≈≈≈ Dem steht eine ebenso bemerkenswerte andere Prozentzahl gegenüber: In einer Studie erreichen 87 Prozent der untersuchten Kampagnen ihr Ziel oder übertreffen es sogar! Was wurde untersucht? Die 400 Werbespots, die bei Kreativfestivals in aller Welt am besten abgeschnitten hatten. ≈≈≈ Heißt die Schlussfolgerung also: Wenn Werbung nur kreativ genug ist, ist ihr Erfolg so gut wie sicher? Spektakuläre Misserfolge sprechen dagegen: Nicht nur einmal wurden Kampagnen erst für ihre kreative Leistung hoch gelobt, um dann im Markt katastrophal zu scheitern. Und auch die Liste jener Kampagnen ist gar nicht so kurz, denen es mühelos gelingt, Markterfolg mit Ideenlosigkeit zu verbinden. ≈≈≈ Kreativität kann also den Erfolg von Werbung beflügeln, muss aber nicht. Die ausschließliche Betrachtung der werblichen Umsetzung führt nicht zum Ziel, wenn man die Wahrscheinlichkeit eines Erfolges erhöhen möchte. Dazu müssen alle Faktoren einbezogen und überlegt eingesetzt werden. ≈≈≈ Zunächst mag helfen, die Begriffe zu klären. Effizienz und Effektivität werden oft synonym gebraucht, aber es gibt einen feinen Unterschied. Die Effektivität bezeichnet, zu welchem Grad das Ziel (der Effekt) erreicht wurde. Heißt das Ziel beispielsweise: Die Bekanntheit einer Marke soll von 20 Prozent auf 30 Prozent gesteigert werden, waren die Beteiligten effektiv, wenn sie die Bekanntheit deutlich steigern konnten, am besten sogar über den Zielwert hinaus. Ob sie dabei effizient vorgegangen sind, ist eine andere Frage. Hierfür gilt: Je geringer der betriebene Aufwand, um den gewünschten Effekt zu erreichen, desto effizienter die Maßnahme. Wurde der Effekt – hier die höhere Bekanntheit – mit einem unerwartet geringen Budget erreicht, war das Marketing sowohl effektiv, als auch effizient. ≈≈≈ Erfolgreiches Marketing braucht also beides: Hohe Effektivität und hohe Effizienz. Aber es ergibt sich auch eine klare Rangfolge: Erst ist der gewünschte Effekt zu bestimmen, dann kann man versuchen, ihn effizient zu erreichen. ≈≈≈ Welcher Effekt soll es nun sein? Je nach Marktsituation, Wettbewerb und eigenen Ressourcen muss geplant werden, welcher Effekt angestrebt wird. Sicher: Die nachhaltige Steigerung des Markenerfolges wird in den allermeisten Fällen der gewünschte Effekt sein. Dieses sehr globale Oberziel muss in Einzeleffekte gegliedert werden, damit man diese dann mit konkreten Maßnahmen anstreben kann. ≈≈≈ Eine unbekannte Marke kann ihre Bekanntheit erhöhen wollen, eine bekannte Marke ihre Sympathiewerte oder die Kaufpräferenz. Eine Marke mit fallendem Marktanteil mag sich jüngeren Käufern radikal neu präsentieren, eine Marke mit hohem Marktanteil Nischen gezielt ansprechen. Über diese generellen Ziele geht der Wunsch hinaus, auch inhaltlich effektiv zu sein, also eine zuvor bestimmte Markenidentität, die aus mehr als Bekanntheit und Sympathiewerten besteht, beim Verbraucher zu verankern. ≈≈≈ Ein interessantes Beispiel für den Wechsel des angestrebten Effektes liefert der Kleinstwagen Smart. Er wurde zunächst als vollständig neues Mobilitätskonzept vorgestellt. Entsprechend zielte die Werbung auf den Effekt, den Wagen

Werbung wirkt, wenn die Strategie stimmt. Und die wirkt besser, wenn sie kreativ ist.

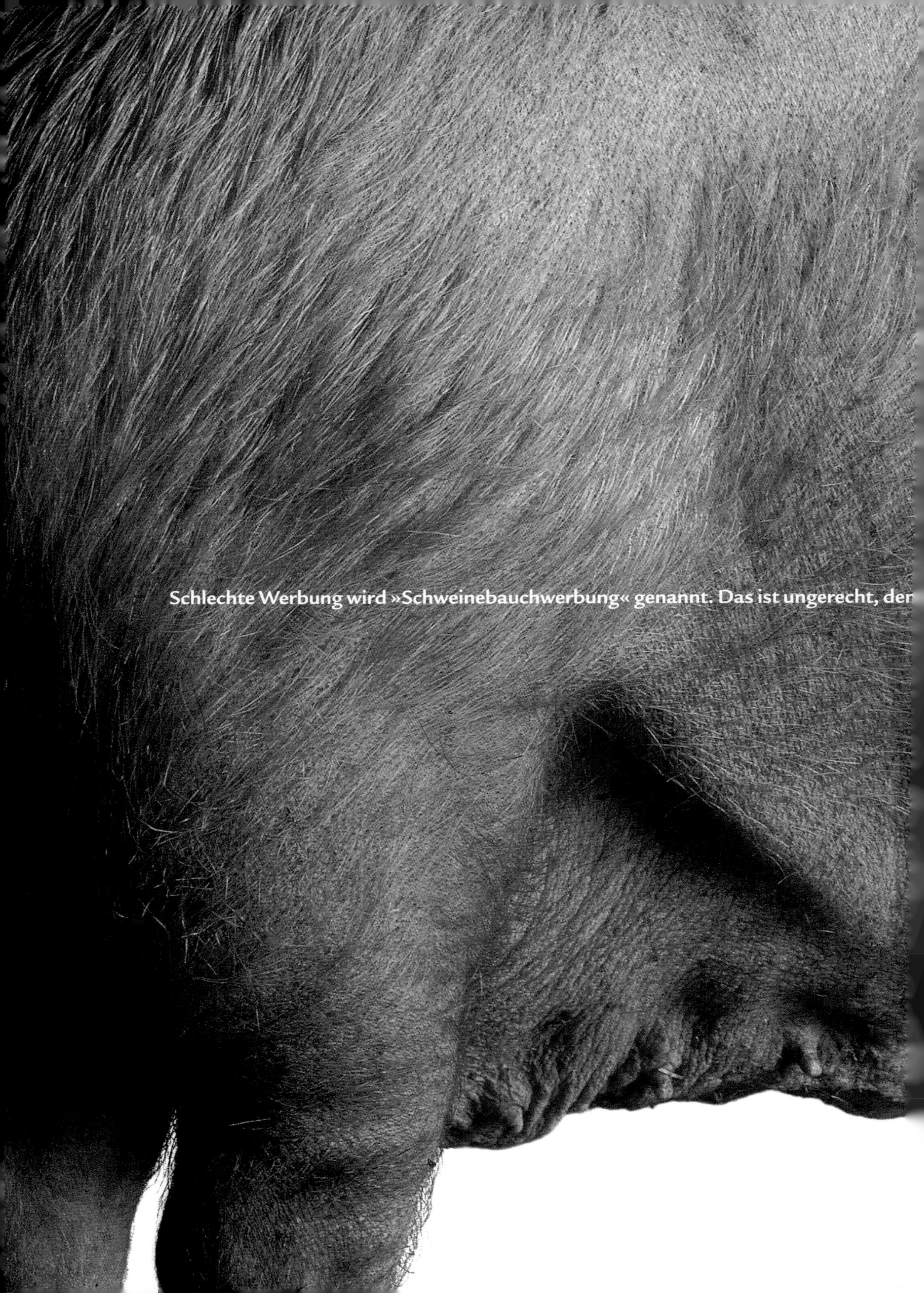

Schlechte Werbung wird »Schweinebauchwerbung« genannt. Das ist ungerecht, den

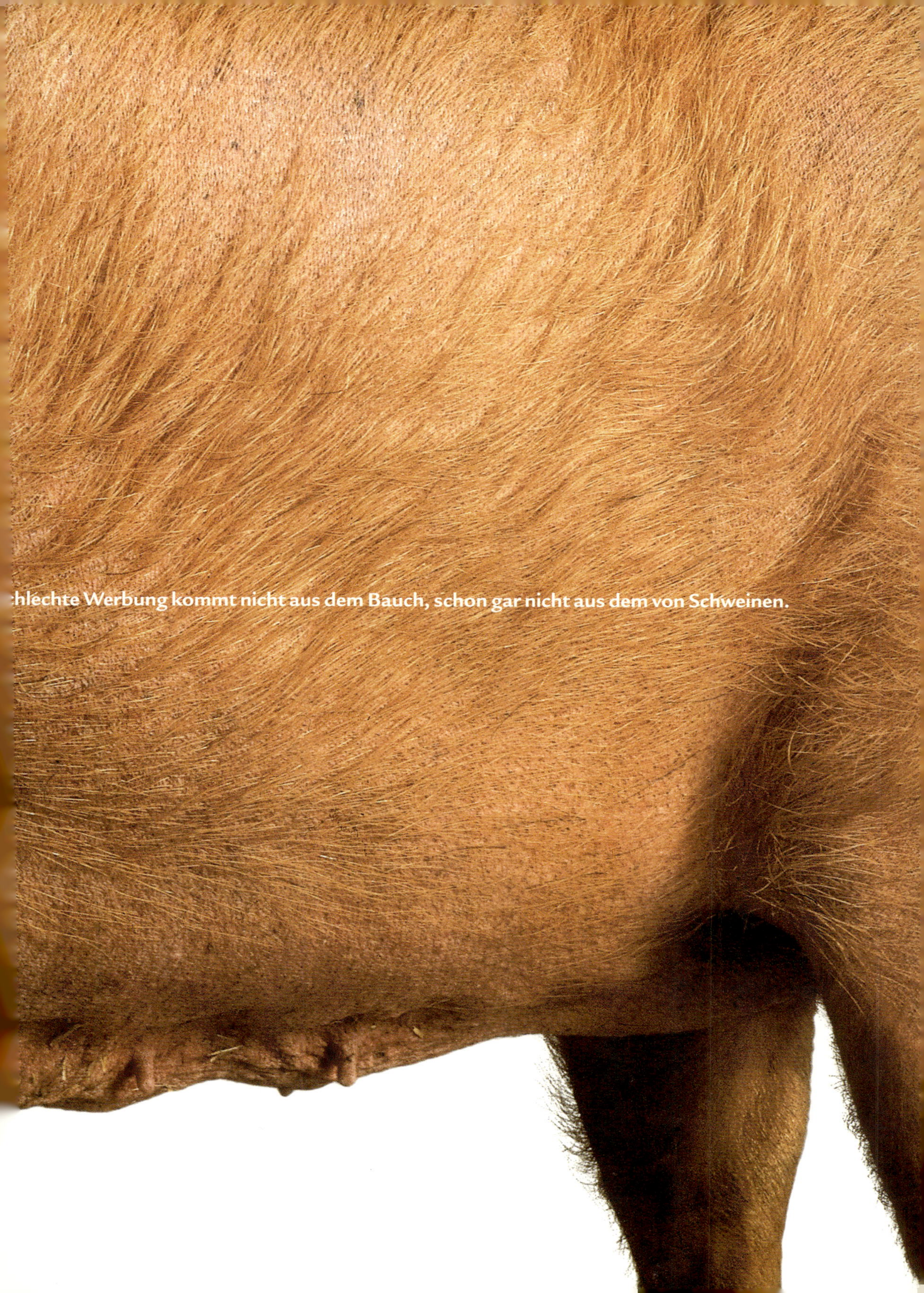
hlechte Werbung kommt nicht aus dem Bauch, schon gar nicht aus dem von Schweinen.

weniger als technisches Erzeugnis und mehr als eine Weltanschauung unter der Losung »Reduce to the max« zu vermitteln. Dabei wurde vorausgesetzt, dass eine Schwestermarke von Mercedes-Benz technisch automatisch höchstes Vertrauen genießt. Als unerwartet technische Mängel auftraten – der Wagen drohte zu kippen – und der Markterfolg hinter den Erwartungen zurückblieb, wurde die Kommunikation verändert, um einen anderen Effekt zu erreichen. Jetzt sollten die äußerlichen Vorzüge vermittelt werden, etwa geringer Verbrauch oder Platz sparendes Parken. ≈≈≈ Das Beispiel macht deutlich: Patentrezepte gibt es nicht, wohl aber situationsbedingt mehr oder weniger vielversprechend erscheinende Lösungen. Ein zunehmend an Bedeutung gewinnender Weg, den richtigen Effekt zu bestimmen, ist das strategische Planen, das aus den angelsächsischen Märkten nach Deutschland gekommen ist. Dieses »Planning«, ein naher Verwandter der in Deutschland gebräuchlicheren Markenführung, bemüht die Kreativität, die in der Werbegestaltung weitgehend anerkannt ist, nun auch in der Strategiefindung. ≈≈≈ Die originelle, maßgearbeitete Strategie ist der Königsweg in überbesetzte, hart umkämpfte Märkte. Der amerikanische Planner Adam Morgan kam bei der Untersuchung von 40 weit überdurchschnittlich erfolgreichen »neuen« Marken, von Body Shop über Starbucks Coffee bis zum Computerbauer Apple zu dem Ergebnis, dass der Schlüssel für den Erfolg die innovative, Konventionen brechende Markenidee ist. Dabei kann man ein erfolgreicher Planner sein, ohne den Begriff je gehört zu haben. Sehr oft sind mittelständische Erfolgsunternehmen auf einer solchen Markenidee aufgebaut. Man denke nur an den Autovermieter Erich Sixt, der mit dem schlichten Angebot »große Automarken zum kleinen Preis« und einer für Kreativität und Effizienz vielfach prämierten Kampagne aus einem Kleinbetrieb den Marktführer formte. ≈≈≈ Zu einem ähnlichen Ergebnis wie Morgan kommt auch eine aktuelle Untersuchung von 480 überdurchschnittlich erfolgreichen Markenkampagnen. Die beiden Autoren Andreas Buchholz und Wolfram Wördemann, frühere Produktmanager des Markenkonzerns Procter & Gamble, analysierten die bislang größte Anzahl von Fällen nachgewiesener Wirksamkeit von Werbekampagnen. Dabei fanden sie eine Fülle von Belegen für die plausible These, dass die konsequente und klare Bestimmung des Ziels – also des Effektes – Voraussetzung für erfolgreiche Marketingkommunikation ist. Sie gingen aber noch einen Schritt weiter und suchten nach Mustern für Kaufanreize und versuchten überdies, die Mechanismen herauszufiltern, wie diese Kaufanreize gezielt vermittelt werden können. ≈≈≈ Dabei ermittelten sie fünf »Motivationsfelder«, an die appelliert werden kann, um eine bevorzugte Kaufentscheidung zu erreichen. Das erste ist – wenig überraschend – der konkrete Produktnutzen. Dabei kann der beworbene Nutzen auch imaginär sein: Er ist nicht nachprüfbar, wird aber vom Verbraucher als gegeben akzeptiert wie beispielsweise die überlegene Vorsorge einer bestimmten Zahnpasta gegen Karies. ≈≈≈ Zweites Motivationsfeld sind Normen. Ihre Wirkung wird leicht unterschätzt. Ein Produkt kann für seine Käufer sehr attraktiv sein, wenn es ihnen hilft, mit Schuldgefühlen, Verantwortungs-

Welches Motiv darf es sein: Nutzen, Normen, Kondition, Identität oder Emotion?

Erst die Werbung macht aus Produkten Marken. Sogar aus Stro

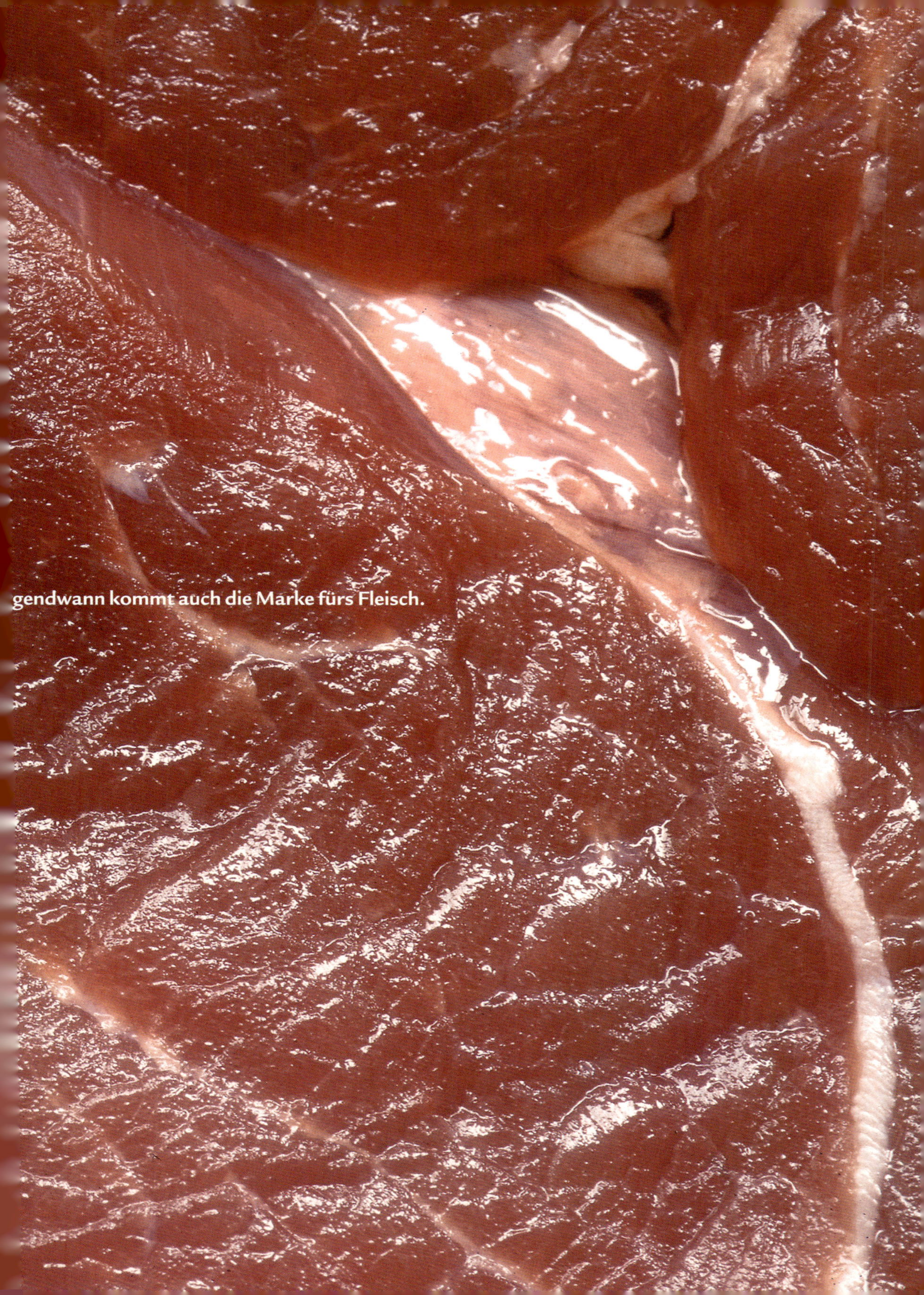
gendwann kommt auch die Marke fürs Fleisch.

bewusstsein, Scham oder auch Dankbarkeit leichter umzugehen. Der offensichtliche psychologische Vorteil geruchshemmender Schuheinlagen ist dabei ebenso gemeint, wie das Versprechen eines Cornflakes-Herstellers, besonders gesund zu sein. Hier kauft die gestresste Mutter nicht nur für ihre Kinder ein schnelles Frühstück, vor allem aber entlastet sie ihr schlechtes Gewissen, keinen reichhaltigen Frühstückstisch gedeckt zu haben. Bisweilen stehen Normen dem Gebrauch eines Produktes auch im Weg, wie etwa bei Kondomen. Dann sind Wege zu finden, das Produkt mit den Normen kompatibel zu machen. Das Kondom beispielsweise kann nicht nur für Promiskuität stehen, sondern auch als Zeichen für Verantwortung und Respekt dargestellt werden. ≈≈≈ Das dritte Feld ist die Konditionierung – beziehungsweise die Rekonditionierung: Die von Verbrauchern entwickelten Konsum- oder Bewertungsgewohnheiten werden gezielt bestätigt oder herausgefordert. Der Eismarke Magnum gelang es beispielsweise, Eis am Stiel aus der Nur-für-Kinder-nur-im-Sommer-Kühltruhe zu holen und als Ganzjahressnack für Erwachsene neu zu erfinden. Als ein besonderes Husarenstück darf der Erfolg von Ferrero angesehen werden, mit den Überraschungseiern das Ostereiersuchen auf das ganze Jahr ausgedehnt zu haben. ≈≈≈ Vierter Kaufanreiz ist die Identität. Produkte können dem Käufer helfen, seine Individualität sich selbst und Dritten gegenüber wunschgemäß zu artikulieren. Ein faszinierendes Beobachtungsfeld ist hierbei die Verwendung von Zigarettenmarken und – mit Abstufung – auch Automarken. Zu den Pointen des Marketings gehört, dass auch hartleibige Marken-

und Werbeverächter diese Gesetzmäßigkeiten streng beachten. Die Verkäufe von Ente, Panda und Lada sind ohne den Abgrenzungwunsch zu Volkswagen, Opel und Ford nicht zu erklären – von Mercedes und BMW ganz zu schweigen. Das Beispiel zeigt aber auch, dass derartige Erfolge nicht gepachtet sind: Werbequalität und Produktqualität müssen auf Dauer gewahrt sein, um Käufer zu binden – und sei es nur als Antisymbol. ≈≈≈ Der fünfte und komplexeste Anreiz sind die Emotionen. Ein Produkt wird gekauft, weil es geliebt wird. Kultmarken wie Swatch, Levis oder auch Nike werden von vielen ihrer Verbraucher geliebt. Diese Kaufmotivation ist am schwierigsten anzusteuern und am riskantesten: Wie leicht wird aus Liebe Gleichgültigkeit oder sogar Hass. Freilich: Wem es gelingt, seine Marke zum Liebling zu machen, hat alle Wettbewerber ausgestochen. ≈≈≈ Zugegeben, das Modell von Andreas Buchholz und Wolfram Wördemann hat seine Schwächen. Die Grenzen zwischen den Feldern sind fließend: Zigarettenmarken lassen sich beispielsweise in allen Kategorien ansiedeln. Der konkrete Produktnutzen einer Marke kann dank geringerer Werte bei Teer und Kondensat in einer reduzierten Gesundheitsgefährdung liegen; Zigaretten und Normen: Schüchternheit lässt sich leichter überspielen, weil einer neuen Bekanntschaft etwas angeboten werden kann; wir sind konditioniert, Zigaretten als Symbole des Erwachsenseins anzusehen; als »Ausweis« eigener Identität wird die Zigarettenpackung auf den Kneipentisch gelegt und – so sehen es zumindest die beiden Autoren der Studie – vor allen Dingen werden Zigarettenmarken von ihren Bekennern geliebt. ≈≈≈ Für den

Auch die hartleibigsten Werbeverächter halten sich streng an die Gesetze des Marketings.

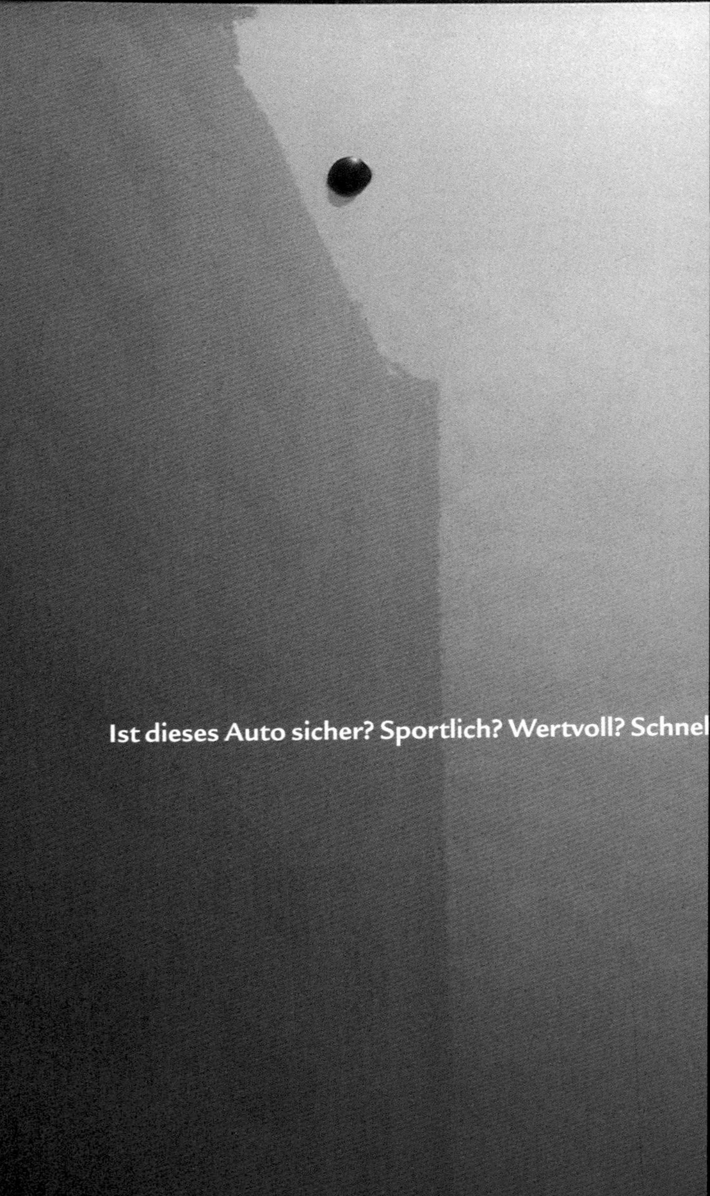
Ist dieses Auto sicher? Sportlich? Wertvoll? Schnel

Man müsste die Marke sehen.

Praktiker, dem es nicht um wissenschaftliche Präzision geht, sondern um ein Hilfsmittel, eine tragfähige Strategie zu entwickeln, ist die Schablone dennoch wertvoll. Er kann eine Fülle von Szenarien – auch die seiner Wettbewerber – durchspielen, um schließlich den erfolgversprechendsten strategischen Ansatz zu destillieren. ≈≈≈ Bei der Festlegung der Strategie ist intime Marktkenntnis gepaart mit Unbefangenheit die richtige Mischung, um exzellente Ergebnisse zu erhalten. Fehleinschätzungen können freilich auch das exakte Gegenteil bewirken. Eine kritische Größe ist dabei die Marktforschung. Auch hier ist das Beispiel Smart aufschlussreich. Die Marktforschung ergab, dass Autofahrer zumeist allein (im Durchschnitt mit 0,4 Beifahrern) und praktisch ohne Gepäck unterwegs sind. Ein kompakter Zweisitzer müsste dafür eigentlich reichen. Nach der Markteinführung stellen die Smart-Verkäufer allerdings fest, dass viele Autokäufer sich offen halten möchten, gelegentlich mehr Beifahrer und Gepäck zu transportieren. Alle Marktforschung kann nicht den Instinkt ersetzen, der notwendig ist, um das richtige Kommunikationsziel (und das richtige Produkt) zu bestimmen. ≈≈≈ Ist der gewünschte Effekt festgelegt, stellt sich die nächste, ebenso anspruchsvolle Aufgabe: Wie kann man ihn effizient erreichen? ≈≈≈ Zunächst stellt sich die Frage nach dem Mitteleinsatz: Wie soll das Budget eingeplant werden. Generalisierungen sind schwierig, aber einige Studien geben Anhaltspunkte für schnell drehende Konsumgüter: Wer kontinuierlich wirbt, erhöht seinen Marktanteil, wer auf Werbung verzichtet, verliert Marktanteil, und wer seinen Marktanteil nur unter-

Das Problem ist nicht die Marktforschung, sondern ihre Interpretation.

proportional mit Werbedruck stützt, dem droht eine langsame Erosion der Marktanteile. Es ist wirksamer, kontinuierlich Werbung mit weniger Geld zu treiben, als mit hohem Budget nur in kurzen Intervallen zu werben. Beworbene Produkte können einen höheren Preis erzielen als Produkte, die nur mit Verkaufsförderungsaktionen unterstützt wurden. Die Streuung der Werbung über mehrere Mediengattungen – untersucht wurden Fernsehspots und Zeitschriftenanzeigen – hat sich ebenfalls als wirksamer erwiesen, als nur einen Kanal zu belegen. ≈≈≈ Das kommt heraus, wenn man Werbekampagnen mit Werbekampagnen vergleicht. ≈≈≈ Welches Bild ergibt sich aber, wenn man mit den Augen der Verbraucher sieht? Eine ernüchternde Erkenntnis: Das Interesse an Werbung könnte kaum geringer sein und es nimmt weiter ab. Eine internationale Studie über Werbeerinnerung zeigt, dass sich 1960 immerhin noch 40 Prozent der Zuschauer eines Werbeblocks an einen Spot erinnern können. Heute sind es nur noch 8 Prozent. Vernichtend für die Bemühungen der Werbetreibenden sind die aktuellen Antworten auf die Frage »Was machen Sie, wenn eine Sendung für Werbung unterbrochen wird?« 19 Prozent zappen zum nächsten Sender, 14 Prozent stellen den Ton ab, 7 Prozent ignorieren die Spots, 53 Prozent wenden ihre Aufmerksamkeit anderen Dingen zu. Nur 7 Prozent sagen über eine Werbeunterbrechung: »Ich habe sie gesehen.« ≈≈≈ Selbst wenn die Verbraucher nicht Besseres zu tun hätten, als vollkonzentriert Werbebotschaften wie Vokabeln zu pauken, sie können gar nicht alles aufnehmen, geschweige denn behalten, was sich ihnen an Werbung aufdrängt. ≈≈≈ Ein durch-

»Was
machen Sie,
wenn eine
Sendung
für Werbung
unterbrochen
wird?«

19%
zappen zum
nächsten Sender

14%
stellen den
Ton ab

7%
ignorieren
die Spots

53%
wenden
sich anderen
Dingen zu

7%
sagen:
»Ich habe sie
gesehen«.

ein
Tipp
KRAFT
Miracel
Whip
SONY

schnittlicher Deutscher beherrscht einen aktiven Wortschatz von rund 10.000 Wörtern. Dem stehen allein in Deutschland 460.149 eingetragene Marken gegenüber! Berücksichtigt man sogar alle Marken, die seit 1948 beim Patentamt eingetragen worden sind (und damit irgendwann einmal versucht haben, in das Bewusstsein der Nachkriegsgeneration vorzudringen), steigt die Zahl auf 758.390 Marken. ≈≈≈ Mit den deutschen Marken ließe sich spielend der aktive Wortschatz von 75 Sprachen bestücken. Dabei ist noch kein »und« oder »oder« eingerechnet. Eine absurde Vorstellung: Wenn alle Völker in Amerika, Australien und Europa, Basken, Apachen und Friesen inklusive, auf einmal alle Worte vergessen würden, sie hätten mit »Togal«, »Opel«, »Ueltje« und dergleichen genug Begriffe zur Verfügung, um jedes einzelne gesprochene Wort zu ersetzen – und in keiner Sprache würde sich ein Wort aus einer anderen wiederholen! ≈≈≈ Gegen dieses Markengebirge werben Sie an. Ein schier hoffnungsloses Unterfangen, selbst wenn man berücksichtigt, dass der passive Wortschatz deutlich größer ist als der aktive und natürlich nicht jede dieser Marken mit Werbung unterstützt wird. ≈≈≈ Die Werbemenge ist in den letzten Jahren geradezu explodiert. Von 1990 bis zum Ende der neunziger Jahre hat sich die Zahl der im deutschen Fernsehen beworbenen Marken von 1.952 auf 5.579 nahezu verdreifacht, die Anzahl der ausgestrahlten Spots hat sich in derselben Zeit von 300.000 auf 1,5 Millionen verfünffacht. Da die Deutschen nicht fünfmal so viel fernsehen, war das vergangene Jahrzehnt für die Werbetreibenden mit einem drastischen Verlust an Effizienz verbunden. Für immer mehr Geld bekommen sie immer weniger Publikum, das immer weniger aufmerksam ist. 1993 haben drei Viertel der Zuschauer einen Spot tatsächlich wahrgenommen, wenn sie ihn achtmal gesehen hatten. 1996 haben acht Kontakte nur noch bei 50 Prozent zu einer erinnerbaren Wahrnehmung geführt. ≈≈≈ In der Printwerbung hat sich zwar das Werbeaufkommen nicht so stürmisch entwickelt, aber auch hier ist die Werbung mit einer hohen Barriere konfrontiert: Nicht einmal zwei Sekunden schenkt der durchschnittliche Betrachter der durchschnittlichen Anzeige. 2.000 (an anderer Stelle ist sogar die Rede von 3.000) Werbeimpulse dröhnen auf jeden Bundesbürger jeden Tag ein, Landbevölkerung, Kinder und Feiertage inklusive. ≈≈≈ Viel Stoff und wenig Interesse – diese Rahmenbedingungen stellen den Werbetreibenden vor eine grundlegende Frage, die jeder Lehrer einer lustlosen Klasse kennt: Was mache ich, wenn sowieso keiner zuhört? Dem Werber und dem Lehrer stehen zwei Möglichkeiten offen: Sie können so laut brüllen, dass auch der Letzte aufhorcht, oder versuchen, durch spannende Darstellung das Interesse zu wecken. Wer je die Gutmütigkeit seiner Lehrer überstrapaziert hat, weiß: Beide Wege führen zum Ziel, beide können effektiv sein. Welcher Weg ist aber der effizientere? ≈≈≈ Der Saarbrücker Marketingtheoretiker Werner Kroeber-Riel hat aus der Werbeüberflutung die Schlussfolgerung gezogen, die Verbraucher wären allenfalls noch mit Bildern effizient erreichbar. Die kommunikative Botschaft ist zu verdichten auf ein Bild, das wenig oder bestenfalls gar keines Textes bedarf, um richtig verstanden zu werden. Er lieferte die theoretische Begründung für eine Vielzahl von Kampagnen, die nach

Was mache ich, wenn sowieso keiner zuhört? Brüllen? Oder lieber involvieren?

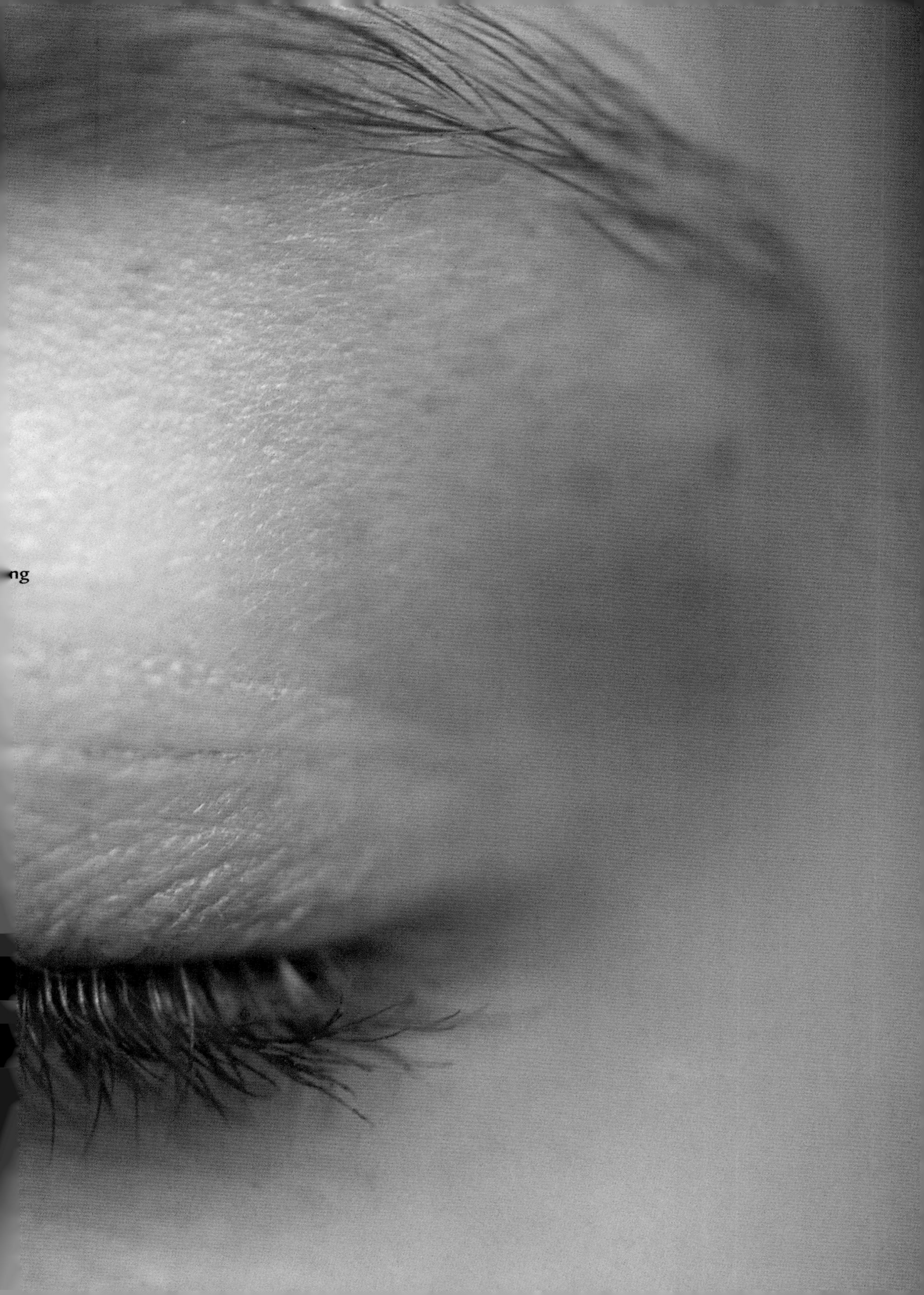

ng

sind zv

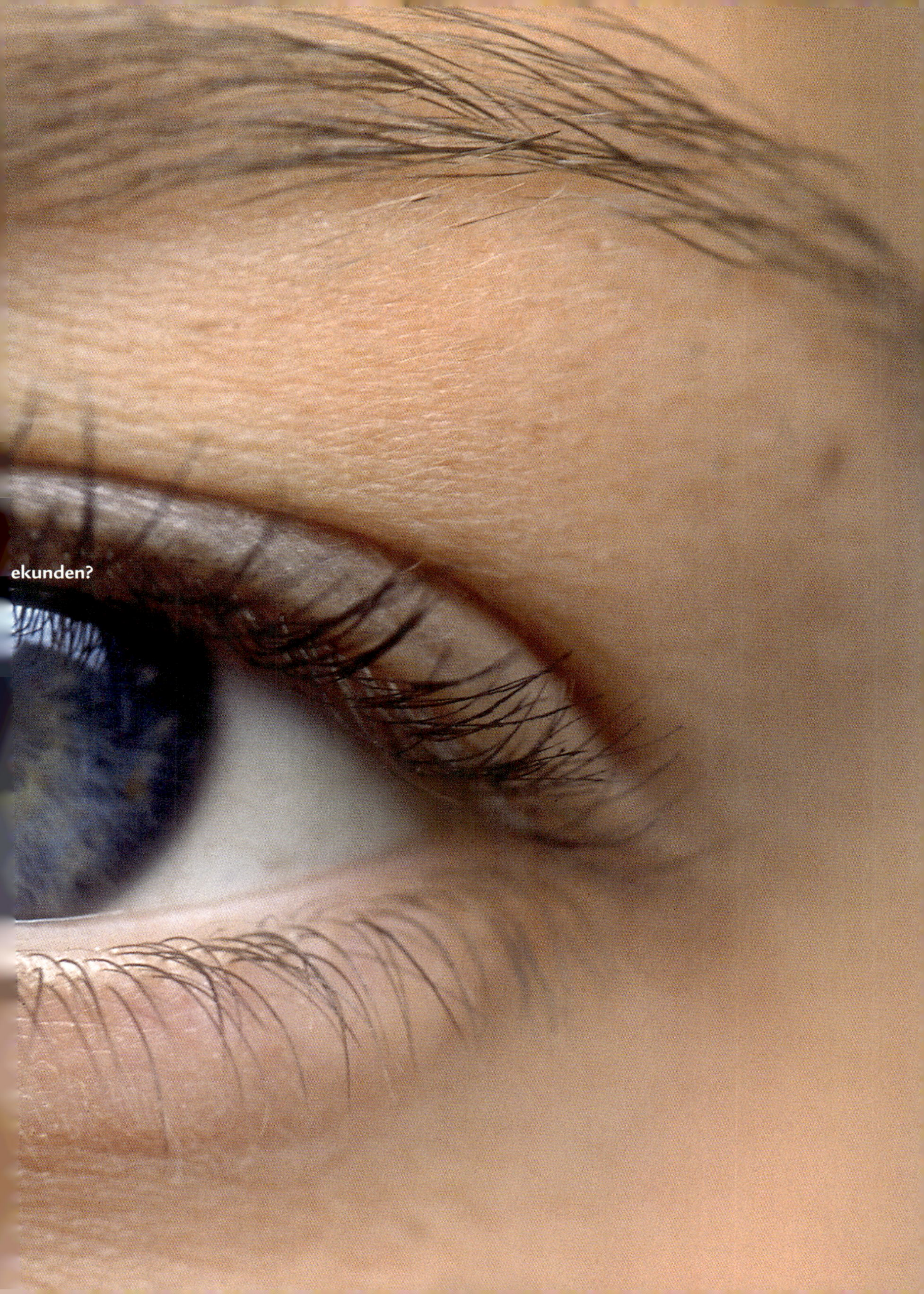
ekunden?

dem Schlüsselbildprinzip arbeiten, etwa die Werbelinie der Volksbanken. Eine minimal variierte Bildidee – Wege, die in den Fluchtpunkt des Bildes führen – wird seit vielen Jahren überschrieben mit dem Satz »Wir machen den Weg frei«. Nicht nur die Markenidee muss hoch verdichtet sein, auch die Werbegestaltung hat diesem Prinzip zu folgen – das ist die Lehre von Kroeber-Riel. Wenn die Alternative heißt: Brüllen oder Interesse wecken, dann zählen die Schüler Kroeber-Riels sicher nicht zu den Stillen im Lande. ≈≈≈ Wie sieht das Prinzip in der Praxis aus – und wie wirkt es? Hoher Werbedruck, geringe Varianz der Botschaft, das heißt wenige TV-Spots oder Anzeigensujets werden über eine vergleichsweise lange Periode massiv eingesetzt. Die Werbemittel erzielen dabei eine sehr hohe Bekanntheit (»Habe Spot gesehen«), nicht aber unbedingt eine hohe Akzeptanz oder gar Sympathie für die Marke. Ein ganz sicherer Nebeneffekt ist allerdings das Ermüden der Zuschauer in den Werbeblocks, wenn sie überhaupt hinschauen. ≈≈≈ Hier droht ein Teufelskreis: Je monotoner und marktschreierischer die Werbeblöcke werden, desto weniger werden sie beachtet. Um sich in diesem Umfeld doch noch durchsetzen zu können, muss der einzelne Spot mit noch mehr Druck noch öfter wiederholt werden – die Monotonie nimmt zu, das Interesse weiter ab. Das Ergebnis für alle Werbetreibenden liest sich eindrucksvoll in den Umfragen unter den Verbrauchern: Die meisten sind der Werbung überdrüssig und weichen ihr aus, 45 Prozent würden Werbung am liebsten gesetzlich einschränken lassen. ≈≈≈ Diese hohe Ablehnung widerspricht allerdings einem ganz anderen

Sachverhalt. Ein großer Teil der Werbung, die im Namen des Volkes verboten gehört, wurde zuvor getestet und für gut befunden. Eine ganze Industrie von Marktforschungsinstituten lebt davon, Werbung vor der Veröffentlichung auf ihre Tauglichkeit hin zu überprüfen. Aus der Sicht der Werbeauftraggeber ist die Notwendigkeit nur zu deutlich: Die Werbeinvestitionen sind beträchtlich, das Risiko zu scheitern soll möglichst klein gehalten werden. Doch Pretests sind mit Vorsicht zu genießen. Wären ihre Aussagen über die Wirksamkeit verlässlich, dürfte es kaum noch erfolglose Werbung geben. Davon sind die Werbetreibenden aber weit entfernt. ≈≈≈ Die Problematik der Pretests liegt darin, dass Verbraucher nur sehr begrenzt Auskunft über ihre Werbeeindrücke und noch viel weniger über das sich daraus ergebende Verhalten geben können. Hinzu kommt, dass die Testsituation von der normalen Umgebung, in der Werbung wahrgenommen wird, abweicht, was absurde Nebeneffekte haben kann. ≈≈≈ Wer in Pretests nicht nur das inhaltliche Verständnis einer Kampagne, sondern auch ihre Akzeptanz feststellen möchte, kann deshalb leicht einem Trugbild aufsitzen. Am meisten akzeptiert wird zumeist das, was vertraut erscheint. Neues irritiert – sonst wäre es schließlich nicht neu. Eine der erfolgreichsten Autokampagnen, die es in Deutschland je gegeben hat, wäre nie erschienen, wenn der Pretest konventionell interpretiert worden wäre: Etwa drei Viertel der Befragten lehnten die Kampagne für den Fiat Panda ab, nur ein Viertel mochte die Werbung. Aber: nur ganz wenige waren gleichgültig. Das war die entscheidende Erkenntnis! Fiat entschied sich für die polarisierende Kampagne

Wären Werbetests zuverlässig, dürfte es keine erfolglose Werbung mehr geben.

Liebe Mitbürger, die Werbung steckt jedes Jahr in jeden Kopf 780 Mark und 50 Pfennige. Macht fü

e zusammen 3.122 Mark. Wenn Sie nicht aufpassen, wird es nächstes Jahr wieder ein bisschen mehr.

und schuf rund um die tolle Kiste eine ganze Gemeinde. ≈≈≈ Das Problem sind demnach nicht so sehr die Ergebnisse der Tests, sondern ihre Interpretation. Werbung, die polarisiert, verspricht mehr Bewegung im Markt. In seiner Analyse von 40 erfolgreichen Marketingstrategien kommt Morgan zu dem Schluss: Nicht Ablehnung einer Kampagne im Test ist die größere Gefahr für den Erfolg, sondern Indifferenz. ≈≈≈ Die Schlussfolgerung – soweit man hier überhaupt verallgemeinern kann – heißt also: Pretests können wertvolle Entscheidungshilfe leisten. Es reicht aber nicht, auf die Durchschnittswerte zu achten, sondern der Blick auf die Ausprägung der jeweiligen Pole verrät das Potenzial einer Kampagne. Die niedrige Erfolgsquote und die ablehnende Publikumsreaktion deuten jedenfalls darauf hin, dass die gegenwärtig vorherrschende Art, Pretests einzusetzen, noch erhebliches Verbesserungspotenzial bietet. ≈≈≈ Wenn heute der größte Teil der Werbung – mit oder ohne Pretest – vom Publikum als lästig empfunden wird, ist es da vorstellbar, dass 61 Prozent der Zuschauer Werbung vermissen? Genau das ergab eine Umfrage: Fast zwei Drittel der befragten Zuschauer vermissen Werbung bei den öffentlich-rechtlichen Sendern. Allerdings: Diese Umfrage wurde in Großbritannien gemacht und nicht in Deutschland. In diesem Zusammenhang bekommt eine ganz neue Bedeutung, dass die Briten international den Ruf genießen, die kreativste Werbung der Welt zu machen. ≈≈≈ Die britische Werbung kommt dem Prinzip, nicht durch Penetranz aufzufallen, sondern durch einen involvierenderen Werbestil Interesse zu wecken, sehr viel näher. Davon kann sich jeder nicht nur durch die englischen

Werbejahrbücher und Festival-Videos überzeugen, sondern auch in London durch einen Abend vor dem Hotelfernseher oder durch das Blättern in britischen Zeitschriften. ≈≈≈ Wenn endlos wiederholte Schlüsselbilder das Publikum langweilen, ist es dann klüger, in schnellem Wechsel die Werbebotschaften auszutauschen? Abgesehen davon, dass dies sehr teuer wäre, würde es das Publikum wohl eher verwirren. Die Zuschauer hätten möglicherweise ihren Spaß, man darf aber bezweifeln, ob die Marken dadurch an Statur gewönnen. ≈≈≈ Die Kernaussage – der eingangs beschriebene Effekt – darf nur behutsam und über einen langen Zeitraum verändert werden. Die Form aber, also die Spots und Anzeigen, mit denen diese Kernaussage transportiert wird, vertragen die Abwechslung so gut wie das Publikum. Ein Musterbeispiel ist die Werbung von Volkswagen in Großbritannien. Voller Selbstironie nimmt das deutsche Unternehmen in England die Besessenheit deutscher Ingenieure aufs Korn, vergleicht die Sitzposition im Polo mit Selbstverteidigungstechniken und lässt von Niedrigpreisen verblüffte Passanten gegen Laternen stoßen. Aber immer ist klar: VW baut zuverlässige, bezahlbare Autos. Unterhaltende Abwechslung schließt ein immer wiederkehrendes Bild dabei nicht aus, wie Absolut Vodka seit fast zwanzig Jahren in den USA beweist. Die Anzeigen mit der charakteristischen Flasche füllen inzwischen ein dickes Buch und vermitteln jedes Mal: Hier trinken Menschen mit Verstand. ≈≈≈ Was in angelsächsischen Ländern funktionieren mag, muss natürlich nicht zwangsläufig für Deutschland gelten. Lässt sich die eingangs aufgeworfene Vermutung auch in Deutschland

Deutsche mit Selbstironie. In Großbritannien geht das.

Niemand hat etwas gegen ein schönes Schlüsselbil

Venn es sich nicht ideenlos wiederholt.

Nicht die Größten werden die Ersten sein, sondern die Innovativsten. Also die Kreativsten.

erhärten: Ist kreativere Werbung effizienter? ≈≈≈ Hier liefert der Automarkt ein interessantes Indiz: Zwei Marken haben sich in den letzten Jahren kontinuierlich durch herausragende kreative Qualität hervorgetan (und dafür zahlreiche Preise gewonnen): Audi und Mercedes-Benz. Interne Studien zu Werbeaufwendungen und Werbeerinnerung zeigen hier eine stupende Korrelation: Beide Marken sind die Ausreißer nach oben: Sie erreichen eine signifikant höhere Werbeerinnerung im Vergleich zum eingesetzten Budget. Keine andere der zahlreichen Automarken erreicht eine vergleichbar günstige Relation. Und beide bieten – rund um einen präzise definierten Markenkern, bei Mercedes »Die Zukunft des Automobils«, bei Audi »Vorsprung durch Technik« – kurzweilige Werbung. ≈≈≈ In einer gemeinsamen Studie der Gesellschaft für Konsumforschung GfK und des Gesamtverbandes Werbeagenturen wurde nicht nur der Werbedruck, also die Budgethöhe, sondern auch die Werbequalität gemessen. Die überlegene Werbequalität erbrachte »das mit großem Abstand beste Ergebnis« und führte zu dem Fazit: »Nicht die Größten werden die Ersten sein, sondern die Innovativsten.« Man könnte auch sagen: die Kreativsten. ≈≈≈ Aufschlussreich ist auch eine Gegenüberstellung der beiden wichtigsten deutschen Werbewettbewerbe. Der Art Directors Club (ADC) kürt jedes Jahr die – im subjektiven Urteil seiner Juroren – einfallsreichste Werbung. Nur ein verschwindend geringer Prozentsatz aller Anzeigen, Plakate und Spots hat eine Chance, hier einen Kreativpreis zu gewinnen. Wenn kreative Qualität kaum Einfluss auf die Wirkung hätte, dann dürften die ADC-Gewinner nur eine vernachlässigenswerte Rolle beim führenden Effizienzwettbewerb spielen. Das aber ist ein Irrtum! Der Verfasser hat nachgezählt: Von allen Effie-Gewinnern, die in den neunziger Jahren vom Gesamtverband der Werbeagenturen (GWA) ausgezeichnet wurden, können beachtliche 34 Prozent auch eine gute Note vom ADC für ihre kreative Güte vorweisen. ≈≈≈ Schließlich spricht auch die Erfahrung von Praktikern für die Vermutung, Kreativität verkaufe besser. So kommen Buchholz und Wördemann am Ende ihrer Untersuchung von 480 wirtschaftlich überdurchschnittlich erfolgreichen Kampagnen zu einem bemerkenswerten Schluss: »Die erfolgreichsten Kampagnen sind deutlich kreativer als der Durchschnitt.« Als frühere Procter & Gamble-Marketingmanager sind sie über jeden Verdacht erhaben, Kreativität als Selbstzweck zu verherrlichen. Ihnen pflichtet der in dieser Hinsicht ebenfalls unverdächtige Nestlé-Chef Maucher bei: »Es gibt genügend Beispiele, wo nicht Massen an Werbegeldern, sondern die Idee, die Kreativität und die richtige Ansprache des Konsumenten für einen Erfolg gesorgt haben.« ≈≈≈ Eine schlichte Schlussfolgerung drängt sich auf: Werbung ist dann am effektivsten, wenn sie auf eine einzigartige, für die Verbraucher relevante Botschaft konzentriert ist. Und sie ist am effizientesten, wenn diese Botschaft dem Publikum auf interessante Art angeboten wird – und sie nicht langweilt. Der beste Treibstoff für Effektivität und Effizienz ist Kreativität: in allen Phasen, bei Auftraggeber und Agentur, über alle Abteilungsgrenzen hinweg. Mit den Worten der Werbelegende Bill Bernbach: »Creative is not a department.« ≈≈≈≈≈≈≈≈≈≈≈≈≈≈≈≈≈≈≈≈≈≈≈≈≈≈≈≈≈≈≈≈≈≈

REGELN ZUM

WEGWERFEN

Sind Sie schüchtern? Stottern Sie gelegentlich? Dann erfüllen Sie zwei wichtige Voraussetzungen für eine ganz steile kreative Karriere. Sind außergewöhnliche Kreative so geschliffen, gewandt und selbstsicher wie die Helden in den Werbespots selbst? Eher nein. Viele der erfolgreichsten Werber sind ganz anders. Gelegentlich suchen sie lange nach dem passenden Wort, aber es passt dann auch wirklich.

Sie sind keine Blender, sondern harte Arbeiter, die auch ihre besten Einfälle immer wieder infrage stellen.
Die Lebensläufe der wirklich herausragenden Werber haben etwas niederschlagend Ermutigendes: Es sind nicht die Harvard-absolventen und Aristokratentöchter, die in der Werbung die Glanzpunkte setzen.
Der legendäre David Ogilvy war Koch. Michael Conrad, Chef von Leo Burnett in Chicago, war ein bettelarmer Vertriebener. Ein zeitgenössischer Kreativdirektor empfahl sich einer großen deutschen Bank mit einer Jugendstrafe wegen Rauflust. In eine Agentur war er zuerst als Kurierfahrer gekommen. Wer früh strampeln muss, der kommt weit. Das ist für die meisten von uns deprimierend – wir mussten nicht strampeln, wir wurden bestenfalls gestrampelt. Wir, jedenfalls die allermeisten von uns, sind wohlwattiert durch Schule und Hochschule gekommen, die größte Lebenskrise war die Trennung von der elterlichen Waschmaschine. Daran lässt sich jetzt nichts mehr ändern. Tragen wir unser günstiges Schicksal als Kinder der Wegwerfgesellschaft mit Fassung und machen wir eben das Beste daraus: Werfen wir viel weg. Das Wegwerfen ist üblicherweise als umweltschädlich verrufen. In der Werbung ist es genau anders herum: Wegwerfen ist Umweltschutz.

Je mehr weggeworfen wird, desto besser ist das, was erscheint. Das Wegwerfen ist eine der schwersten Übungen, denn mit jeder verworfenen Idee ist ihr Urheber eng verwandt – und sei sie noch so zweitklassig. Die zweitbeste Idee ist der größte Feind der besten. Sie sieht schon ganz gut aus und vor allem: sie ist da. Werfen Sie sie weg! Nur durch Wegwerfen kommt man zum besten Einfall. Schmeißen Sie weg, soviel Sie können. Dabei helfen ein paar einfache Regeln.

1

WERDEN SIE
UNZUFRIEDEN
MIT ALLEM, WAS
SIE MACHEN.

ABSOLUT MANHATTAN.

Werden Sie Wegwerfer.
Fragen Sie sich bei jeder Idee: Kann man die Anzeige, kann man den Spot zwischen Ihre beiden Lieblingsarbeiten (mutmaßlich angelsächsischer Herkunft) legen, ohne unangenehm aufzufallen? Wem das Wegwerfen in den Papierkorb zu schwer fällt, der kann erstmal mit seiner Schreibtischschublade oder dem Desktop-Folder seines Computers üben und dort die zweitbesten Ideen ablegen. Je besser Sie werden, desto kleiner wird Ihr Müllhaufen. Und irgendwann kann vielleicht das eine oder andere neben sensationellen Arbeiten wie dem Evergreen Absolut Vodka und der legendären Käfer-Werbung bestehen. Warum nicht?

2

ENTSPANNEN SIE.

Auf Arbeit.
Die Agenturen haben sich verdächtig gemacht, weil die Arbeit dort bisweilen gar nicht nach Arbeit aussieht. Das ist unberechtigt, denn die Produktivität von Kreativen folgt eigenen Gesetzen. Die Agentur Scholz & Friends Berlin macht sich einmal im Jahr auf die Reise, hier vor Finnland. Natürlich in Arbeitskleidung und ganz entspannt. Dienst ist schließlich Dienst.

Sammeln.
Ideen kann man nicht erzwingen, aber fördern. In fünf Schritten. Der erste Schritt: Informationen sammeln. Dabei kommt man schnell in ein Dilemma. Mit dem Wissen geht die Unvoreingenommenheit verloren. Dennoch: Ganz ohne Ahnung geht es nicht. Ein Weg, den Naivitätsverlust zu nutzen: Beim Lesen oder Befragen alle Einfälle sofort aufschreiben.

Verdauen.
Nachdenken, zusammenfassen oder diskutieren: die Informationen müssen bearbeitet werden, bis sie eine neue Form annehmen. Dieser Prozess ist am anstrengendsten, denn man ist unterwegs, ohne das Ziel zu kennen. Die Regeln in diesem Buch können helfen, die Verdauung anzuregen.

Entspannen.
Der angenehmste Teil: Denken Sie an alles, nur nicht an die Aufgabe. Die Eindrücke arbeiten nun – rein theoretisch – ungesteuert und frei in Ihrem Kopf und wollen nicht gestört werden. Kreative in diesem Zustand neigen dazu, nicht zuzuhören, zerstreut und vollends unzuverlässig zu sein. Seien Sie rücksichtsvoll und stören Sie nicht bei der Arbeit.

Idee.
Jetzt ist sie reif. Wenn Sie ordnungsgemäß gesammelt, verdaut und sich dann entspannt haben, müsste Ihnen etwas einfallen. Normalerweise sogar viel zu viel. Schreiben Sie alle Einfälle auf.

Verfeinern.
Prüfen Sie jede Idee: Erfüllt sie ihren Zweck? Ist sie klar und direkt? Lesen Sie aus und polieren Sie, was übrig geblieben ist. Die Gefahr ist groß, dass gute Ideen unentdeckt bleiben und Banales überlebt. Achten Sie auf die Ideen, die Sie besonders herausfordern. Sie verdienen die meiste Pflege.

3

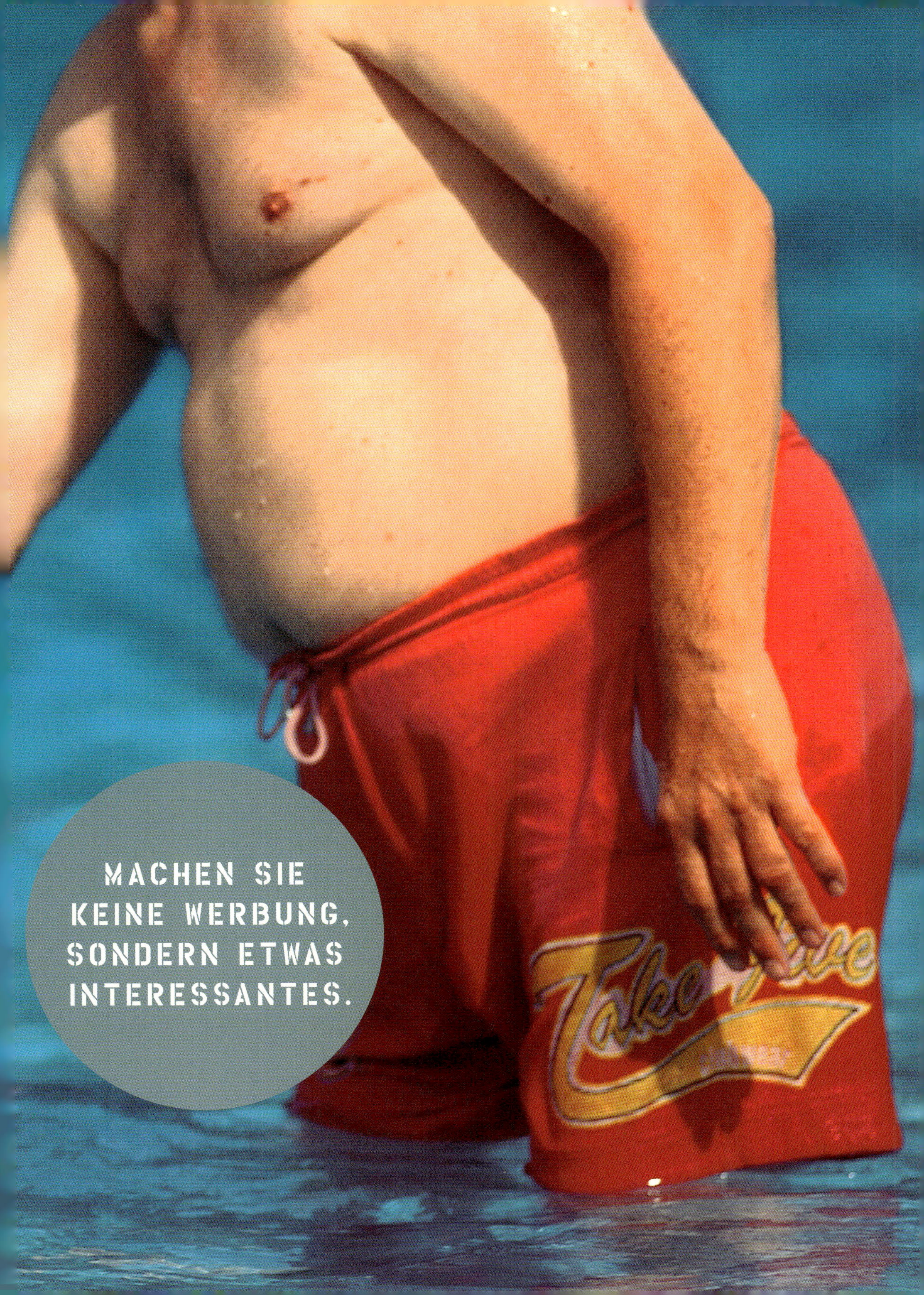
MACHEN SIE
KEINE WERBUNG,
SONDERN ETWAS
INTERESSANTES.

"Zwei Kerzen", 1982
Gerhard Richter

Kunst ist Werbung.
Es gibt Dinge, für die man nicht einfach Werbung machen kann. Etwa für das Gedächtnis an die Zerstörung von Dresden. Das Großplakat am Porticus-Bau des Sächsischen Kunstvereins auf der Brühlschen Terrasse wurde deswegen auch nicht von irgendwem gestaltet. Gerhard Richter, Sachse und einer der berühmtesten lebenden Maler der Welt, stellte sein Gemälde »Zwei Kerzen« zur Verfügung.

taz-Kampagne +++ 300 Abos bis nächste Woche+++ oder es passiert was +++ Heute auf Seite 15

300 Abos – oder Prinz Frederic von Anhalt will taz zur „Bibel des Kapitalismus" machen +++ Seiten 4 und 9

Will keiner Prinz Frederic verhindern? +++ erst 117 Neuabonnenten gegen die Adels-taz +++ Seiten 4 und 9

Droht die Monarchie? +++ Verkauft sich die taz an den Adel? +++ Bislang erst 155 neue AbonnentInnen +++ Seiten 4 und 18

Erst 220 neue Abos! +++ Übernimmt Prinz Frederic morgen die taz? +++ taz-Abo-Aktion auf den Seiten 4 und 18

die tageszeitung

Ausgabe 1,90 Berlin

Grüne Basis soll Panzerkanzler stoppen

■ In der Regierungskoalition fliegen die Fetzen wegen der Panzerlieferung an die Türkei: Die Grünen wollen mit einer außerparlamentarischen Kampagne Gerhard Schröder an weiteren Waffenlieferungen hindern

■ taz berlin

Teilprivatisierung gerügt Verfassungsgericht hat entschieden: Kein Verkauf der Wasserbetriebe auf Kosten der Verbraucher. Seite 17

taz thema

Bildung

Das Medium ist die Kampagne. Wer eine Werbebotschaft hat, braucht noch lange nicht Werbung zu machen. Eine erfolgreiche Abonnement-Kampagne der taz fand auf wenigen Zentimetern über dem Titel statt. Ein Vierteljahr lang wurden die Leser augenzwinkernd erpresst: Vierhundert neue Abos in der Woche, oder Qualitätsmerkmale der tageszeitung verschwinden für einen Tag. So erschien eine taz ohne die berühmten pointierten Überschriften oder eine blaublütige taz, die die Spleens von Prinz Frederic von Anhalt abfeierte. Das Happening wurde weltweit zitiert. In wenigen Monaten kamen viertausend neue Abonnenten hinzu.

Nur 221 neue Abos! +++ Wir machen Ernst: Heute gibt's die taz ohne Überschriften! +++ Die nächste taz-Abo-Wette auf Seite 10

die tageszeitung

Ausgabe 2,50 Berlin

Nr. 5960 40. Woche 21. Jahrgang Sonnabend/Sonntag, 9./10. Oktober 1999 ÖS 28 FF 13 LUF 61

Die taz ohne Überschriften

■ Großbritannien darf den chilenischen Ex-Diktator Pinochet an Spanien ausliefern. Im Falle einer Berufung könnte sich der Prozess jedoch hinziehen

■ taz berlin

Der SPD-Baustadtrat von Weißensee kommt wegen versuchter Erpressung eines Bauinvestors vor Gericht. Seite 24

Für einen guten Auftritt gibt es immer einen Drink: Der Schriftsteller Thomas Findeiß über Ausgehen in Berlin. Seite 34

Mit einem gewissen Tonfall

Kommentar

■ Die deutsche Regierung hat NS-Zwangsarbeiter lange betrogen

4 Panorama Sonnabend/Sonntag, 9./10. Oktober 1999 ■ die tageszeitung

taz-Abo-Aktion

■ Mit einem Energieprogramm will die EU demokratischen Kräften in Jugoslawien helfen. Direkthilfen und Städtepartnerschaften sollen verhindern, dass das Regime profitiert

■ Unwetter fordert in Mexiko 239 Tote. Behörden rechnen mit weiteren Opfern

■ Britische Polizei rechnet mit mindestens 100 Toten nach Londoner Zugunglück

Der Augenblick

■ Der Putschist und die nackte Katarina

die taz samstag

Dem Adel verpflichtet.

Nr. 5972 · 42. Woche · 21. Jahrgang · Sonnabend/Sonntag, 23./24. Oktober 1999 · Ausgabe Berlin · DM 2,50 · ÖS 28 · FF 15 · LUF 61

Prinz Frederic packt's an

Der beliebte Adelige verrät die Lösung aller Probleme Deutschlands – exklusiv in seiner taz

Laue Kritik an mörderischem Angriff auf Grosny

Nach den Raketen auf Grosny mit mindestens 130 Toten fordert die EU Russland zu sofortigen Verhandlungen mit Tschetschenien auf

die tageszeitung

taz berlin

Aus dem Hochzeit
Der Berliner Adel ist not amused: Prüher war alles besser. Gott sei Dank gibt es heute Brandenburg.

Aus den Kommunen

Aus der Intelligenzija

Aus dem Bauernstand

Aus dem Proletariat

Maurice Papon gefasst und nach Frankreich abgeschoben

Der verurteilte Nazi-Kollaborateur wurde in der Schweiz verhaftet und sofort ausgewiesen

Dumpfe Töne – Haider, Blocher, Schröder/Blair: Europa schwenkt nach rechts

Sonnabend/Sonntag, 23./24. Oktober 1999 · die tageszeitung · Tagesthema 3

Frederic Prinz von Anhalt ist der beliebteste und renommierteste Adelige Deutschlands. Im taz-Interview klärt er darüber auf, wie gut adoptierte Adelige leben, warum sie besser sind als geborene – und was der „perverse" Gatte der Caroline von Monaco dringend braucht:

„Der Ernst August braucht Prügel"

Wer ist wirklich adelswürdig? Keiner: Frederic von Anhalt über Kanzler Schröder, Nadja Ab del Farrag und Ernst August

Nur 174 Neuabos – auch dazu gibt es von uns heute keinen kritischen Kommentar +++ taz-Abo-Aktion Seiten 4 und 11

die tageszeitung Light

Lernt von diesen deutschen Helden

Bundesaußenminister Joschka Fischer, Teamchef Erich Ribbeck und Privatmann Oskar Lafontaine – warum wir alle uns an diesen großen Männern ein Beispiel nehmen müssen. Wahrscheinlich

taz heute taz-light

Rentenversicherung mit 100 %-Geld-zurück-Garantie? Einzigartig. Die VERSIRENTE®. Jetzt: 0800 – 100 51 98 VERSIKO

taz-light – der Inhalt

Neue Koalitionskrise nach Schröders Wort: „Morgen ist Sonntag"

Jetzt auch rot-grüner Streit über die Abfolge der Wochentage. CDU wittert Morgenluft. Kommt Montag?

Light-Artikel

Alles hat sein Gutes – Keine Familie – kein Samen, kein Ei, keine Exhumierung

Sonnabend/Sonntag, 13./14. November 1999 · die tageszeitung · Panorama 5

Geteilte Freude ist einfach doppelte Freude

Querspalte

Alles in Ordnung

Viele Häuser in Italien stehen noch

Nach dem Einsturz eines Mietshauses in Foggia will die Regierung einen „Häuserpass" ausstellen, falls die Bausubstanz je gut sein sollte. Trotzdem nicht alle Sorgen ausgeräumt

Stiftung für mehr Frieden gegründet

SPD und Grüne arbeiten Hand in Hand

Interessante Neuigkeiten aus Nicaragua

Na sowas: Da gibt es einen einzigen nichtkorrupten Politiker in Nicaragua. Aber der Präsident lobt ihn nicht – er sperrt ihn ein

DIE UNGLAUBLICHEN ABENTEUER VON
MEDIAMAN
MEDIAMAN
DEZ
NR. 408
1.50 DM
IN DEN TENTAKELN DER
AWARENESSKILLER
P.O.S.
RADIO

MEDIAMAN
HISTORY

Zahlen sind Bilder. **Wenn Werber Werber umwerben, können Kabinettstückchen entstehen. Wie macht man die wenig anschaulichen und meist austauschbaren Leistungswerte eines Ladenradios interessant?**

Zum Beispiel mit den gefährlichen Abenteuern von Mediaman. Er entrinnt im Auftrag von Radio POS den Tentakeln der Awarenesskiller. Superman ist ein Leichtmatrose dagegen.

Namen sind Nachrichten. Ehrgeizige Lokalreporter haben das Ziel, dass jeder Leser einmal in der Zeitung steht. Da kann man nicht früh genug anfangen, getreu der Journalistenweisheit, nichts interessiert Menschen mehr als Menschen. Diese Anzeigenserie wurde von stolzen Eltern und Großeltern beschickt und lief über Jahre in den Lokalausgaben der Sächsischen Zeitung.

Neue Sa

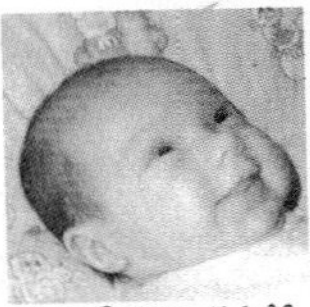

Anne Brauer, 11.2.92
Dresden

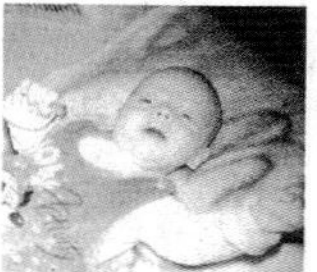

Tobias Schmiedgen, 9.10.91
Bischofswerda

Franziska Berthold 28.2.92
Hoyerswerda

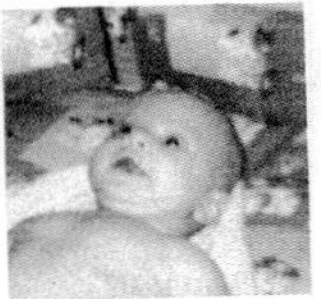

Peter Friedrich, 12.1.92
Zeithain

Ja, wen haben wir denn da? Die besten Nachric
sen erscheinen jetzt in der Sächsischen Zeitung.
Nachricht von der Geburt Ihres Kindes an dieser Stelle
veröffentlichen sollen, schicken Sie uns bitte den Coupon
und ein aktuelles Foto (farbig oder schwarz/weiß).

achsen.

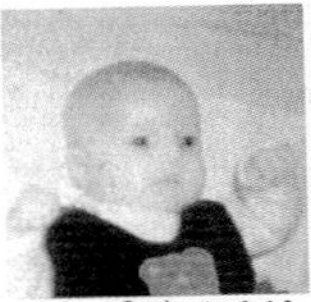

Lukas Bach, 20.2.92
Meißen

Roy Badermann, 20.8.91
Nieder-Seifersdorf

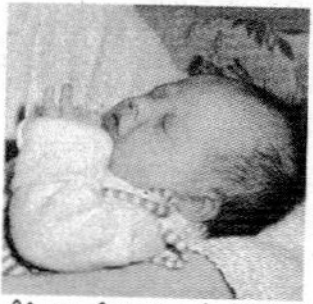

Olivia Steinbrück 12.12.91
Riesa

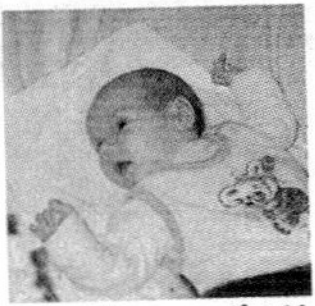

Julia Heimann, 19.1.92
Meißen

…ten aus ganz Sach-
…enn wir auch die gute

Sächsische Zeitung

Das ist Sachsen

Ich bin neu hier. Coupon mit aktuellem Foto einschicken an: Sächsische Zeitung, Baby Foto, Ostra Allee, 8012 Dresden

Vorname, Name, Geburtstag

Name der Eltern, Straße

Ort (Adresse wird nicht veröffentlicht) Datum, Unterschrift

Nationaler
wgl. Die türkischen
daß ihre Politiker einen
len Kurs steuern. Das
dem Wahlergebnis
che Europa Rechtsfrie-

DEUTSCHLAND
-Vogg, Günther Nonnenmacher, Frank Schirrmache

Zeitung für Berlin.
Wenn eine der großen Zeitungen der Welt eine neue Ausgabe vorstellt, dann darf man das nicht übersehen. Den Start ihrer »Berliner Seiten« kündigte die F.A.Z. mit der größten Zeitung der Welt an. Dabei half der Glockenturm der Gedächtniskirche. Er musste saniert werden – und so half die Zeitung auch ihm. Mit den Werbeeinnahmen wurde die Sanierung bezahlt. Das Standbild, das von Fassadenkletterern angebracht wurde, sahen nicht nur viele Passanten, es wurde auch zum Symbol für den Kampf der Zeitungen um die Hauptstadt. Wer das bebildern wollte, druckte dieses Foto. Ein Beispiel dafür, wie Werbung zur Nachricht werden kann.

Jetzt mit Berlin-Teil.
Frankfurter Allgemeine
ZEITUNG FÜR DEUTSCHLAND
Das deutsche Parlament wieder in Berlin
Zwischenbilanz der Einheit

Kreis Plauen: Er baute die Türgriffe ab, dann brach Feuer aus

Steffi und Stefan erstickt: Kommt ihr Vater ins Gefängnis?

Elsterberg – Vater Dieter K. (35) hatte Tür- und Fenstergriffe abgeschraubt, für seine Kinder Steffi (5) und Stefan (6) wurde das Zimmer zur Todesfalle: Sie hatten gegokelt, konnten dem Feuer nicht entkommen, erstickten qualvoll. Ein Polizeisprecher: „Möglich, daß der Vater wegen fahrlässiger Tötung angezeigt wird." **Seite 11**

Briefbogen-Affäre: Sogar Parteifreunde fordern Rücktritt

Möllemann: Wie lange noch?

Bonn – Wirtschaftsminister Jürgen Möllemann (FDP) gerät immer mehr in die Klemme: In CDU und SPD wird die Forderung nach Rücktritt wegen der Briefbogen-Affäre von Tag zu Tag lauter. Sogar Parteifreunde wollen Möllemann nicht länger als Minister. In der FDP wird bereits über einen Nachfolger nachgedacht: Fraktionschef Hermann-Otto Solms. Der sagt aber: „Ich bin und bleibe Fraktionschef." Möllemann macht weiter Karibik-Urlaub. **Seite 2**

Ein ehrliches Zeichen der Versöhnung

Britischer Bomber-Pilot: Ich baue die Kirche wieder auf

DRESDNER MORGEN POST

Montag, 28. Dezember 1992 · 50 Pf · 2B 11789 A

Dresden – 1945 flog er einen der 744 britischen Bomber, die Dresden zerstörten. Noch immer nicht kann der Pilot die schrecklichen Bilder gerade der brennenden Stadt Dresden vergessen – sein schlimmster Einsatz. Heute will Jeffrey Chapman (72) in England für den Wiederaufbau der Frauenkirche werben, mithelfen, die Wunde des Krieges zu heilen. „Ich schäme mich für diese sinnlose Zerstörung", sagt er. „Jetzt will ich zur Aussöhnung beitragen und einen Teil meiner Schuld abtragen."

Bericht Seite 8

Tagesschau

Stahlproduktion sinkt

Düsseldorf - Die Stahlproduktion in Ostdeutschland sinkt in diesem Jahr auf unter drei Millionen Tonnen (minus 12 Prozent gegenüber 1991), schätzt die Wirtschaftsvereinigung Stahl in Düsseldorf. Die Zahl der Beschäftigten ging in den vergangenen drei Jahren um zwei Drittel auf 27 000 zurück.

GUS-Atomsprengkörper

Bonn - Atomsprengkörper aus der Gemeinschaft Unabhängiger Staaten (GUS) sind bisher nicht im Nahen Osten aufgetaucht, sagte der Präsident des Bundesnachrichtendienstes, Konrad Porzner. Er widersprach damit entsprechenden Behauptungen.

Industrieforschung

Bonn - Für die industrielle Forschung in den neuen Bundesländern hat das Bundesforschungsministerium in diesem Jahr 400 Millionen Mark zur Verfügung gestellt. Damit wurden knapp 9000 Arbeitsplätze gesichert.

Lottozahlen

Samstagslotto: 2, 7, 15, 17, 39, 43, Zusatzzahl: 16, Superzahl: 8; **Spiel 77:** 9724552; **Super 6:** 678061 (ohne Gewähr)

Dresden

Frohe Weihnacht – 24 Christkinder geboren

Das schönste Weihnachtsgeschenk: 24 Dresdner Paare wurden zu glücklichen Eltern. Allein am Heiligabend gab es in den Kliniken neun Neugeborene. Zwei Christkinder sehen Sie auf dieser Seite: die kleine Anja Schweda mit ihren Eltern Burkhardt (30) und Irina (29, gr. Foto) und die kleine Luisa Bianfi mit Mutter Karin (27). Alles über die Weihnachtskinder auf **Seite 4** Foto: Landgraf

A personal note of Mr. Jeffrey Chapman, decorated with the Distinguished Flying Cross and Bar, veteran of the 582 Squadron, which bombed Dresden on February 13, 1945.

"I'm rebuilding the church I hated to destroy. Please, join me."

➢ "I returned from 76 missions in World War II. I have had three men's lives."

➢ I firmly believed that my service was justified and the free world had to be defended at any price. I'm still convinced that we were right.

➢ The Dresden raid, however, was something different. I can recall almost every word said on the briefing. 'Dresden', the briefer said, 'is a very old German city with a great many buildings of wooden construction. It will burn well. It is believed to be crowded with refugees.

➢ I always felt shame about destroying one of the most beautiful cities in the world without military necessity.

➢ Particulary, thinking of the magnificient Church of Our Lady we turned to rubble in 1945. I still feel guilty. When I heard

about the initiative to rebuild this church as a symbol of peace and friendship, I decided to support this group.

➢ I hope to live long enough to join the reopening ceremony of this magnificient church. And I hope you will join me."

[ ] I want to become a member of the Society for the Promotion of the Rebuilding of the Frauenkirche Dresden. My annual fee will be Deutschmark 100,--.

[ ] I pledge a donation of £ ______ to your bank account: Dresdner Bank AG, Dresden, account no. , bank code .

Name

Street

city, ZIP

Signature

[ ] Please mail this coupon to
Wiederaufbau Frauenkirche Dresden
Georgentor am Schloßplatz
D-O-8010 Dresden · Germany

Wiederaufbau Frauenkirche Dresden

Geschichten machen.
Der höchste Anspruch an eine Anzeige: Sie ist interessanter als der Artikel daneben, sie wird selbst zur Nachricht. Wenn sich ein früherer englischer Bomberpilot für den Wiederaufbau der im Krieg zerstörten Dresdner Frauenkirche ausspricht, dann ist das nicht Werbung oder Journalismus, sondern ein kleines Stück Zeitgeschichte.

4

SEIEN
SIE EINFACH.
EINE KAMPAGNE
PASST AUF EINEN
BIERDECKEL.

Ein Sa

Der Bierdeckel.
Geboren 1892
in Dresden/Sachsen.

Kurz ist gut. Eine gute Idee lässt sich in einem Satz sagen, eine ganze Kampagne passt auf einen Bierdeckel. Wenn sich eine Idee nicht so schnell darstellen lässt, kann man sie getrost weg-werfen. Das verbindet die Werber mit den Zeitschriften-machern. Der legendäre Stern-Gründer Henri Nannen soll gesagt haben: Eine Geschichte ist nur packend, wenn man sie in die Küche rufen kann. Ein schöner Härtetest für jede Idee: Rufen Sie sie in die Küche. Am besten mit Nannens original Einleitung, »Du Erna, hast du schon gehört …?«. Die Anzeigenserie für die Sächsische Zeitung folgt so einer einfachen Idee. Man zeige Erfindungen aus Sachsen und schreibe »Ein Sachse« darüber. Der Werber David Ogilvy hat fünf Kriterien für eine »big idea« formuliert, die beste aller Ideen: Erstens: Als ich sie zum ersten Mal gesehen habe, hat sie mir den Atem verschlagen. Zweitens: Ich hätte sie am liebsten selbst gehabt. Drittens: Sie ist einzigartig. Viertens: Sie passt perfekt in die Strategie. Und fünftens: Sie lässt sich dreißig Jahre durchhalten. Die Kampagne mit den Sachsen wurde nach kurzer Zeit von den Lesern der Zeitung adoptiert. Sie schickten immer neue Vorschläge, darunter auch den Bierdeckel. Auch das ist ein sicheres Zeichen für eine gute Idee: Wenn sie von anderen fortgeführt werden kann.

Ein Sachse.
Gen. Nr.XXXIII-70
Das moderne Kondom.
Geboren 1920
in Leipzig/Sachsen.
Sächsische Zeitung
Das ist Sachsen.

Ein Sachse.

Ein Sachse.
Der In-Line-Skater.
Sächsische Zeitung
Das ist Sachsen.

Sachsen.
Winnetou und Old Shatterhand.
Geboren 1893 in Radebeul/Sachsen.
Sächsische Zeitung
Das ist Sachsen.

Ein Sachse.
Sächsische Zeitung

Ein Sachse.
Der Teebeutel.
Geboren 1914
in Dresden/Sachsen.
Sächsische Zeitung
Das ist Sachsen.

WILLKOMMEN BEIM KÖLN C

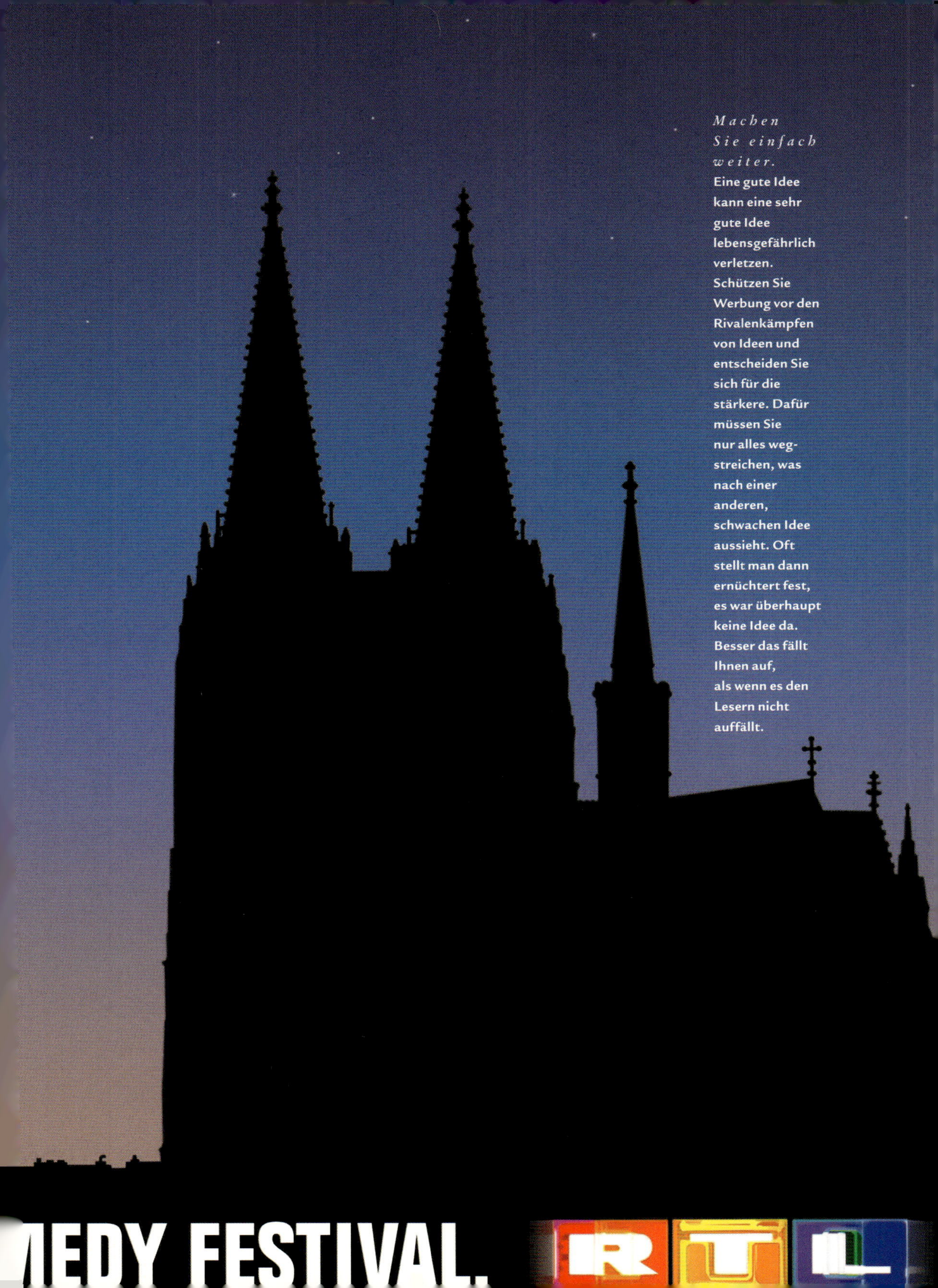
Machen Sie einfach weiter.
Eine gute Idee kann eine sehr gute Idee lebensgefährlich verletzen. Schützen Sie Werbung vor den Rivalenkämpfen von Ideen und entscheiden Sie sich für die stärkere. Dafür müssen Sie nur alles wegstreichen, was nach einer anderen, schwachen Idee aussieht. Oft stellt man dann ernüchtert fest, es war überhaupt keine Idee da. Besser das fällt Ihnen auf, als wenn es den Lesern nicht auffällt.
EDY FESTIVAL.
RTL

PSI 

In a nutshell.

Jedes Logo ist eine kleinformatige Kampagne, die sich vom Firmenschild bis zur Visitenkarte durchzieht. Kampagnen können lange leben, Logos müssen es. Das können sie nur, wenn sie einfach und einprägsam sind. Das Software-Haus PSI kam auf die Nuss.

Ein ganz persönliches
Stück Weltgeschichte
WIEDERAUFBAU
FRAUENKIRCHE
DRESDEN

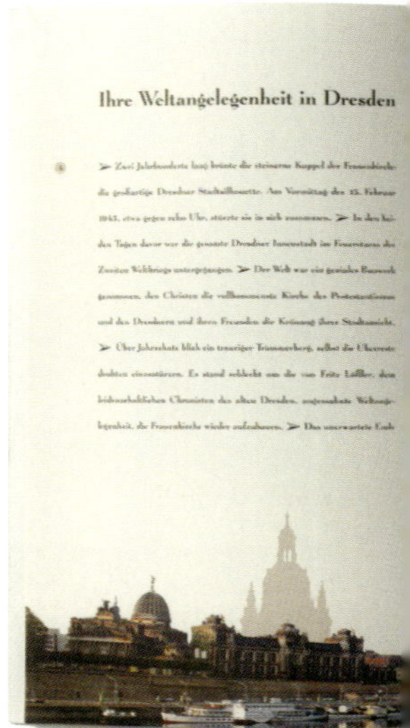
Ihre Weltangelegenheit in Dresden

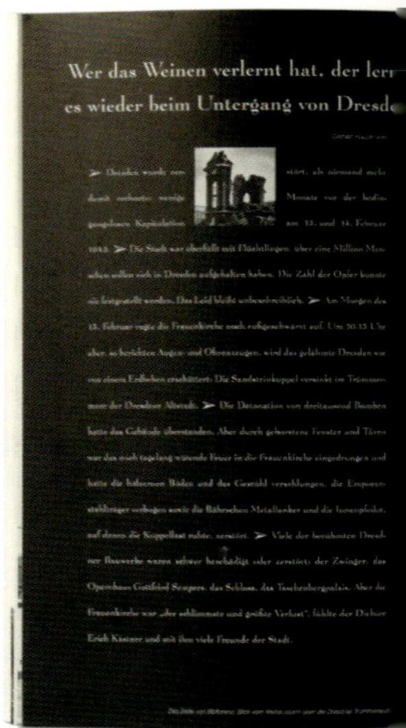
Wer das Weinen verlernt hat, der lern
es wieder beim Untergang von Dresd

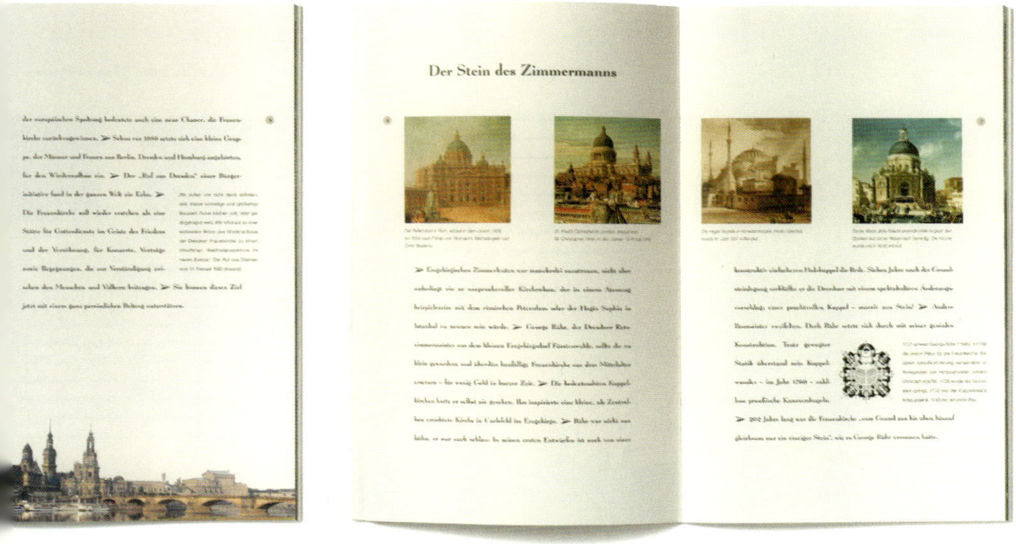

Zwei Seiten sind eine. Unsere Augen schauen sich alles gemeinsam an. Deshalb teilen sie Doppelseiten auch nicht, sondern bekommen einen Eindruck – wenn man sie lässt. Die Augenregel: Jede Aussage bekommt eine Doppelseite. Das reicht aber noch nicht aus. Damit das Auge geführt wird, müssen Bilder, Überschriften, Logo und alle anderen Elemente gewichtet werden. Das geht am einfachsten, wenn man die einzelnen Elemente nach ihrer Bedeutung durchnummeriert. Erst wenn das Auge diese Reihenfolge mühelos nachvollzieht, ist die Seite gut gestaltet. Hier eine Broschüre für die Dresdner Frauenkirche.

Wir schrauben

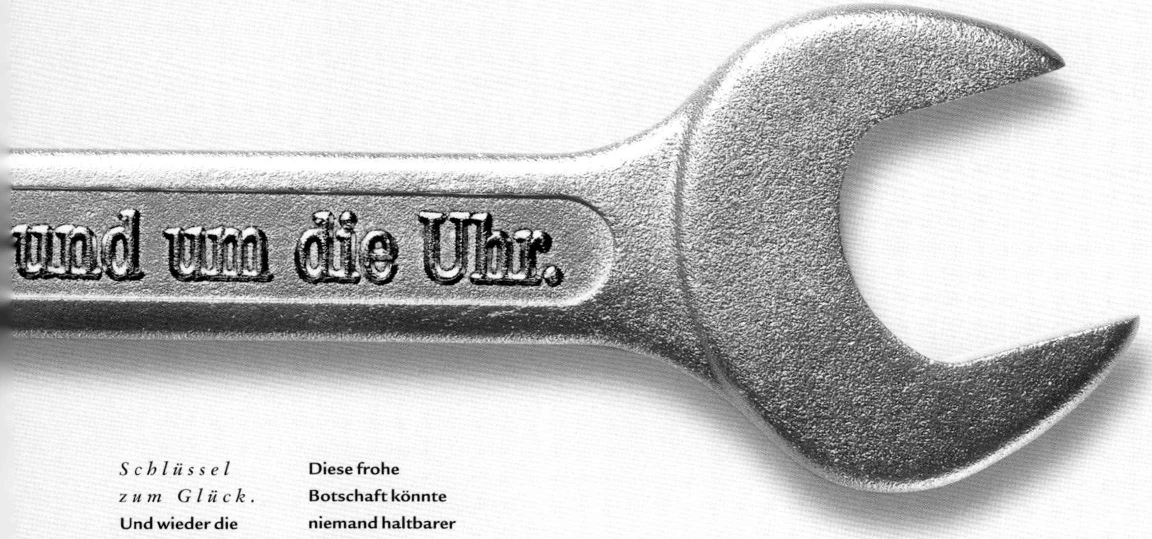

Schlüssel zum Glück. **Und wieder die Frage: Was bringt man dem freundlichen Fernfahrer mit, wenn er in die Mercedes-Werkstatt kommt? Am besten etwas Praktisches, das lange Freude macht. Weil Standzeiten bares Geld kosten, sind Lkw-Werkstätten rund um die Uhr geöffnet.**

Diese frohe Botschaft könnte niemand haltbarer überbringen als ein solider Schraubenschlüssel, der auch nach Jahren noch in der Werkzeugkiste schlicht und einfach sagt, auf wen sich Trucker rund um die Uhr verlassen können.

5

WERBUNG IST
EIN PUZZLE.

[Samstags im F.A.Z.-Kunstmarkt: alles von Albrecht Dürer bis Joseph Beuys.]
Beuys
Frankfurter Allgemeine

[Samstags im F.A.Z.-Kunstmarkt: alles von alten Büchern bis zu moderner Kunst.]
HARING
Frankfurter Allgemeine

[Samstags im F.A.Z.-Kunstmarkt: alles von alten Bauernschränken bis Anselm Kiefer.]
Kiefer
Frankfurter Allgemeine

[Samstags im F.A.Z.-Kunstmarkt: alles von Antiquitäten bis A. R. Penck.]
penck
Frankfurter Allgemeine

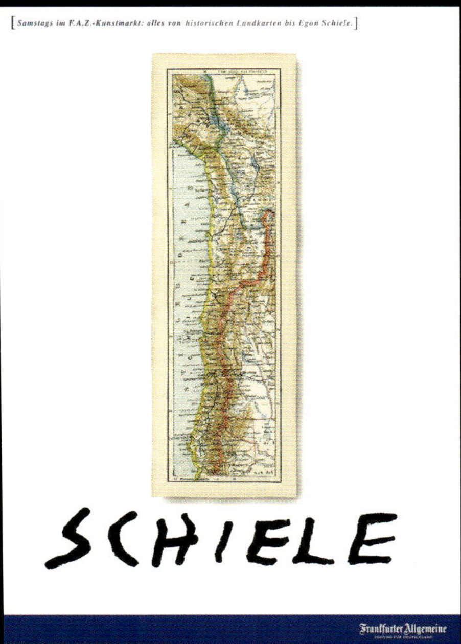

Ein Stück Belohnung.

Kann man sie überhaupt finden: die Balance zwischen Über- und Unterforderung? Ein Bild hilft weiter: Eine gute Kampagne ist wie ein Puzzle. Wenn alle Stücke richtig liegen, gibt es nichts mehr zu tun. Fehlen zu viele, ist es zu mühsam. Die genau richtige Dosis bedeutet: Das letzte Puzzlestück fehlt. Der Leser setzt es richtig ein und belohnt sich mit der Pointe. Bei dieser Serie für den Kunstmarkt der F.A.Z. können sich Sammler und Galeristen belohnen, wenn sie Werk und Signatur richtig auslegen. Beuys und die Boys zum Beispiel. Wer es kann, gehört dazu.

Schnell aufreißen. **Drucksachen können den Spiel- und Entdeckungstrieb besonders gut ansprechen. Diese Broschüre lädt ein zum schnellen Durchblättern. Ein Foto zeigt, worum es geht, den**

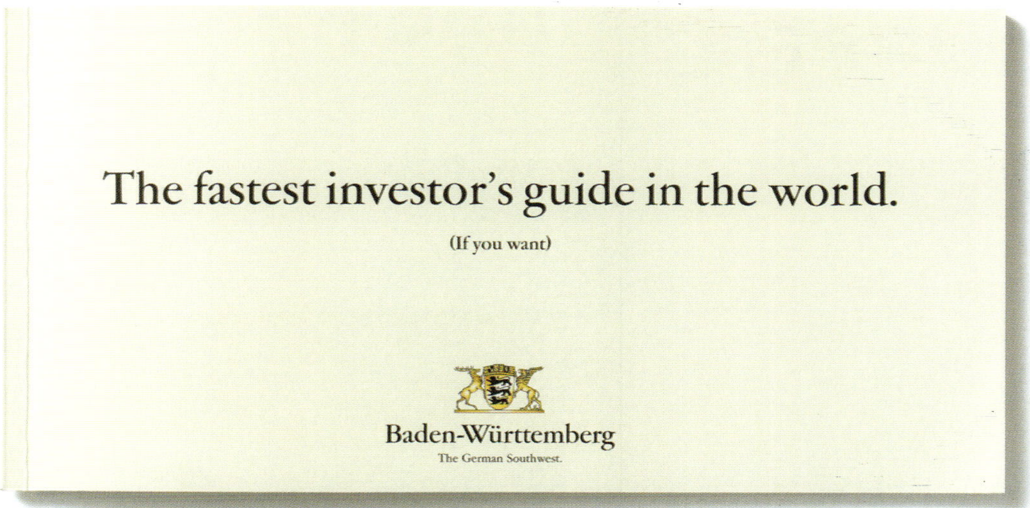

Hintergrund geben Seiten, die erst zu lesen sind, wenn sie an der Außenseite aufgerissen werden. Ein Pfeil weist darauf hin, denn zu kompliziert darf es nie werden. Wird die Neugier überstrapaziert, ist sie ganz schnell verschwunden.

Our Investment Incentives.

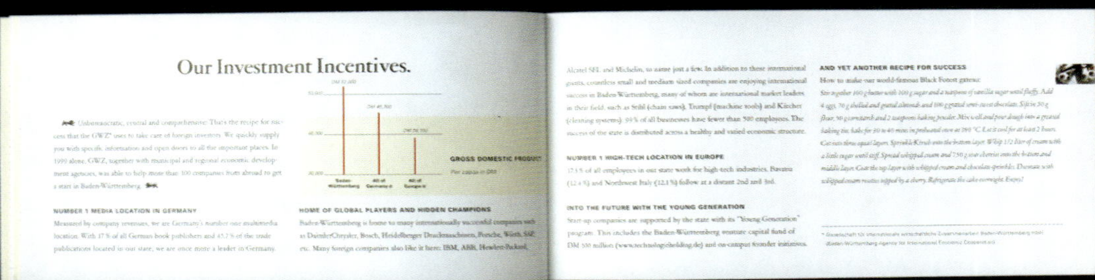

Our Investment Incentives.
GROSS DOMESTIC PRODUCT
NUMBER 1 MEDIA LOCATION IN GERMANY
HOME OF GLOBAL PLAYERS AND HIDDEN CHAMPIONS
NUMBER 1 HIGH-TECH LOCATION IN EUROPE
INTO THE FUTURE WITH THE YOUNG GENERATION
AND YET ANOTHER RECIPE FOR SUCCESS
How to make our world-famous Black Forest gateau:

Our Markets.
If you've got a minute, take a peek!

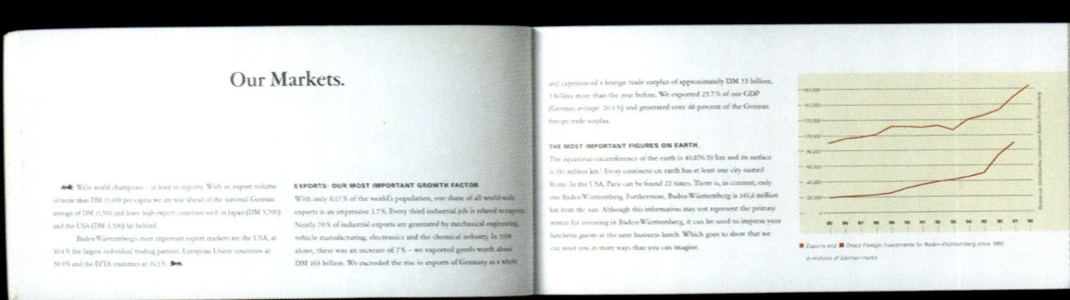

Our Markets.
We're world champions – at least in exports. With an export volume of more than DM 15,000 per capita we are way ahead of the national German average of DM 11,500 and leave high-export countries such as Japan (DM 5,700) and the USA (DM 4,500) far behind.
Baden-Württemberg's most important export markets are the USA, at 10.4 % the largest individual trading partner, European Union countries at 50.9 % and the EFTA countries at 19.3 %.
EXPORTS: OUR MOST IMPORTANT GROWTH FACTOR
With only 0.17 % of the world's population, our share of all world-wide exports is an impressive 1.7 %.
THE MOST IMPORTANT FIGURES ON EARTH.
Exports and Direct Foreign Investments for Baden-Württemberg since 1985
in millions of German marks

[*Welches Bauteil verkürzt die Reisezeit?*]

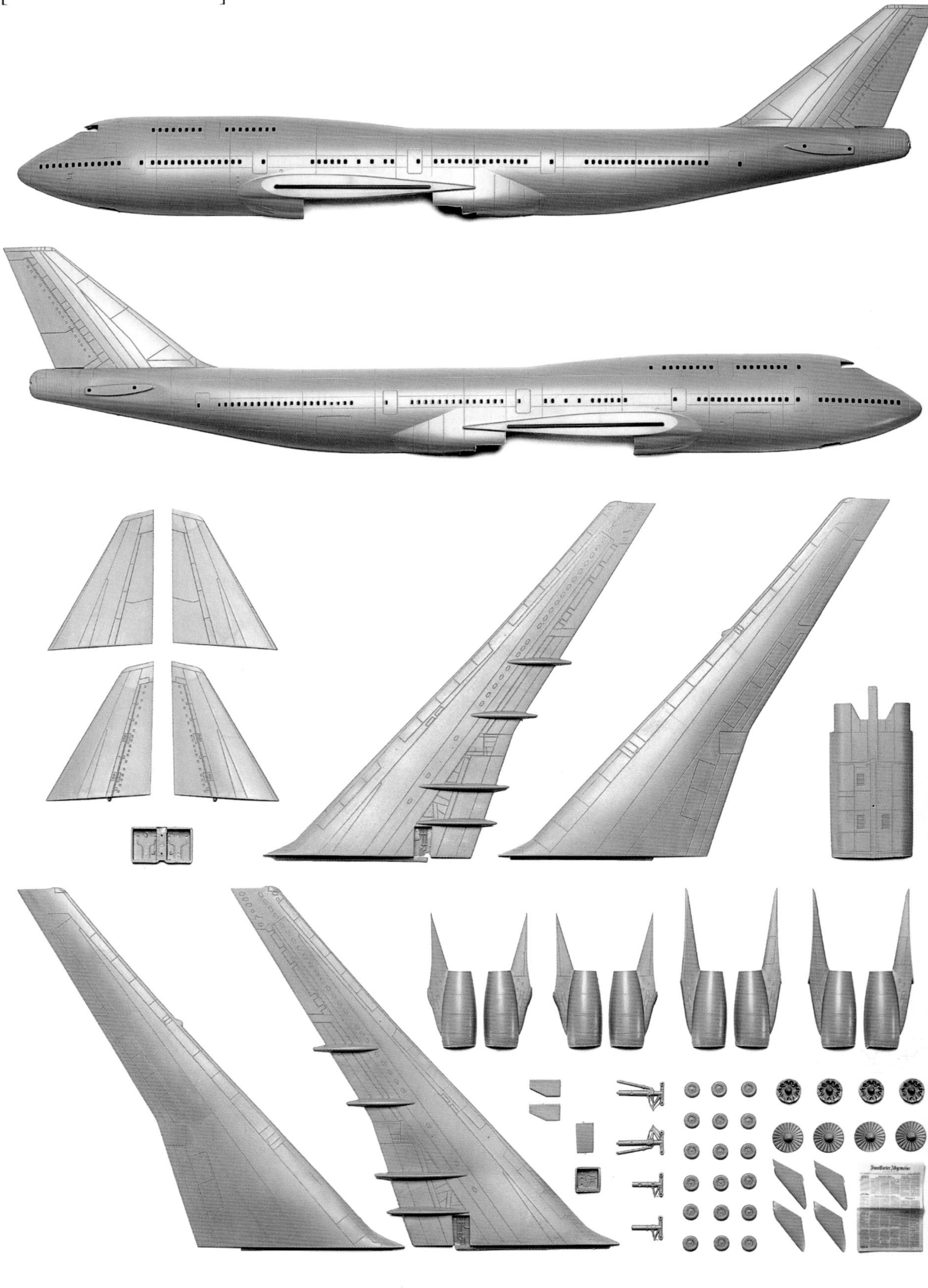

106 Fluggesellschaften bieten ihren Passagieren höchsten Lesekomfort. Mit 36.533* Bordexemplaren täglich von Montag bis Samstag ist die Frankfurter Allgemeine Zeitung Deutschlands Bordzeitung Nr. 1. Guten Flug

Bastel-bogen. »Welches Bauteil verkürzt die Reisezeit?«, fragt die Anzeige. Erst der zweite Blick offenbart im Modellbausatz die Zeitung. Bilderrätsel funktionieren nur, wenn das Auge gut durch das Bild geführt wird. Lägen die Bauteile nicht in Reih und Glied, die Mühe wäre zu groß, das Puzzle bliebe ungelöst. Je nach Medium und Publikum kann der Anspruch des Puzzles variiert werden. Plakate, die sich an große Gruppen wenden, müssen besonders schnell entschlüsselt werden, Anzeigen für eine kleine Gemeinde dürfen ein bisschen fordernder sein. Aber wirklich nur ein bisschen.

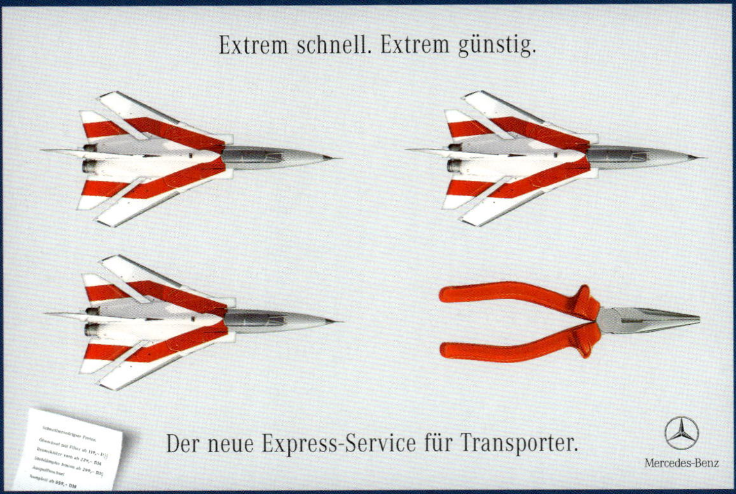
Extrem schnell. Extrem günstig.
Der neue Express-Service für Transporter.
Mercedes-Benz

Extrem sch
Der neue Expres

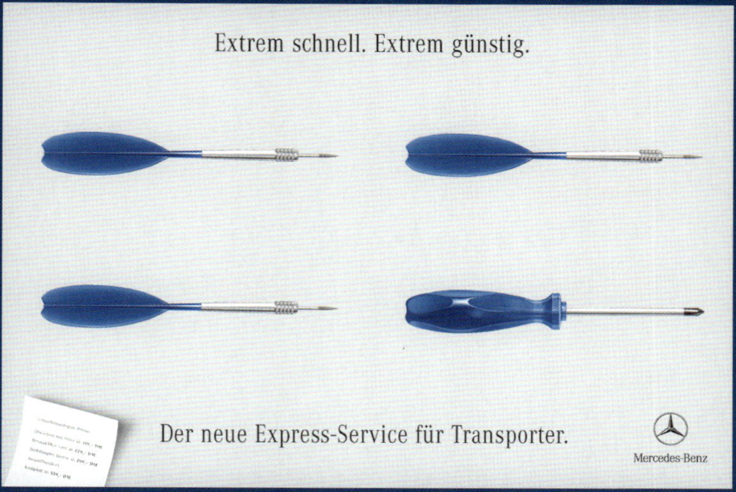

Regel für Ausnahmen.
Die Ausnahme wird nur erkannt, wenn vorher die Regel klar geworden ist. Das gilt für einzelne Motive und für ganze Kampagnen. Und die Ausnahme von der Regel ist nur dann berechtigt, wenn sie die Kernaussage unterstützt. Die Kampagne für den Express-Service von Mercedes-Benz zeigt, dass Gegensätzliches nicht widersprüchlich sein muss. Zange, Schraubenzieher und -schlüssel sind pfeilschnell, wenn sie ein Mercedes-Mechaniker zur Hand nimmt.

RICCARDO CARTILLONE
HIGHEST HEELS

RICCARDO CARTILLONE
HIGHEST HEELS

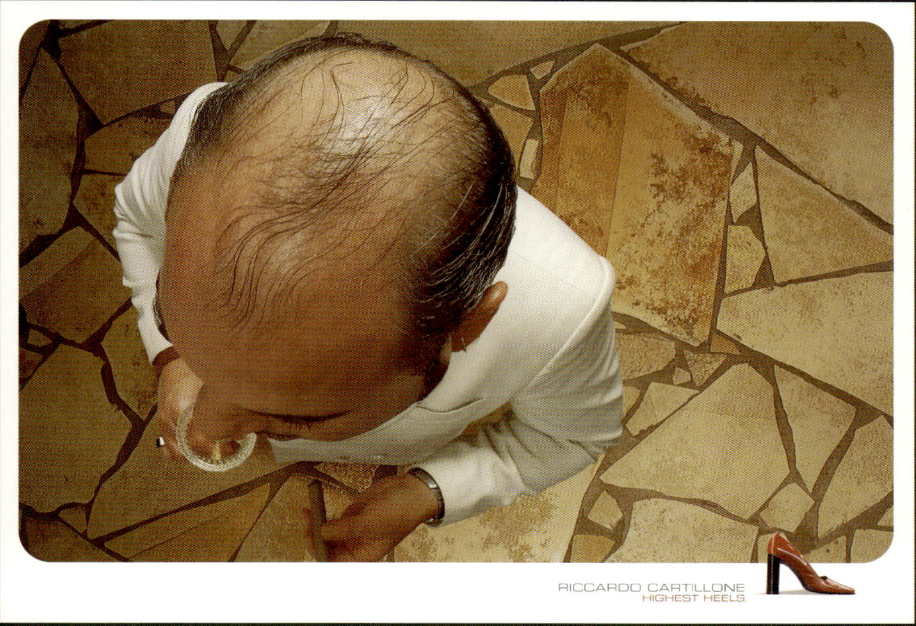

Bild der Frau.

Die Welt sieht anders aus in hochhackigen Schuhen. Männer sind dann nur noch Gartenzwerge, die man leicht übersehen kann. Es dauert einen Augenblick, bis die Perspektiv verschiebung auffällt und der Zusammenhang mit den Highest Heels von Riccardo Cartillone offenbar wird. Dann ist das Puzzle gelöst – und wird erinnert.

6

BEOBACHTEN
SIE
MENSCHEN.

Bitte recht freundlich.

Die V-Klasse. Auf Wunsch auch mit getönten Scheiben.

► Die Wartezeit an einer roten Ampel beträgt zirka 40 Sekunden. Genug Zeit also für Ihre Kinder, sich mit anderen Verkehrsteilnehmern bekannt zu machen. Dass die kleinen Rabauken dabei hin und wieder zu etwas ungewöhnlichen Methoden greifen, liegt wahrscheinlich auch ein bisschen an der V-Klasse. Denn hier fühlt man sich auch in den hinteren Reihen sichtlich wohl. Dank der bequemen Sitze und jeder Menge Platz. Die 3-Punkt-Automatikgurte sorgen dafür, dass Ihre Lieben auch während der Fahrt immer sicher ihren Späßchen nachgehen können. Sollte Ihnen die Kontaktfreudigkeit Ihrer Kinder dann doch einmal zu viel werden, gibt es auch ohne getönte Scheiben einen kleinen Trick: Ein sanfter Druck auf das Gaspedal, und der durchzugsstarke CDI-Diesel- oder Benzinmotor bringt Sie schneller nach Hause, als Ihren Sprösslingen vielleicht lieb ist.

Mercedes-Benz

Jetzt neu: die Mercedes-Benz Freizeitpartner.

Reisemobile kauft man beim Experten.

► Bei Mercedes-Benz arbeiten jetzt Verkäufer, die immer nur an Urlaub denken. Und zwar an Ihren. Sie treffen sie bei den Freizeitpartnern: zwölf Mercedes-Benz Partner, bei denen sich alles um Ihr Hobby dreht. Natürlich finden Sie hier Fahrzeuge – neue und gebrauchte, mit den passenden Finanzierungs- und Leasingangeboten. Außerdem gibt es Zubehör für Mobil und Freizeit. Und in der Werkstatt arbeiten Leute, die sich nicht nur mit Kurbelwellen, sondern auch mit Kühlschränken auskennen. Die Berufsurlauber von Mercedes-Benz freuen sich auf Ihren Besuch.

Mercedes-Benz Freizeitpartner

Mercedes-Benz

Verkehrs-kreise.
Viele Werbeideen kann man sich nicht ausdenken, man muss sie erleben oder beobachten. Im Verkehr erkennt man den Menschen besonders gut. Das fängt in jungen Jahren an. Kleine Alltagsbeobachtungen lassen sich in Werbestorys umsetzen, die jeder versteht. Handelt es sich dabei sogar um kleine eigene Schwächen, kann sich kaum jemand dem Menschelnden entziehen.

RTL
TELEVISION
Hingucker.
Markenwerbung für Fernsehsender gehört zu den anspruchsvolleren Werbeaufgaben. Eingeschaltet wird meist gezielt eine Sendung, und dennoch hat ein und dieselbe Sendung ganz unterschiedliche Einschaltquoten, je nachdem, auf welchem Kanal sie ausgestrahlt wurde. Was ist nun das Besondere an RTL? Und wie zeigt man es? Es ist die Faszination, der sich das Publikum nicht entziehen kann. Das kann man den Zuschauern ansehen.

Mund-propaganda. Der beste Souffleur ist der Volksmund. Gesprochene Sprache ist meist anschaulich, wird leicht verstanden und nimmt der Werbung die Stelzen. So erkennt sich in der alltäglichen Überschrift auch jener wieder, der sein Kind im Bild nicht finden möchte. Verständlich war das Plakat auf jeden Fall. Ein Handballspieler nahm es sogar wörtlich.

Mein Sohn?
Der ist beim
Handball.
Das Doppelleben der Jugend.
Neue Serie. Ab 5.
DRESDNER
MORGENPOST

Birnen 1,99 kg

Wir sind das Obst.

Wer im Berliner Szeneviertel rund um die Tucholskystraße kritische Kunden für sich begeistern will, darf kein gewöhnliches Obst anbieten. Eine einfache Beobachtung half weiter: Sind wir nicht alle ein wenig Birne? Ein Schelm, wer bei diesem Saunabild persönlich werden will.

7

DIE MARKE
HAT DIE IDEE.

DEUTSCHES THEATER
UND KAMMERSPIELE
BERLIN
Infos und Karten: 030-284 41-211,-222
10177 BERLIN-MITTE, SCHUMANNSTRASSE 13A

DEUTSCHE-
THEATER

DEUTSCHES THEATER
UND KAMMERSPIELE BERLIN
Infos und Karten: 030-28441-222/225,
10117 Berlin-Mitte, Schumannstrasse 13a,
Internet: www.deutsches-theater.berlin.net
Brettern, die
die Welt bedeuten.
Wahrscheinlich ist es die naheliegendste Idee überhaupt: Manchmal ist der Name die beste Überschrift. Das Deutsche Theater ist dafür ein Beispiel. Die Doppeldeutigkeit des Namens weist auf die Bühne hin und zugleich darauf, wie sie sich versteht. Sie spiegelt die Realität wider und alle Sonderbarkeiten, die in ihr vorkommen, seien es Drängler auf der Autobahn oder animierte Urlauber. Dabei wird ganz nebenbei unerwartetes schauspielerisches Talent anerkannt, etwa bei Politikern oder Fußballern.
M TL 5211
DEUTSCHES
THEATER

DEUTSCHES
THEATER
Infos und Karten: 030-28441-221, -222
DEUTSCHES THEATER
UND KAMMERSPIELE BERLIN
10117 Berlin-Mitte, Schumannstrasse 13a

DEUTSCHES THEATER
UND KAMMERSPIELE BERLIN
fos und Karten: 030-28441-222/225,
10117 Berlin-Mitte, Schumannstrasse 13a,
Internet: www.deutsches-theater.berlin.net
DEUTSCHES
THEATER

DEUTSCHES THEATER
UND KAMMERSPIELE BERLIN
Infos und Karten: 030-28441-222/225,
10117 Berlin-Mitte, Schumannstrasse 13a,
Internet: www.deutsches-theater.berlin.net
alwitra
s.Oliver
BVB
DEUTSCHES
THEATER

Zeitlose Zeitung.
Darf man ein angejahrtes Signet verwenden, um eine Marke für jüngere Käufer interessant zu machen? Man darf nicht, man muss. Tradierte Markenzeichen haben einen unschätzbaren Vorteil: Sie sind bekannt und wecken Assoziationen. Wenn es gelingt, das alte Zeichen selbst zeitgemäß zu interpretieren, wird die Schwäche zur Stärke: Die Marke ist dann nicht modisch, sondern zeitlos. Der »kluge Kopf« der F.A.Z. stammt aus den fünfziger Jahren. Mit der neuen Kampagne wurde er zum Leben erweckt – von seinen bekanntesten Lesern an unerwarteten Orten. Kampagnen, die ein Markenzeichen aufgreifen, haben eine große Stärke. Sie sind nicht austauschbar. Ein einfacher Test macht das deutlich. Kleben Sie anstelle des tatsächlichen Absenders die Logos der Wettbewerber ein. Wenn eine Kampagne dann noch passt, passt sie nicht, denn dann ist sie beliebig.

[*Dahinter steckt immer ein kluger Kopf.*]

ULF MERBOLD, ***ESA-Astronaut***

[Dahinter steckt immer ein kluger Kopf]
RICARDO DÍEZ HOCHLEITNER, Präsident des Club of Rome
Frankfurter Allgemeine
ZEITUNG FÜR DEUTSCHLAND

[Dahinter steckt immer ein kluger Kopf.]
BILLY WILDER, Regisseur
Frankfurter Allgemeine
ZEITUNG FÜR DEUTSCHLAND

egwerfen

Werbe-produkt. **Der F.A.Z.-Kampagne ist die Verwandlung von der Werbung zum Produkt gelungen. Jedes Jahr verkauft sich ein Fotokalender; zwei Bildbände mit vielen dokumentierenden Fotos, Poster und Postkarten sind im Handel erhältlich. Die Bilder zeigen die ganze Welt, die manchmal auch wie der Mond aussieht. Der Präsident des Club of Rome, Ricardo Díez Hochleitner, wurde auf Lanzarote fotografiert, Bertelsmann-Chef Thomas Middelhoff am Times-Square und Billy Wilder im Hollywood-Sign, das wie sein Namensschild erscheint. Alle Fotos wurden von Alfred Seiland gemacht, bis auf eines. Helmut Newton porträtierte sich selbst in der Newton Bar in seiner Heimatstadt Berlin.**

[Dahinter steckt immer ein kluger Kopf]
NADJA AUERMANN, *Model*
Frankfurter Allgemeine
ZEITUNG FÜR DEUTSCHLAND

[Dahinter steckt immer ein kluger Kopf]
KURT MASUR, *Dirigent*
Frankfurter Allgemeine
ZEITUNG FÜR DEUTSCHLAND

Kopfarbeit.
Jedes Bild ist verbunden mit etwas Arbeit für den Betrachter: Bekomme ich den Namen selbst heraus oder muss ich unten links nachlesen? Bitte erraten Sie das Supermodel Nadja Auermann im Giraffenhaus, Altkanzler Helmut Kohl auf dem Fährschiff European Freeway auf hoher See, den Dirigenten Kurt Masur im Chrysler Building in New York und den Schriftsteller Hans Magnus Enzensberger in der Bibliothek des Trinity College in Dublin. Alle Persönlichkeiten sitzen tatsächlich hinter der Zeitung. Auf deren Angaben kann man sich schließlich verlassen.

V. l. n. r.
Der Posaunist Albert Mangelsdorff in zerstörten Mauern von Jericho, der Bayerische Staatsintendant August Everding auf der Bavaria, der Trainer-legionär Jupp Heynckes in einer spanischen Stierkampfarena, der Maler Jörg Immendorff in seinem Atelier, der Kabarettist Dieter Hildebrandt bei der Lektüre auf dem Klo in Ephesus, der Autovermieter Erich Sixt als Kassierer im Autokarussell, der frühere Bundesbankchef Karl-Otto Pöhl in Frankfurt, Umzugsminister Klaus Töpfer in der Quadriga auf dem Brandenburger Tor in Berlin.

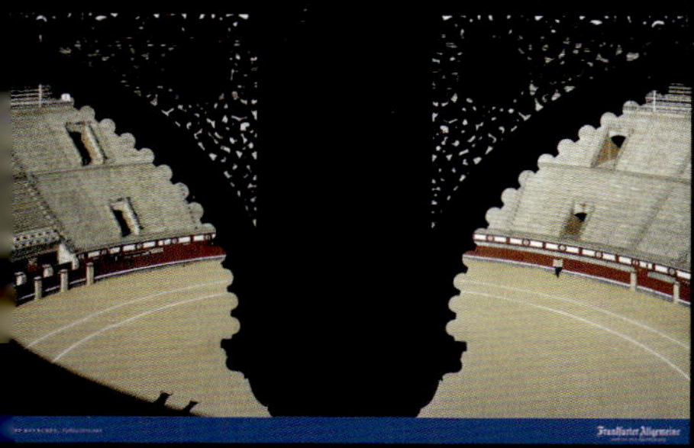

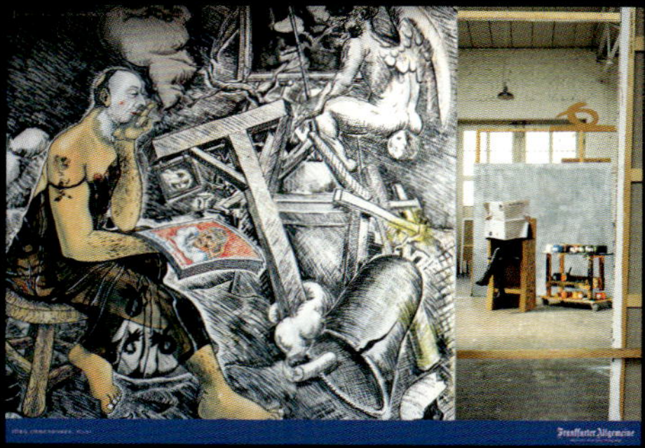

Die Schauspielerin Hanna Schygulla in der Unterwelt von Paris, Waschmaschinenhersteller Rudolf Miele beim Trocknen auf Sylt, der Kinderbuchautor Otfried Preussler mit Großmutter, Kaffeemühle und dem Räuber Hotzenplotz in der Augsburger Puppenkiste, der frühere Steinewerfer und heutige grüne Außenminister Joschka Fischer im Glashaus, Lufthansa-Chef Jürgen Weber auf einem Jumbojet, der Sammler Heinz Berggruen umgeben von seinen Picassos, der Satiriker Gerhard Polt auf dem Teutonengrill und der Formel-1-Rennfahrer Niki Lauda mit zwei PS, schwarz wie aus seinem Rennstall Ferrari.

Forts.
Der Berater Roland Berger an der Spitze der Old Economy, Spiegel-Herausgeber Rudolf Augstein spiegelverkehrt im Spiegelsaal von Versailles, der Fußballmanager Uli Hoeness im Olympiastadion in München, der Regisseur Volker Schlöndorff mit Blechtrommel, sein Kollege Wolfgang Petersen im Boot in den Universal Studios, das Politbüromitglied Günter Schabowski absichtlich im von ihm versehentlich geöffneten Brandenburger Tor, der Dirigent Yehudi Menuhin auf der Royal Albert Hall in London und Jean-Christophe Ammann in seinem Museum für Moderne Kunst in Frankfurt.

Der Architekt Helmut Jahn im Kaisersaal am Potsdamer Platz, die »Pythia vom Bodensee« genannte Demoskopin Elisabeth Noelle-Neumann im Tempel des Orakels von Delphi, die Sängerin Patricia Kaas im Theater Le Rex in Paris, der Abgeordnete Wolfgang Schäuble in der Reichstagskuppel, der Suhrkamp-Verleger Siegfried Unseld in einer Schriftwerkstatt, der Fernsehjournalist Friedrich Nowottny im Museum der Bundesrepublik Deutschland, der Entertainer Harald Schmidt beim Karneval in der Bütt und der für kurze Sätze und lange Haare berühmte Fußballkommentator Günter Netzer beim Friseur.

Probeleser.
Wie sehnsüchtig der Lokalteil der F.A.Z. von den klugen Köpfen Berlins erwartet wurde, zeigen ausgewählte Stadtansichten. Die Kampagnenidee zitiert die Markenkampagne der F.A.Z. und gibt ihr Lokalkolorit. Anders als beim Vorbild handelt es sich aber um Fotomontagen. Eine schüchterne Anfrage, ob man den Standbildern nicht tatsächlich Zeitungen anpassen dürfe, wurde verständnislos abgelehnt.

Jetzt mit Berlin-Teil.
Frankfurter Allgemeine
ZEITUNG FÜR DEUTSCHLAND

Jetzt mit Berlin-Teil.
Frankfurter Allgemeine
ZEITUNG FÜR DEUTSCHLAND

Jetzt mit Berlin-Teil.
Frankfurter Allgemeine
ZEITUNG FÜR DEUTSCHLAND
KARL FRIEDRICH
SCHINKEL

Jetzt mit Berlin-Teil.
Frankfurter Allgemeine

ELASAN

Klappern gehört zum Storch. **Hebammen bringen nicht nur Kinder auf die Welt, sondern auch Kampagnen, zumindest die für Elasan. Die Babycreme aus Leipzig nannten sie bei den Interviews der Marktforscher nur Storchencreme. Warum? Die Dose schmückte in den sechziger Jahren ein Storch, der zwar nicht auf der Packung überlebte, aber dafür in den Köpfen von Müttern und Kindern. Als Packung und Werbung nach dem Fall der Mauer erneuert wurden, lebte der Storch wieder auf und mit ihm ein kleines, unaufdringliches Stück ostdeutsche Identität. Das Plakat für die Wartezimmer von Kinderärzten gestaltete der Kinderbuchillustrator Thomas Schallnau, dessen Bücher von Rüssel, dem Elefanten, zu einer Kindheit in Ostdeutschland gehören wie der Storch zu Elasan.**

Yamagata, Japan

S in Japan.
Je penetranter ein Logo eingehämmert wird, umso gelangweilter reagiert das Publikum. Entsprechend verpönt sind Logo-Orgien bei den meisten Werbern. Es sei denn, das Logo wird in eine Story verpackt. Ein japanisches Pärchen zeigt stolz die Urlaubsfotos aus Berlin. Dem peniblen Vater fällt ein sonderbares Zeichen auf, das auf nahezu allen Bildern zu sehen ist. Ein rotes S. Was hat es damit auf sich? Das Ende des Films gibt die Auflösung. Bei über 170 Sparkassenfilialen in der Stadt ist eben fast immer eine Filiale mit auf dem Bild.

Marke bekennen.
Eine eherne Markenregel lautet: Das Logo ist unantastbar. Dagegen darf nur an hohen Feiertagen einer Marke verstoßen werden, etwa, wenn sie durch eine große Investition verjüngt wird. Als eine neue Druckerei der Dresdner Morgenpost ermöglichte, täglich ganz in Farbe zu erscheinen, war so ein Tag gekommen. Das Logo blühte auf – angelehnt an Andy Warhol. Aber nur in der Werbung und nur ein einziges Mal. Sonst wäre es ja auch keine Ausnahme gewesen.

Scholz & Friends Berlin

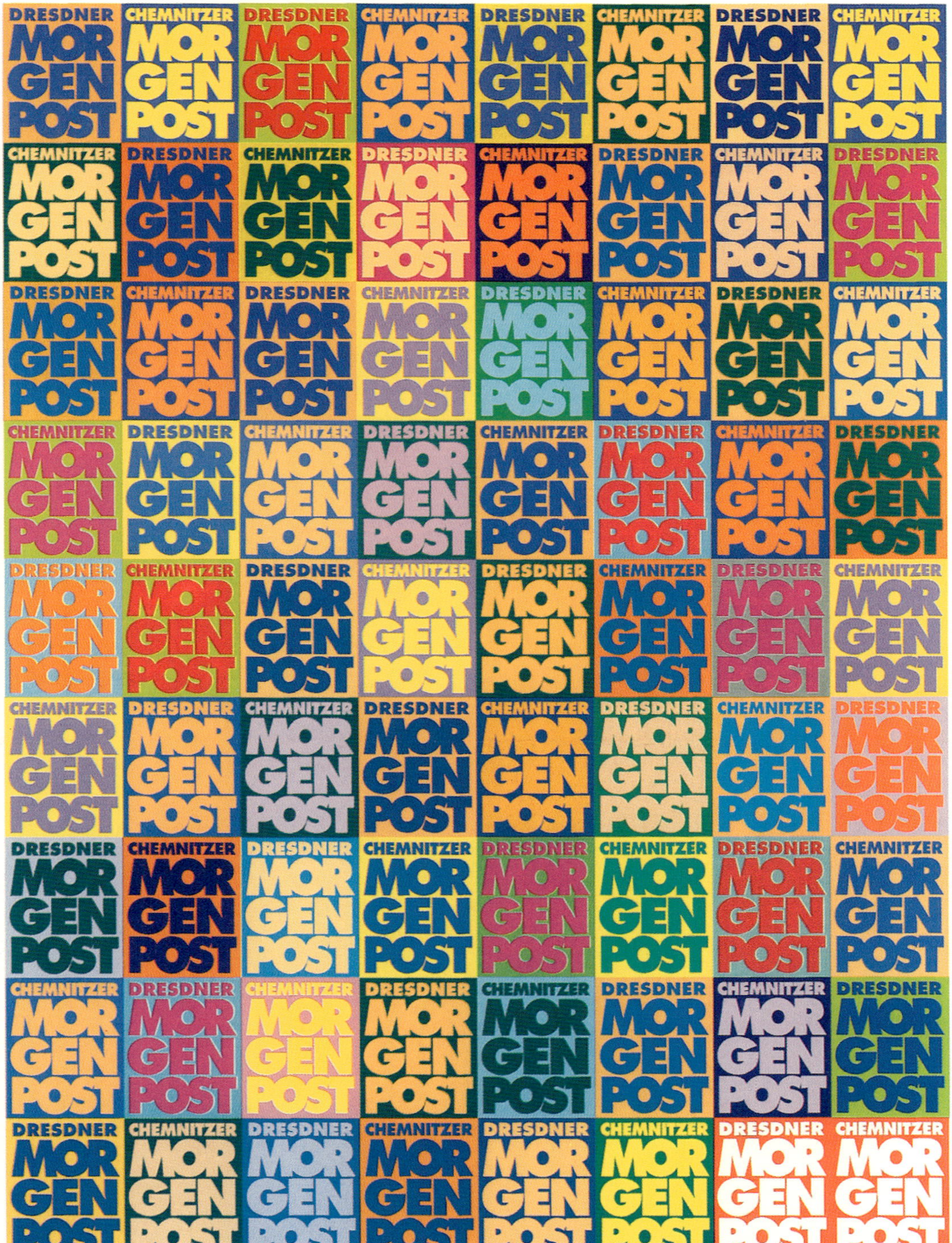

Jetzt in Farbe.

Die neue Morgenpost für Sachsen: jetzt Farbanzeigen zum günstigen Preis, im neuen handlichen Format und mit noch mehr Seiten.
Dresdner Druck- und Verlagshaus, Anzeigenleitung, Helga Abend, Ostra-Allee 20, 01067 Dresden, Tel. (03 51) 48 64-825, Fax -835.

8

LASSEN SIE
DAS PRODUKT
ERZÄHLEN.

Wie erklären Sie das Ihren Nachbarn?

Wer Mercedes fährt, hat sich einen Traum erfüllt, den mehr als die Hälfte aller Deutschen haben (das sagen Umfragen). Zum Vergnügen, einen Mercedes zu fahren, kommt allerdings etwas hinzu, mit dem manche nicht gerechnet haben: Es werden viele Fragen gestellt – von Nachbarn, Kollegen, Freunden und Schwiegereltern. Als kleine Hilfe für Mercedes-Fahrer und solche, die es werden möchten, hier die am häufigsten gestellten Fragen. Und eine Auswahl der passenden Antworten.

Wohl im Lotto gewonnen?

► Wer so fragt, möchte andeuten, dass Sie ein besonders teures Auto gekauft haben. Hier hilft ein direkter Vergleich. Zeigen Sie dem Fragesteller die Preise von Konkurrenzfahrzeugen. Er wird feststellen, die Unterschiede sind gar nicht so groß. Zeigen Sie dem Fragesteller jetzt, was die gebrauchten Fahrzeuge der Konkurrenz kosten, und vergleichen Sie das mit einem gebrauchten Mercedes. Eindeutiges Fazit: Erst gebraucht ist die Konkurrenz deutlich billiger – denn beim Wiederverkaufswert ist ein Mercedes unschlagbar. So lässt sich leicht zeigen, dass der geringere Wertverlust eines Mercedes den etwas höheren Anschaffungspreis wieder wettmacht. Und weil ein Mercedes seine Wertbeständigkeit seiner Langlebigkeit und Zuverlässigkeit verdankt, spart man außerdem Reparaturkosten, Zeit und Nerven.

Warum denn so ein Chef-Auto?

► Es stimmt, Unternehmer, Staatsmänner und Führungskräfte fahren gerne Mercedes. Das trifft aber auch auf die Müllabfuhr zu. Oder auf Taxifahrer. Oder kurz auf jeden, der für seine Zwecke das beste Fahrzeug will. Für Leute mit hohen Ansprüchen hat Mercedes-Benz schon immer Fahrzeuge gebaut. Ob sie jetzt einen Staat lenken oder einen LKW oder einfach ein besonders gutes Auto fahren möchten. Hier noch eine Zahl, die Sie interessierten Fragestellern keineswegs vorenthalten sollten: 80 % aller Mercedes-Fahrer in Deutschland sind Arbeiter und Angestellte.

Was kann der schon, was andere nicht können?

► Schon 1886 machten Gottlieb Daimler und Carl Benz etwas, das andere zuvor nicht geschafft hatten: Sie erfanden das Automobil. Seither hat man bei Mercedes-Benz nicht nachgelassen, den Gründern nachzueifern. Mit immer neuen Erfindungen und Verbesserungen – beim Fahrverhalten, bei der Leistung, beim Komfort, bei der Umweltverträglichkeit und bei der Sicherheit. In kaum einem anderen Auto stecken mehr Patente. Deshalb kann man mit Fug und Recht behaupten: Ein Mercedes kann wirklich viel, was viele andere nicht können. Als Beispiel sei nur die Mobilitätsgarantie genannt, die er von Hause aus mitbringt.

Wer braucht schon so viel Technik?

► Tatsächlich ist in einem Mercedes viel Technik eingebaut, bei der selbst die Entwickler hoffen, dass man sie nie braucht. Gemeint sind Lösungen für die aktive und passive Fahrsicherheit. Hier hat Mercedes-Benz so bahnbrechende Innovationen wie das ABS, die Sicherheitslenksäule, die Fahrgastsicherheitszelle oder den Airbag mit auf den Weg gebracht. Ansonsten glaubt man bei Mercedes-Benz, dass jeder Kunde selbst am besten weiß, was er will. Deshalb bietet Mercedes-Benz eine breite Modellpalette an – von der großen Limousine bis zum Kompaktwagen, vom Transporter bis zum Geländefahrzeug. Und deshalb gibt es bei Mercedes-Benz auch eine große Auswahl an Ausstattungen, die man bestellen kann oder auch nicht – jeder nach seiner Fasson.

Darf ich mal fahren?

► Diese Frage wird Mercedes-Fahrern am häufigsten gestellt. Wenn Sie schon Mercedes-Fahrer sind, antworten Sie am besten mit ja. Denn danach bekommen Sie in der Regel nur noch Fragen zu hören, die in einem Satz zu beantworten sind (z. B. „Wo gibt's den zu kaufen?"). Sollten Sie noch keinen Mercedes-Benz fahren, aber sich genauer informieren wollen, laden wir Sie herzlich ein: Ihr Mercedes-Benz Partner freut sich auf Ihren Besuch.

Mercedes-Benz

Klärendes Gespräch.
Mercedes-Benz hat eine Sorge, die viele Marken gerne hätten: Die Wagen werden aufgrund ihres hohen Prestiges auch als demonstrativer Konsum wahrgenommen. Da ist es angemessen, die vielen Werte, die zum Wert eines Mercedes führen, ausführlich darzustellen. Hohe Qualität, lange Lebensdauer, niedrige Wartungskosten, geringer Verbrauch und hoher Wiederverkaufspreis sind gute Gründe für eine Anschaffung und wertvolle Munition gegen schlecht informierte Nachbarn.

Spätlese.

Werbung wird vor dem Kauf gelesen, aber nach dem Kauf erst richtig geglaubt. Wer eine schöne Summe ausgegeben hat, kann alles ertragen, nur keine Zweifel an seiner Investition. Gegen diese so genannten kognitiven Dissonanzen helfen ausführlich argumentierende Anzeigen und das Wissen, dass Nachbarn und Kollegen diese Gründe auch kennen

Ob die Aussagen interessant sind, lässt sich mit einem kleinen Trick ermitteln. Schreiben Sie nach jeder Überschrift »Na und?« dahinter. Diese zwei Worte entlarven jede Banalität. Na und? Was dann läppisch klingt, können Sie getrost wegwerfen.

Der Sprinter als Rettungswagen.

Welche Marke fahren Leute, die sich keine Panne leisten können?

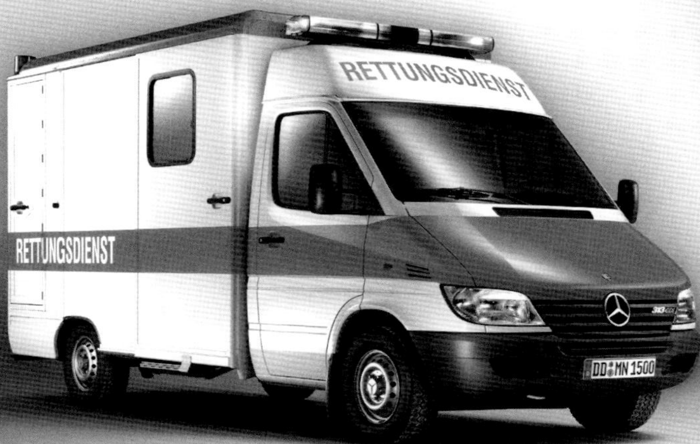

► Zugegeben, er ist manchmal lauter, als man es von einem Mercedes erwartet. Aber wenn er mit Blaulicht unterwegs ist, geht es um Sekunden. Dann muss die Fahrt zum Einsatzort funktionieren wie die Arbeit eines Notarztes: unter verschärften Bedingungen. Selbst eine kleine Panne kann böse Folgen haben. Kein Wunder, dass drei von vier Rettungswagen in Deutschland mit einem Stern auf der Haube ausrücken. Das hat neben der sprichwörtlichen Zuverlässigkeit unserer Fahrzeuge noch andere Gründe: ihre Wirtschaftlichkeit und herausragenden Fahreigenschaften. Oder ihre hohe passive und aktive Sicherheit. Diese Eigenschaften bauen wir serienmäßig in alle unsere Modelle ein. Und jeder Mercedes ohne Blaulicht gehört garantiert auch zu den Leisesten seiner Klasse.

Gesund sparen

► Gesundheitsreformen hat es schon viele gegeben. Bedeutet haben sie alle dasselbe: erhöhten Sparzwang. So wird auch für Rettungswagen die Wirtschaftlichkeit zu einem immer wichtigeren Kriterium. Zum Glück muss man deswegen nicht auf Qualität verzichten. Denn betrachtet man die ökonomische Gesamtbilanz eines medizinischen Dienstfahrzeugs, gehört wiederum ein Mercedes zu den günstigsten Lösungen. Er verbraucht wenig und muss selten in die Werkstatt. Er ist äußerst langlebig und verliert dabei kaum an Wert.

Schnell in Sicherheit

► Der Erfolg vieler Rettungsmaßnahmen hängt davon ab, schnell am Ort des Geschehens zu sein. Prädestiniert dafür ist, sein Name sagt es, unser Sprinter (oben im Bild). Mit dem stärksten Motor seiner Klasse bietet er Höchstleistungen aus dem Stand. Und bestes Handling auch bei extremen Beschleunigungs- und Bremsmanövern. Damit auch die Retter sicher unterwegs sind, gibt es den Sprinter mit Einzelradaufhängung, Servolenkung, Scheibenbremsen an allen Rädern, ABS, ABD und Airbag. Und für Handwerker z. B. auch als Transporter ohne medizinische Aufbauten.

Gute Fahrt für alle

► Mit Verkehrsunfällen haben Notärzte viel zu tun. Wir tun viel, damit es weniger werden. Vor 60 Jahren begannen wir als erster Automobilhersteller mit intensiver Sicherheitsforschung. Wir erfanden das Antiblockiersystem und die Sicherheitslenksäule. Genauso wie die Sicherheitsfahrgastzelle, die Antriebsschlupfregelung und die Knautschzone. Vor Jahren hatte in einem Mercedes der Airbag Premiere. Heute hat es der Abstandsregeltempomat. Davon haben nicht nur Mercedes-Fahrer etwas. Denn sicherheitsrelevante Patente geben wir weiter. So kommt es, dass Sie unsere Standards ein paar Jahre später auch in den Wagen anderer Hersteller finden.

Lernen fürs Leben

► Unfälle sind eine harte Schule. Wer sie vermeiden will, muss aus ihnen lernen. Bei uns tut das ein ganzes Forschungsteam. Es ist bei Unfällen mit Beteiligung eines Mercedes sofort vor Ort und sammelt lebenswichtige Daten. Daraus werden dann Prüfungsfragen für unsere nächste Autogeneration: wirklichkeitsgetreue Crashtests. So muss z. B. jeder unserer Prototypen seit 1992 den von uns entwickelten „Offset-Crashtest gegen die deformierbare Barriere" bestehen, der einem häufig vorkommenden Unfall entspricht – dem seitlich versetzten Frontalzusammenstoß. Dieser Test ist 1998 EU-Norm geworden. Und unsere Prüfungsfragen von heute werden später bestimmt auch wieder Gesetz.

Bleibende Werte

► Wer sich für einen Mercedes entscheidet, fährt auf lange Sicht eines der sichersten Autos seiner Klasse. Das war gestern so und das ist heute so. Und das wird in Zukunft nicht anders sein. Denn Mercedes-Benz wird weiterhin dafür arbeiten, dass wichtige Werte erhalten bleiben. Die Gesundheit von Autofahrern beispielsweise. Dafür bauen wir besonders gute Rettungswagen. Und dafür bauen wir besonders sichere Automobile. Die ihren eigenen Wert übrigens auch sehr lange erhalten. Ihr Mercedes-Benz Händler freut sich, wenn Sie ihn danach fragen.

Mercedes-Benz

Weitere Informationen unter: 0180-22 33 6 (0,23 DM/min) oder www.mercedes-benz.de

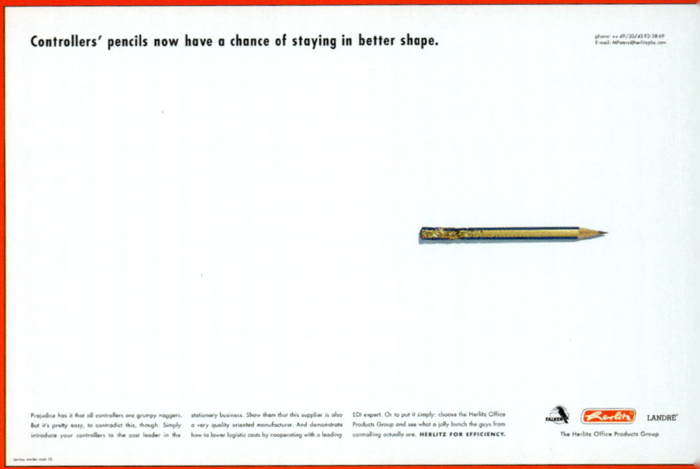
Controllers' pencils now have a chance of staying in better shape.
phone: ++ 49/30/43 93-38 69
E-mail: MPeters@herlitzpbs.com
Prejudice has it that all controllers are grumpy naggers. But it's pretty easy, to contradict this, though. Simply introduce your controllers to the cost leader in the stationery business. Show them that this supplier is also a very quality oriented manufacturer. And demonstrate how to lower logistic costs by cooperating with a leading EDI expert. Or to put it simply: choose the Herlitz Office Products Group and see what a jolly bunch the guys from controlling actually are. HERLITZ FOR EFFICIENCY.
FALKEN
Herlitz
LANDRÉ
The Herlitz Office Products Group

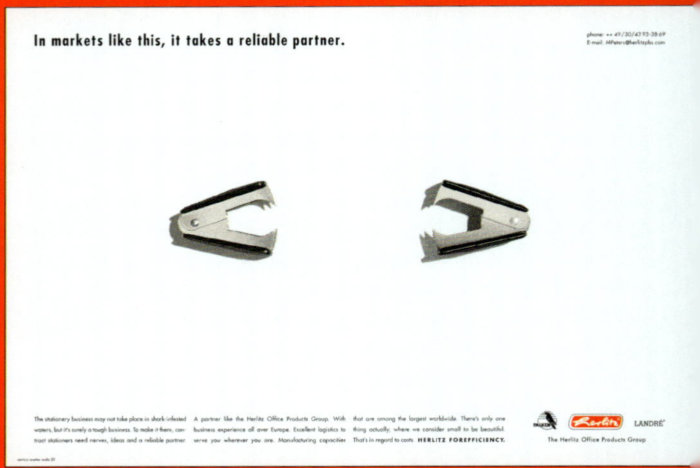
In markets like this, it takes a reliable partner.
phone: ++ 49/30/43 93-38 69
E-mail: MPeters@herlitzpbs.com
The stationery business may not take place in shark-infested waters, but it's surely a tough business. To make it there, contract stationers need nerves, ideas and a reliable partner. A partner like the Herlitz Office Products Group. With business experience all over Europe. Excellent logistics to serve you wherever you are. Manufacturing capacities that are among the largest worldwide. There's only one thing actually, where we consider small to be beautiful. That's in regard to costs. HERLITZ FOREFFICIENCY.
Herlitz
LANDRÉ
The Herlitz Office Products Group

Does this remind you of your current supply chain?
phone: ++ 49/30/43 93-38 69
E-mail: MPeters@herlitzpbs.com
Many supply chains should be called supply snails – that's more appropriate when you judge their efficiency. At Herlitz we fight these pests with state-of-the-art logistics. So you get supply chain management that works – that gives you everything from full-cost ownership to just-in-time delivery. And whilst for others EDI is still science fiction, it's daily business to us. We can implement a fully operating system within a very short time. To overtake your competition get in touch with us – fast. HERLITZ FOR EFFICIENCY.
FALKEN
Herlitz
The Herlitz Group

Schreibware.
Es gibt sicher spannendere Produkte als Schreibwaren, wenn man in ihnen nichts anderes als Schreibwaren sieht. Ein zweiter Blick auf Kuverts, Stempel, Klebebandabroller und Stifte offenbart ausdrucksstarke Charakterdarsteller für eine internationale Kampagne. Sie erschien in einer Fachzeitschrift für den Bürofachhandel. Dort sollte man viele Anzeigen dieser Art erwarten. Fehlanzeige. Zu sehen sind Büros und Lager, aber keine Büroartikel. So kann ein Schreibwarenhersteller mit Schreibwaren in der Schreibwarenpresse noch einzigartig sein.

Gelesen

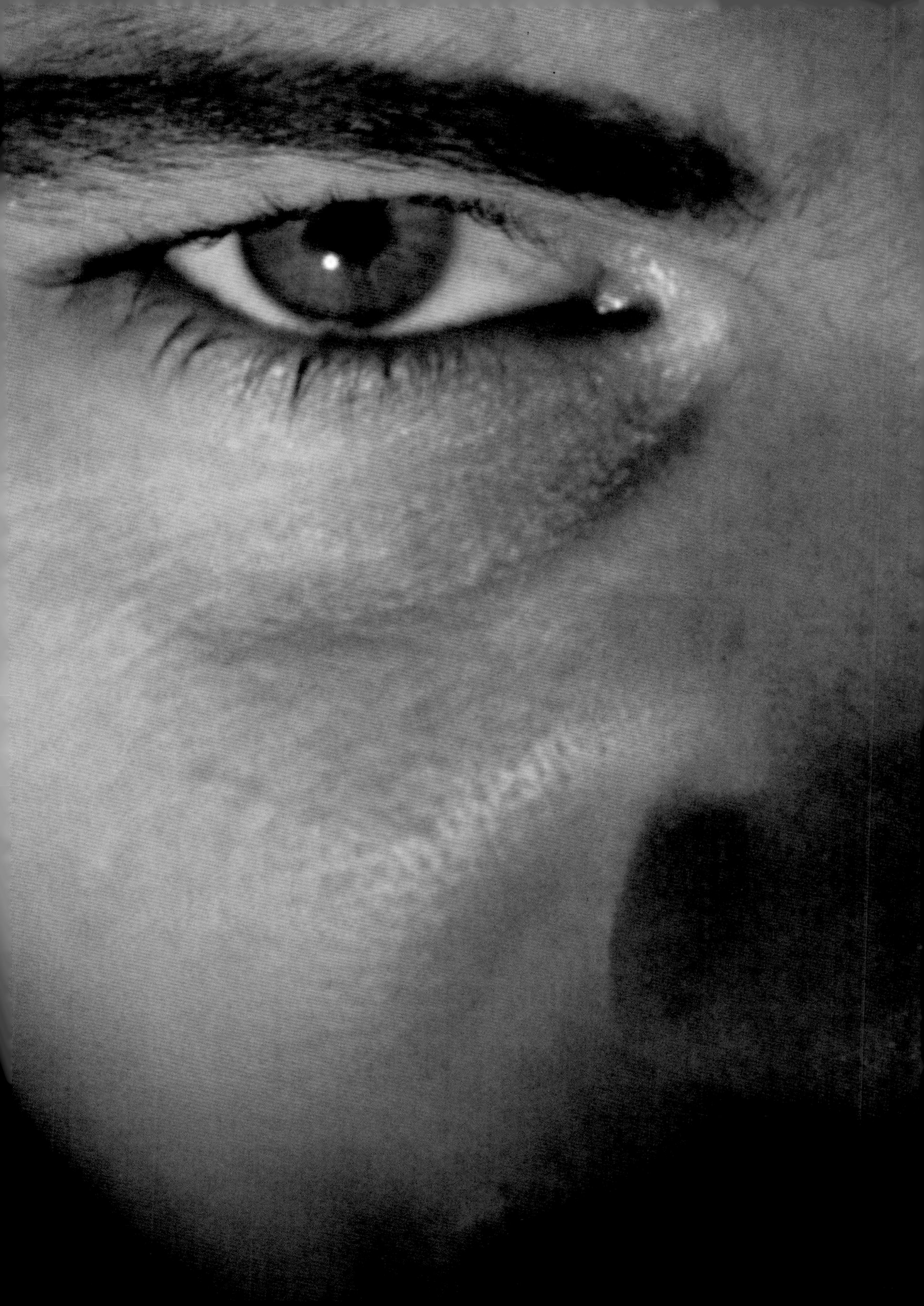

›Verlangen Sie von Ihrer Zeitung Höchstleistungen. (Text im Bild: Sportredaktion c

›Verlangen Sie von Ihrer Zeitung Informationen aus erster Hand. (Text im Bild: Eig

›Verlangen Sie von Ihrer Zeitung Weltklasse. (Text im Bild: Gelesen in 148 Ländern

›Verlangen Sie mehr vom Wirtschafts- und Finanzteil Ihrer Zeitung. (Text im Bild:

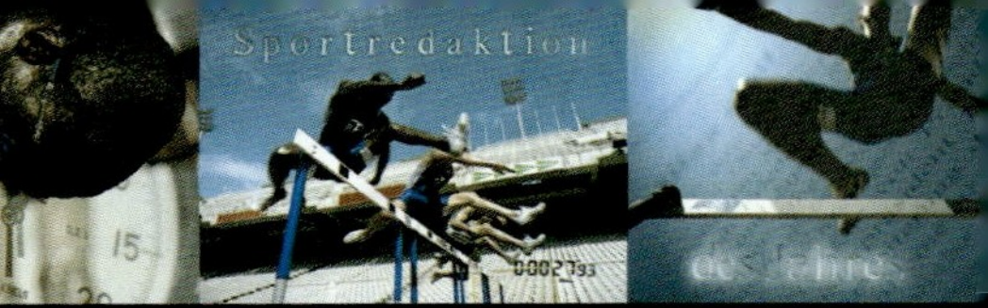

rtredaktion des Jahres)

t im Bild: Eigene Korrespondenten weltweit)

148 Ländern)

ext im Bild: Wirtschaft, Finanzmarkt)

Testen Sie die Frankfurter Allgemeine. Kostenlos. Ruf

Testen Sie die Frankfurter Allgemeine. Kostenlos. Ruf

Testen Sie die Frankfurter Allgemeine. Kostenlos. Ruf

Testen Sie kostenlos die Frankfurter Allgemeine. Ruf

fen Sie jetzt an: 0180-2-52 52.«

fen Sie jetzt an: 0180-2-52 52.«

fen Sie jetzt an: 0180-2-52 52.«

fen Sie jetzt an: 0180-2-52 52.«

Ruf mich an!

Keine Werbung ist so verpönt wie Direktwerbung im Fernsehen. Direct Response Television (DRTV) ist die Schweinebauchwerbung der Lüfte. In wenigen Sekunden sollen sich die Zuschauer eine Telefonnummer merken und einen Grund, sie sofort anzurufen. Das ist schwierig, denn wer lässt sich schon gerne in seinem eigenen Wohnzimmer von einem Verkäufer anschreien. Die DRTV-Spots für die F.A.Z. beschränken sich auf die Argumente für die Zeitung und verteilen die auf Ton und Bild. Das macht die Spots weniger penetrant und sie können sogar ohne Ton verstanden werden.

Gute schlechte Botschaft.
Wenn schlechte Nachrichten zu überbringen sind, lohnt das Nachdenken doppelt. Vielleicht handelt es sich ja um eine gute Nachricht, die nur noch niemand als solche erkannt hat. Als die Maler der Staatlichen Porzellan-Manufaktur Meissen wegen der großen Nachfrage mit der Anfertigung von Monogrammtassen nicht nachkamen, ergab sich die günstige Gelegenheit, die Exklusivität und große Tradition der Manufaktur zu betonen – und zugleich die Nachfrage noch etwas zu verstärken.

[Meissener Glanz für jeden Tag]

Seit Katharina der Großen hatten wir nicht mehr solche Lieferschwierigkeiten. Dürfen wir uns bei Ihnen bedanken?

Jedes Meissener Porzellan wird heute wie seit drei Jahrhunderten von Künstlern in Handarbeit geformt und bemalt. Deswegen ist jedes Porzellan aus Meissen ein einzigartiges Kunstwerk – und unsere Kapazität limitiert. Wir mußten schon Königshäuser vertrösten und zuletzt leider viele Kunden, die sich unsere Monogrammtasse zu Weihnachten wünschten. Wir waren vom großen Erfolg selbst überrascht und möchten Ihnen zum Dank für Ihr Interesse und Ihre Geduld den Vorzugspreis von 365,– DM* bis zum 31. März anbieten. Außerdem können Sie jetzt erstmalig auch den Dessertteller mit Ihrem Monogramm dazubestellen. Schießlich sind Sie unser König.

Von Hand gemalt: Ihr Monogramm auf Meissener Porzellan

**Unverbindliche Preisempfehlung, Händlerverzeichnis: Telefon (03521) 468-700*

Meissen

Staatliche Porzellan-Manufaktur Meissen

Tischlein, beweg dich.
Die Aufgabe erzwingt geradezu eine langweilige schematische Zeichnung: Ein neues Möbelsystem schafft mehr Raum im Büro. Die Computer werden auf Wandregale gestellt, der Schreibtisch steht auf Rollen und ist damit zugleich mobiler Besprechungstisch oder freie Arbeitsplatte. Diese Vorteile werden durch eine Bewegungsstudie gezeigt. Damit erfüllt die Kampagne auch einen Wunsch, den die meisten Möbelkäufer verspüren: Sie möchten ein Gefühl für die Umgebung bekommen – was meist zu austauschbaren Katalogbildern führt.

nn Ihr Schreibtisch Ihnen folgen?

decken Sie einen völlig neuen Platz
Wohlfühlen: Ihr Büro.

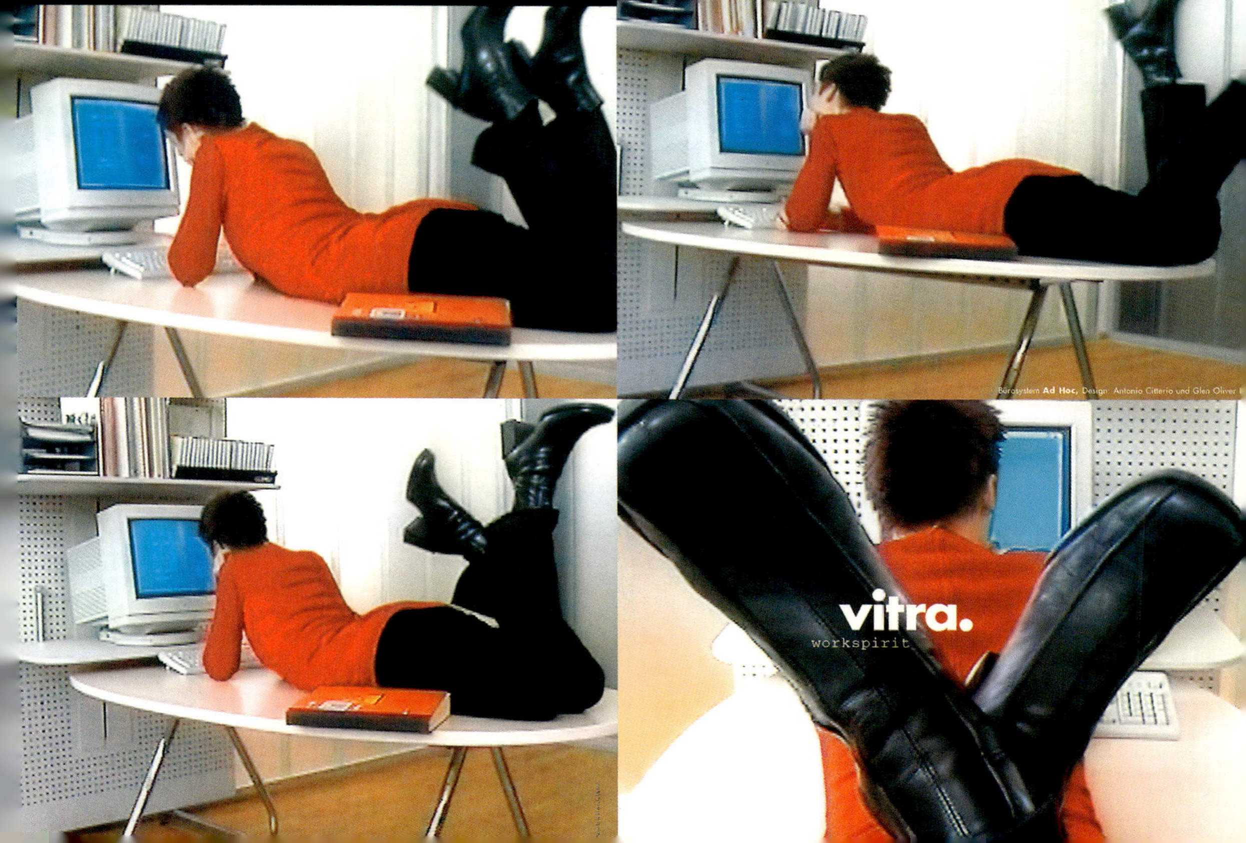

Ladentisch. Deutschland wäscht geteilt. Während im Westen von vorne geladen wird, lädt der Osten von oben: Toplader nehmen dank quer eingebauter Trommel in kleinen Badezimmern weniger Platz weg. Beengte Wohnverhältnisse sind aber nichts, worauf man sich gerne ansprechen lässt. Bequemlichkeit ist da ein unverfängliches Argument. Die Anzeige für die erzgebirgische Waschmaschinenmarke Foron erschien nur in den neuen Ländern und konnte so auch subtil die östliche Identität aufgreifen. Bückware ist ein Terminus osticus, der alles beschreibt, was knapp und nur unter dem Ladentisch zu haben war. Keine Bückware heißt dann: Jetzt gibt es endlich für jeden eine bequeme Waschmaschine.

Keine Bückware.

Hausarbeit ist mühsam genug. Darum wollen wir sie Ihnen so einfach wie möglich machen.
Zum Beispiel mit unserem neuen Toplader V 900. Neu sind das Design und die Programmautomatik.
Geblieben ist die praktische Klappe, damit Sie sich beim Waschen nicht bücken müssen.

Wie alle Waschmaschinen von Foron beansprucht der V 900 wenig Platz und hat einen sehr günstigen Preis.
Mit dem Energiesparprogramm sparen Sie obendrein Wasser, Strom und damit Geld.
Für den V 900 müssen Sie sich wirklich nicht krummlegen.
Fragen Sie nach der neuen Foron.

DIE NEUE
FORON
Mitten aus Deutschland.

9

ZEIGEN SIE,
WIE DAS PRODUKT
WIRKT.

Achten Sie auf das Produkt. Nach dieser Regel dürften die meisten Kampagnen gemacht sein: Was passiert, wenn ich das beworbene Produkt kaufe? Zufriedene Hausfrauen schwören auf das Waschmittel, das ihnen die Werbung weiß gemacht hat. Obwohl das kaum noch ein Verbraucher hören kann, ist die Mechanik an sich nicht ohne Reiz. Richtig übertrieben werden die Produktvorteile unübersehbar. Augenzwinkern versöhnt mit der werblichen Masche. Eine wirklich begehrenswerte Tasche erkennt man beispielsweise daran, dass sie auch Taschendiebe überzeugt. »Achten Sie auf Ihr Gepäck« ist der gut gemeinte Rat der Taschenmanufaktur.
Reisetasche, Fohlenfell auf Rindsleder kaschiert, Boden mit Carbonstäben verstärkt.
Achten Sie auf Ihr Gepäck.
B|M
Ledermanufaktur in München

Farbe begreifen.

Wer Türgriffe verkauft, verkauft Türgriffe? Zweimal falsch. Es muss Türdrücker oder Olive heißen und gekauft wird eine Stimmung. Die Produktwirkung wird deshalb mit Landschaftsbildern gezeigt, die das große Farbspektrum des Stimmungsmachers wiedergeben (von Türgriffhersteller kann ja nicht die Rede sein). Stimmungsbilder bergen allerdings eine Gefahr: Sie sind schnell klischeehaft und austauschbar. Die Bildideen müssen entsprechend unverwechselbar ausfallen.

Regeln zum Wegwerfe

Carnegie Hall, New York.
BAYERN 4 KLASSIK

NÜRNBERG 87,6 WÜRZBURG 89,0 PASSAU 95,6 REGENSBURG 97,0
La Scala, Mailand.
Giuseppe Verdi, Macbeth.
Orchester der Mailänder Scala, Riccardo Muti.

Musik kann man sehen.
Auch in dieser Kampagne wird die Produktwirkung übertrieben.
Es ist die einfachste und oft wirksamste Masche, um eine Ware begehrenswert zu machen.
Je anmaßender die Aussage, umso größer die Gefahr, unsympathisch oder unglaubwürdig zu erscheinen.
Das Heilmittel ist die ironische Brechung, die dem Publikum versichert: Wir verstehen uns richtig. Wenn schon übertreiben, dann richtig.
So verwandelt ein Klassiksender eine unwohnliche Küche in die Mailänder Scala.

PROVOKINGLY STRONG LOCKS

PROVOKINGLY STRONG LOCKS

U
Imbiss
Imbiss
Imbiss

Schlösser und Härten.

Ein Fahrradschloss von Bicycles ist eine besondere Herausforderung für jeden Dieb. Wie unkaputtbar die Schlösser sind, belegen eindrucksvolle Produktdemonstrationen aus dem echten Leben. Auch diese Kampagne übertreibt, um das Selbstlob erträglich zu gestalten. Fahrradbesitzer sind gewarnt, das Schicksal ihrer Räder nicht mit dem schwächlicher Bäume zu verknüpfen, und Diebe lernen, dass sich das Zeitalter der Bolzenschneider dem Ende zu neigt.

DA
TANTE

65:34
NKE
GISELA

Treffer.

Je unerwarteter eine Pointe, desto größer die Gefahr, dass der Witz und nicht das Produkt erinnert wird. Pointen, die nicht nur für das Publikum, sondern auch für den Auftraggeber unterhaltsam sind, sitzen deswegen genau auf der Kernaussage. Beim Internet-Geschenkeportal youSmile.de kauft der Kunde Dankbarkeit. Wenn Tante Gisela dank Internet immer das richtige Geschenk für ihren Neffen findet, dann darf der Dank nicht ausbleiben. Was als normale Fußballübertragung beginnt, endet als außergewöhnliches Dankeschön. Nicht nur Tante Gisela wird überrascht gewesen sein.

»Coleman … auf Epp!

Rechts: Dittmer ganz frei!

Oh, …

… na!

Das ist natürlich nicht Stefan Dittmer.

Liebe Zuschauer, …

… da hat sich wohl …

… einer selbst eingewechselt. Haha …

… hahaha! Danke! Hahaha!

Hahaha … danke auch …

… von unserer Seite!

Hahaha!

youSmile.de Immer das richtige Geschenk!

ZEIGEN SIE,
WAS OHNE PRODUKT
PASSIERT.

Umziehen!?
WOHNUNGEN SCHON SONNABENDS
Berliner Zeitung

Umziehen?
Suchen Sie eine neue Wohnung? Lesen Sie unseren Immobilienmarkt am Sonnabend mit noch mehr Wohnungen in allen Bezirken. Jetzt in übersichtlichen Tabellen. 2 Wochen kostenlos und unverbindlich testen: 01 30/73 53 83.
Berliner Zeitung

follows Format.
Wie fühlen sich die Menschen, die eine größere Wohnung suchen? Das Plakatformat lädt ein, schonungslos aufzuklären. Für die Fotoproduktion wurden eigens maßgearbeitete Einraumwohnungen angefertigt und von einem Inneneinrichter ausgestattet.

ist nicht nur ein Beispiel für den Wink, welches Schicksal einen ohne den Kauf des Produktes ereilt. Sie zeigt auch, wie mit dem Format des Mediums gespielt werden kann, um Aufmerksamkeit zu finden.

Lassen Sie das Fahrzeug unsere Sorge sein.
Die günstigste Art, Pakete zuzustellen.
► Es ist gar nicht so leicht, Pakete von A nach B zu bringen – und dabei auch noch ordentlich Gewinn zu machen. Oben sehen Sie, wie dieses Kunststück gelingt. Mit einem CharterWay-Vertrag. Der läßt Ihre Fuhrparksorgen ganz einfach verschwinden. Denn für einen monatlichen Festpreis bekommen Sie nicht nur optimal gewartete Fahrzeuge. Sie können auch die technischen Betreiberrisiken und den Verwaltungsaufwand für Ihre Lkw oder Transporter streichen. Und bei Ausfällen reparieren wir sofort oder schicken ein Ersatzfahrzeug. Nur fahren und tanken müssen Sie noch selbst. Mehr Informationen: Tel. 0 30/26 94-54 55, Fax 0 30/26 94-54 56 oder unter www.charterway.com
CharterWay – der Unterschied in der Bilanz.
Mercedes-Benz

Lassen Sie das Fahrzeug unsere Sorge sein.
Eine echte Einsparung im Gesundheitswesen.
► So sieht es aus, wenn im Gesundheitswesen richtig gespart wird. Fahrer fahren. Ärzte versorgen die Patienten. Und um den Krankenwagen kümmert sich CharterWay. Denn mit einem CharterWay-Vertrag können Sie den organisatorischen Aufwand für Ihren Fuhrpark aus dem Dienstplan streichen. Zu einem günstigen Festpreis, der Ihr Budget tief durchatmen läßt. Ob Inspektionen, Reparaturen, Steuern, Verwaltung – CharterWay sorgt für das Wohlergehen Ihrer Fahrzeuge. Und sollte ein Wagen krankmachen, operieren wir sofort oder stellen ein Ersatzfahrzeug. Nur fahren und tanken müssen Sie noch selbst. Mehr Informationen: Tel. 0 30/26 94-54 55, Fax 0 30/26 94-54 56 oder unter www.charterway.com
CharterWay – der Unterschied in der Bilanz.
Mercedes-Benz

Unten ohne. Eine Autokampagne ohne Autos. Sie macht deutlich, worum sich ein Fuhrparkleiter kümmern muss, der sich für Mercedes-Benz CharterWay entschieden hat: Um Fahrer, Sprit und Fracht – sonst nichts. Wagen, Versicherung, Wartung und alles andere, darum kümmert sich Mercedes. Kampagnen, die zeigen, was ohne Produkt passiert, haben oft einen Hang ins Negative. Schließlich kann ein Leben ohne das beworbene Produkt ja nur eine Katastrophe sein. Das Beispiel zeigt, dass diese Vermutung nicht immer gilt.

Vergleichende Werbung.
Was ohne ein Produkt passieren kann, zeigt sich am besten im Vergleich. In Side-by-side-Konzepten können vorher und nachher oder mit und ohne nebeneinander stehen. Das Konzept verführt allerdings zu Banalitäten, an denen man sich leicht satt sehen kann. Übertreiben kann ein Ausweg sein. Das handgeknüpfte Badetuch aus Persien wäre so ein Fall.

Wer günstig bucht,
kann sich mehr leisten.
Flug | Last-Minute | Pauschal | Mietwagen | Hotels | Spezial | Versicherung
Klingt banal – und ist auch ganz leicht: Für über 35.000 Hotels gibt es exklusiv bei www.travelchannel.de supergünstige Tarife. Zu fast allen Angeboten bekommen Sie auch Bilder vom Hotel sowie Details zur Lage. Und damit selbst die Anreise nicht zu teuer wird, nutzen Sie einfach den Preisvergleich für Flüge.
travel channel.de
Das neue Reisen.

Aller Laster Ende.

Wie werden die freundlichen Herren auf den Motorrädern wohl ihren Durst löschen, wenn der Bier-Truck liegenbleibt? Vor dem geistigen Auge tobt eine Saalschlacht im Freien. Das passiert, wenn man auf Originalteile verzichtet. Hier reicht die Andeutung, um zu vermitteln, was ohne Produkt zu

Aller Laster Ende.

Wie werden die freundlichen Herren auf den Motorrädern wohl ihren Durst löschen, wenn der Bier-Truck liegenbleibt? Vor dem geistigen Auge tobt eine Saalschlacht im Freien. Das passiert, wenn man auf Originalteile verzichtet. Hier reicht die Andeutung, um zu vermitteln, was ohne Produkt zu

1

SEIEN SIE AKTUELL.

Inder, wie die Zeit vergeht.

Das Spiel mit der Aktualität ist heikel. Wer sich auf aktuelle Nachrichten bezieht, muss auch schnell erscheinen. Die üblichen Abstimmungswege und Produktionszeiträume von Werbung machen das meist unmöglich. Umso auffälliger, wenn es doch einmal gelingt. Als unschuldige Kinder und Inder in einen Wahlkampf hineingezogen wurden, stellte sich die Multimedia-Agentur aperto als zeitgemäßer und weltoffener Arbeitgeber vor.

Investieren in Sachsen. 1. Folge.

Danke, lieber Westen.

Sachsen bekommt viel Hilfe, jetzt auch durch den Solidarpakt. Wir setzen alles daran, daß auch viel daraus gemacht wird. Wirtschaftsförderung Sachsen GmbH, 24-Stunden-Telefon (0351) 5022981, Fax 5023030.

S A C H S E N !

Sachsen macht kleine Anzeigen, damit mehr Geld für Investoren bleibt.

Investieren in Sachsen. 2. Folge.

Sie zahlen nur die halbe Fabrik.

In Sachsen wird Ihre Investition mit bis zu 50 Prozent gefördert. Wir rechnen Ihr Förderpaket gerne aus. In 24 Stunden. Versprochen. Wirtschaftsförderung Sachsen GmbH, 24-Stunden-Telefon (0351) 5022981, Fax 5023030.

S A C H S E N !

Sachsen macht kleine Anzeigen, damit mehr Geld für Investoren bleibt.

Investieren in Sachsen. 3. Folge.

Über 70 Prozent privatisiert.

In Sachsen haben wieder Unternehmer das Sagen. Das heißt: Mehr Initiative, mehr Nachfrage, ein erfolgreiches Umfeld für Ihre Investition. Wirtschaftsförderung Sachsen GmbH, 24-Stunden-Telefon (0351) 5022981, Fax 5023030.

S A C H S E N !

Sachsen macht kleine Anzeigen, damit mehr Geld für Investoren bleibt.

Investieren in Sachsen. 28. Folge.

Sachsen hinterm Mond.

Sachsen-Know-how für Weltraumtechnik: Energie für Umweltsatelliten, selbstheilende Computer, laufende Roboter – alles für die DARA (Dt. Weltraumbehörde). Wir kennen uns aus da oben. Der erste Deutsche im All war schließlich ein Sachse. Wirtschaftsförderung Sachsen GmbH, 24-Stunden-Telefon (0351) 440840, Fax 4408440.

S A C H S E N !

Sachsen macht kleine Anzeigen, damit mehr Geld für Investoren bleibt.

Investieren in Sachsen. 36. Folge.

Sachsen heilt's Maul.

Aus Sachsen kommen das Mundwasser und die Zahnpasta. Nach Sachsen kommen gesunde Unternehmen, zum Beispiel SmithKline Beecham und Degussa/Asta Medica. Eine gesunde Umgebung für Ihr Unternehmen. Wirtschaftsförderung Sachsen GmbH, Sylvia Riedel, 24-Stunden-Telefon (0351) 440840, Fax 4408440.

S A C H S E N !

Sachsen macht kleine Anzeigen, damit mehr Geld für Investoren bleibt.

Investieren in Sachsen. 72. Folge.

Leipziger regieren in Südafrika.

Nelson Mandela hat Dr. Zola Skweyiya und Jeff Radebe in sein Kabinett berufen. Glückwunsch. Beide haben in Leipzig studiert. Sächsische Universitäten sichern Zukunft. Wirtschaftsförderung Sachsen GmbH, Herr Gensmann, Telefon (0351) 596 27 56, Fax (0351) 596 27 59.

S A C H S E N !

Sachsen macht kleine Anzeigen, damit mehr Geld für Investoren bleibt.

Investieren in Sachsen. 160. Folge.

Jungunternehmerin (76 Jahre).

Doris Günther übernahm mit 70 Jahren die Druckerei Messedruck Leipzig, mit 75 hatte sie die Mitarbeiterzahl verdoppelt und den Umsatz verdreifacht. Mit 76 überlegt sie, einen Verlag zu gründen. Sachsen hält jung: Wirtschaftsförderung Sachsen GmbH, Andreas Gensmann, Telefon (0351) 3199-1227, Fax (0351) 3199-1099; http://www.saxony.de

S A C H S E N !

Sachsen macht kleine Anzeigen, damit mehr Geld für Investoren bleibt.

Investieren in Sachsen. 206. Folge.

Finnen wir gut.

Weil die Sachsen Papier Eilenburg der finnischen Firma Enso-Gutzeit Oy schnell Papier und schwarze Zahlen produziert, wird die Fabrik ausgebaut. So ist das in Sachsen – wer investiert, expandiert. Wäre das was für Sie? Wirtschaftsförderung Sachsen GmbH, Andreas Gensmann, Telefon (0351) 3199-1227, Fax (0351) 3199-1099; http://www.sachsen.de

S A C H S E N !

Sachsen macht kleine Anzeigen, damit mehr Geld für Investoren bleibt.

Investieren in Sachsen. 44. Folge.

2.400.000.000 mal willkommen, Siemens!

Siemens macht Dresden zum deutschen Makrostandort für Mikroprozessoren: Modernstes Chip-Entwicklungs- und Produktionszentrum Europas, 2,4 Milliarden Mark Investition, alles in allem 3.000 Arbeitsplätze. Sachsen fördert – und sagt willkommen! Wirtschaftsförderung Sachsen GmbH, 24-Stunden-Telefon (0351) 440840, Fax 4408440.

S A C H S E N !

Sachsen macht kleine Anzeigen, damit mehr

Investieren in Sachsen. 5. Folge.

Sie: Idee. Wir: Geld.

Wenn Sie eine marktfähige Idee haben, sind Sie in Sachsen richtig. Wir fördern die Entwicklung zur Marktreife. Wirtschaftsförderung Sachsen GmbH, 24-Stunden-Telefon (0351) 502 29 81, Fax 502 30 30.

S A C H S E N !

Sachsen macht kleine Anzeigen, damit mehr Geld für Investoren bleibt.

Investieren in Sachsen. 10. Folge.

Profit beim Waffenwandel.

In Sachsen werden Millionen mit der Verschrottung von Waffen umgesetzt. Wenn Sie in Frieden Erfolg haben wollen: Kommen Sie. Wirtschaftsförderung Sachsen GmbH, 24-Stunden-Telefon (0351) 502 29 81, Fax 502 30 30.

S A C H S E N !

Sachsen macht kleine Anzeigen, damit mehr Geld für Investoren bleibt.

Investieren in Sachsen. 26. Folge.

$axony.

Amerikanische Unternehmen sind in den neuen Ländern schon erfolgreicher als in den alten (Quelle: US-Handelskammer Deutschland). Welcome to the Free State of Saxony. Wirtschaftsförderung Sachsen GmbH, 24-Stunden-Telefon (0351) 44 08 40, Fax 4 40 84 40.

S A C H S E N !

Sachsen macht kleine Anzeigen, damit mehr Geld für Investoren bleibt.

Investieren in Sachsen. 84. Folge.

Sachsens neue Ostagenten.

Das Zentrum Exportunterstützung Sachsen (Zeus) unterhält Export-Repräsentanzen in ganz Osteuropa und GUS-Land. Fördermittel, Rechtssicherheit, niedrige Kosten, just-in-time-Lage für Sachsen, dazu Millionen Verbraucher vor der Tür. Kundschaften Sie uns aus. Wirtschaftsförderung Sachsen GmbH, Dr. Kurt Lehmann, Telefon (0351) 59 62-763, Telefax (0351) 59 62-787.

S A C H S E N !

Sachsen macht kleine Anzeigen, damit mehr Geld für Investoren bleibt.

Investieren in Sachsen. 85. Folge.

Die Rache des Trabi.

Deutschlands größter Serien-Rennwagenhersteller produziert jetzt auch in Mittweida. Wenn das der Trabi wüßte. Rasen Sie ans Telefon: Wirtschaftsförderung Sachsen GmbH, Sylvia Riedel, Telefon (0351) 44 08 40, Fax 44 08 440.

S A C H S E N !

Sachsen macht kleine Anzeigen, damit mehr Geld für Investoren bleibt.

Investieren in Sachsen. 102. Folge.

Wonderbrares Sachsen.

Bei der Otto Dotzauer KG in Reumtengrün zaubern über tausend Nadeln zarte Spitze für Dessous und Damenblusen. Wonderbar für Sachsens Textilindustrie: 250% höhere Produktivität seit 1991. Informieren Sie sich über weitere sächsische Spitzenleistungen: Wirtschaftsförderung Sachsen GmbH, Sylvia Riedel, Tel. (03 51) 44 08 40, Fax (03 51) 4 40 84 40.

S A C H S E N !

Sachsen macht kleine Anzeigen, damit mehr Geld für Investoren bleibt.

Investieren in Sachsen. 250. Folge.

Anzeige Nr. 250. Ein Minusrekord.

In den letzten fünf Jahren sind 250 Anzeigen für Sachsen erschienen – und haben nicht einmal einen Quadratmeter Werbefläche bedeckt. Auf 725.000 qmm ist dabei eine der erfolgreichsten Wirtschaftsförderungskampagnen in Deutschland entstanden. Wie Sie aus weniger mehr machen, sagen Ihnen gern Corynn Lange, Tel. (0351) 3199-1106, Fax (0351) 3199-1099, und die nächsten Anzeigen der Wirtschaftsförderung Sachsen GmbH; Internet: http://www.sachsen.de

S A C H S E N !

Sachsen macht kleine Anzeigen, damit mehr Geld für Investoren bleibt.

Investieren in Sachsen. 304. Folge.

Sächsische Geldwaschanlage.

Die Dresdner Ingenieurfirma Aquatec plant und baut Kläranlagen für Privathaushalte, Kommunen und Unternehmen. Da wird jede schmutzige Brühe wieder, wieder und wieder trinkbares Wasser. Sie sparen Wasser und Kosten. Bei uns sieht Ihre Öko-Bilanz so schön aus wie Ihre Jahresbilanz: Wirtschaftsförderung Sachsen GmbH, Gudrun Henke, Telefon (0351) 3199-1226 und Telefax (0351) 3199-1099; http://www.sachsen.de

S A C H S E N !

Sachsen macht kleine Anzeigen, damit mehr Geld für Investoren bleibt.

Investieren in Sachsen. 322. Folge.

Vorbildlich: Kinderarbeit in Sachsen.

Gute Lehrstellen sind rar – was liegt da für Siebtkläßler näher, als eine Firma zu gründen? Im Rahmen eines Modellversuchs betreiben Schüler der 6. Mittelschule Hoyerswerda erfolgreich das Reisebüro „Power-Tours" und verdienen mit urlaubsreifen Landsleuten ihr erstes Geld. Auch Sie können kinderleicht Unternehmer werden: Wirtschaftsförderung Sachsen GmbH, Gudrun Henke, Telefon (0351) 3199-1226 und Telefax (0351) 3199-1099; www.sachsen.de

S A C H S E N !

Sachsen macht kleine Anzeigen, damit mehr Geld für Investoren bleibt.

Fabrikverkauf.

Es gibt Produkte, die man einfach so kauft, etwa die Quengelware an der Supermarktkasse. Werbung kann versuchen, solche Impulskäufe auszulösen. Der Bau einer Fabrik kommt allerdings in den seltensten Fällen an der Kasse im Supermarkt zustande. Deshalb sollte die Standortwerbung wie ein Wegelagerer vorgehen: Wenn jemand einen neuen Betrieb plant, muss sie da sein. Deshalb streckt die Wirtschaftsförderung Sachsen ihr schmales Budget über 52 Wochen und druckt jeden Dienstag eine gute Nachricht. Damit das sparsame Format auch auffällt, wird es auf den Wirtschaftsseiten platziert, und damit es nicht geizig erscheint, informiert ein Abspann: »Sachsen macht kleine Anzeigen, damit mehr Geld für Investoren bleibt.« Mit Erfolg. Siehe Folge 250.

親愛なる日本の読者の皆様　この広告はデザインの理由により、「日本経済新聞」の各記事から　編成されています。

世界水泳選手権 シンクロ・ソロ

立花が銅

3大会連続で日本にメダル

銅メダルを獲得し喜ぶ立花＝AP

都内の中小経営者 92％が「景気悪い」

2割

力感あふれる演技で魅了

立花、ソロで念願の表彰台

入場行進曲は「硝子の少年」

黒岩敏、男子1000で2位

500は井上の4位が最高

W杯スケート

100通過タイムはライバルを制す

もう少し頑張りたい

男子1000ｍで2位に入った黒岩＝共同

魁皇、若花も破る　3貴浪連勝

大相撲初場所　3日目

冬季五輪百科

エアリアル

長野開幕まで24日

綱とりへ苦手を連破

長野五輪 冬の華　大会彩る日本女子選手

モーグル　里谷　多英

父の死乗り越え世界に挑む

攻撃的な滑りが魅力の里谷

AUCH FÜR ANDERE ZEITUNGEN BERICHTEN SPORTREPORTER DIREKT AUS NAGANO.

Aber die heißen eben nicht Jörg Hahn, Peter Penders, Anne Schneppen, Rainer Seele, Hans-Joachim Waldbröl. Schon im Vorfeld der Winterspiele zeigte unsere Sportredaktion olympische Qualitäten: Sie wurde zum 5. Mal Sportredaktion des Jahres.

Frankfurter Allgemeine
ZEITUNG FÜR DEUTSCHLAND

Zeitung für Japan. Wenn eine Redaktion in Japan arbeitet, dann entsteht normalerweise eine japanische Zeitung. Sogar dann, wenn es deutsche Redakteure sind und ihre Zeitung F.A.Z. heißt. Ein ganzes Team von Reportern war dorthin entsandt worden, um von den Olympischen Winterspielen in Nagano zu berichten. Sie empfahlen sich vorweg mit einer Ankündigungsseite, die an Einfühlungsvermögen und Verständnis für das Land nichts zu wünschen übrig ließ.

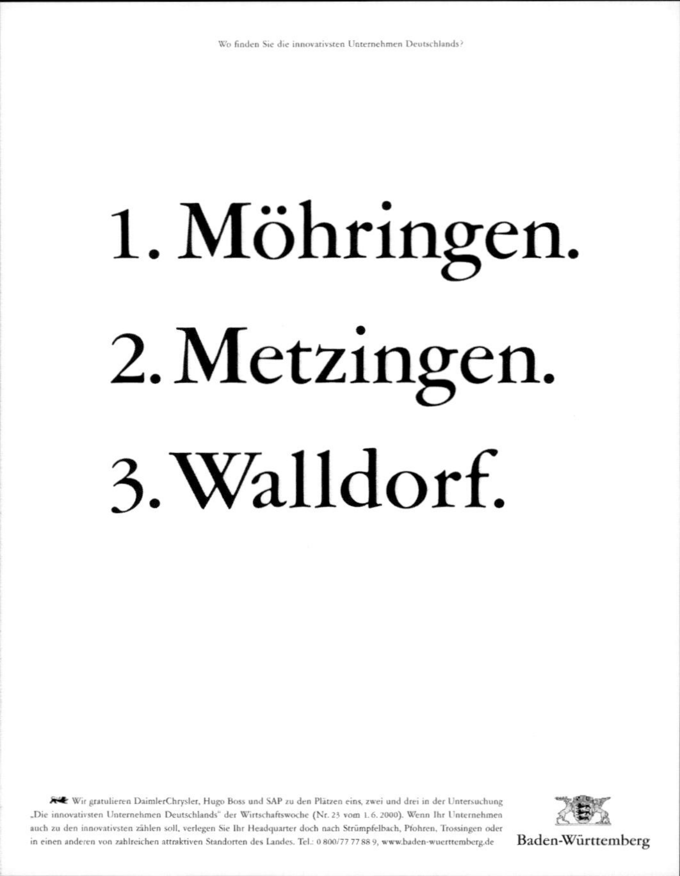

Return to sender.

Wer Nachrichten macht, erreicht mehr Aufmerksamkeit. Als ein Wirtschaftsmagazin die innovativsten Unternehmen Deutschlands ermittelte, wurde es auf den ersten Plätzen mit DaimlerChrysler, Boss und SAP gleich dreimal in Baden-Württemberg fündig, ohne dies allerdings festzuhalten. Das blieb dem Land und einer Schnellschussanzeige vorbehalten, die unmittelbar darauf erschien. Die Replik auf eine Studie von »Wired« (rechts) erschien wenige Tage nach ihrer Erstveröffentlichung in der Tagespresse. Beide Anzeigen machen Selbstlob durch Selbstironie erträglicher.

gwerfen

Die amerikanische Internetbibel WIRED behauptet, Baden-Württemberg sei „hip“. Was ist das schon wieder?

Das amerikanische Kultmagazin „Wired“ hat untersucht, wo auf der Welt die New Economy die größten Entwicklungschancen hat. Also wo die Ausbildung besonders gut, die Kapitalgeber besonders freigebig, die Jungunternehmer besonders unternehmungslustig und die Infrastruktur besonders entwickelt ist. Ganz vorne: Baden-Württemberg – neben Bangalore und Silicon Valley. Das zeigt auch eine neue Studie der EU: Demnach ist Baden-Württemberg die führende Hightech-Region Europas. Die Zukunft hat also in Baden-Württemberg besonders viel Zukunft. Wenn das hip ist, soll's uns auch recht sein. Mehr Informationen unter www.baden-wuerttemberg.de und Telefon 0800-77 77 88 9.

Baden-Württemberg

Wir können alles. Außer Hochdeutsch.

Ein Sa

Sam Njakono Meffire.
Geboren 1970
in Zwenkau/Sachsen.

Eine Werbekarriere. Sam Meffire war Sozialarbeiter und Polizeianwärter in Dresden, als in Hoyerswerda Ausländer angegriffen wurden. Spontan war er bereit, für Toleranz und den Ruf seiner Heimat zu werben. Die Anzeige erschien ein einziges Mal. Meffire machte eine kurzlebige Medienkarriere, sein Innenminister duzte und die Talkshows hofierten ihn – bis er in der Rotlichtszene straffällig wurde. Er floh durch afrikanische Länder, stellte sich und saß mehrere Jahre im Gefängnis.

1

2.
NUTZEN SIE
ALLE KANÄLE.

Die aktuellen Verkaufsunterlagen erhalten Sie von Activest, in allen Filialen der HypoVereinsbank oder bei Ihrem Anlageberater.
Sandra de Ruiz, 30, hat in den Fonds Activest Strategie investiert.
Sind Sie als Fondsanlegerin ein guter Finanzminister?
Also, Sparen können meine Kinder von mir nicht lernen. Träumen schon eher. Wenn du Visionen hast, hast du schon mal die Hälfte der Miete.
Schlafen Sie schlecht, wenn der DAX mal in die Knie geht?
Ich schlafe schlecht, weil mein Jüngster noch nicht durchschläft. Wenn mein Fonds mal durchhängt, weiß ich ja, dass es sich bald wieder ändert. Wie bei meinem Kind auch.
Ein schönes Leben noch.
Activest Strategie*
Wertzuwachs vom 15.02.99 bis 15.02.00
+22,9%
*Auflegende Fondsgesellschaft: Activest Investmentgesellschaft mbH, Unterföhring bei München. Vergangenheitswerte sind keine Garantie für die Zukunft.
Activest
Die Fondsgesellschaft der HypoVereinsbank
Wie es mit Sandra de Ruiz und ihrem Fonds weitergeht, sehen Sie in RTL, SAT.1, Pro7, VOX, n-tv, N24 und tm3. Activest-Infoservice: 0180 3/76 77 78. Internet: www.activest.de

Kanal-arbeiter. Kommunikation ist besonders wirksam, wenn sie das Publikum auf mehreren Wegen erreicht, also etwa durch Anzeigen, Filme und Webseiten. Folglich sind Kampagnenideen besonders attraktiv, die auf alle Werbekanäle übertragbar sind. Allzu oft ist das Ergebnis medienübergreifender Konzepte aber, dass kein Medium optimal ausgeschöpft wird.

Dann ist es klüger, eine Grundaussage in jedem Medium anders zu transportieren. Die Kampagne für Activest-Fonds wagt den konsequentesten Weg. Die übergreifende Idee: Anleger leben ihr Leben, während ihre Fonds arbeiten. Zu sehen ist der Alltag von zwei echten Activest-Kunden, die regelmäßig von einem Film- und Fototeam begleitet werden, und dazu die Performance ihrer Fonds.

Hier zunächst als Anzeige. Links im Bild Sandra de Ruiz beim Tanzkurs, rechts Yorck Kaempfer im Skiurlaub. In jeder Anzeige steht auch die aktuelle Wertentwicklung der letzten 12 Monate. 38,7 % ist nicht schlecht.

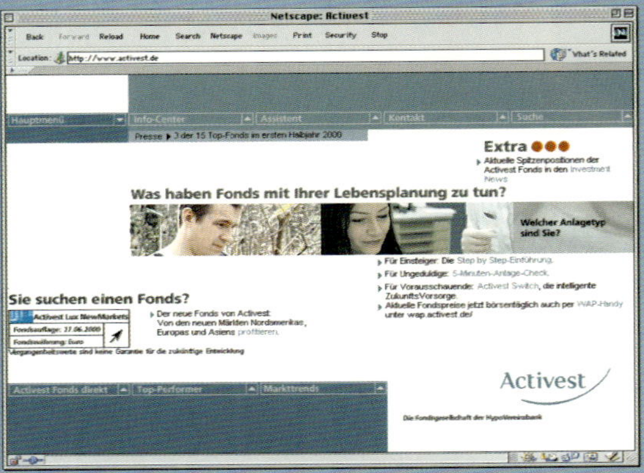
Netscape: Activest
Extra
Was haben Fonds mit Ihrer Lebensplanung zu tun?
Welcher Anlagetyp sind Sie?
Sie suchen einen Fonds?
Activest

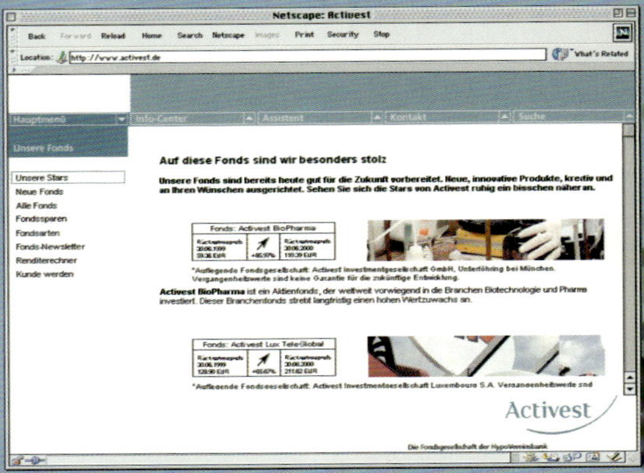
Netscape: Activest
Auf diese Fonds sind wir besonders stolz
Activest

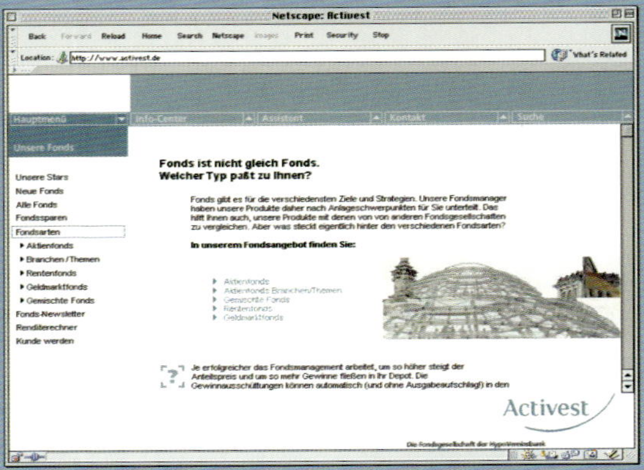
Netscape: Activest
Fonds ist nicht gleich Fonds.
Welcher Typ paßt zu Ihnen?
Activest

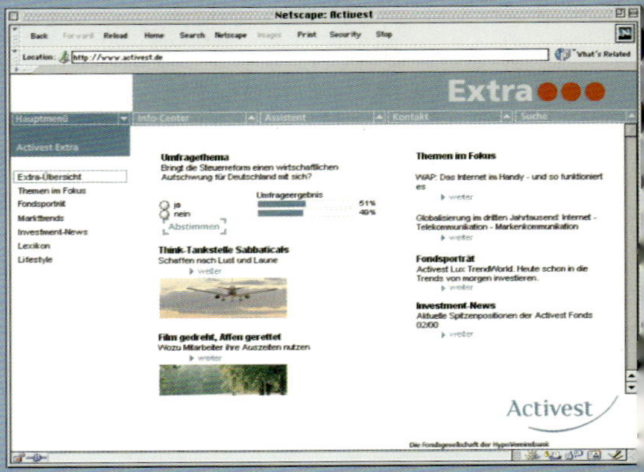
Netscape: Activest
Extra
Umfragethema
Themen im Fokus
Think-Tankstelle Sabbaticals
Film gedreht, Affen gerettet
Fondsporträt
Investment-News
Activest

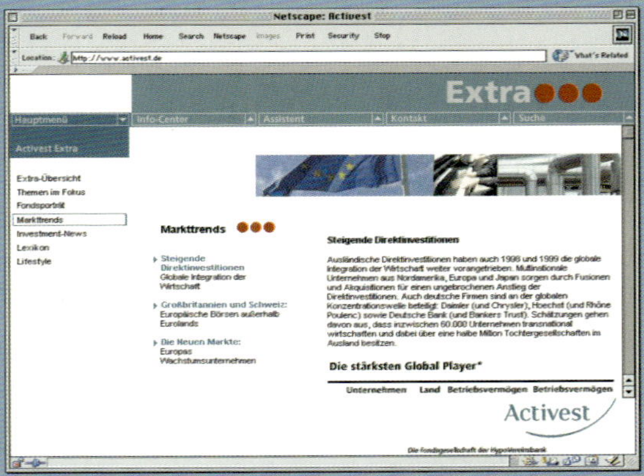
Netscape: Activest
Extra
Markttrends
Steigende Direktinvestitionen
Die stärksten Global Player*
Activest

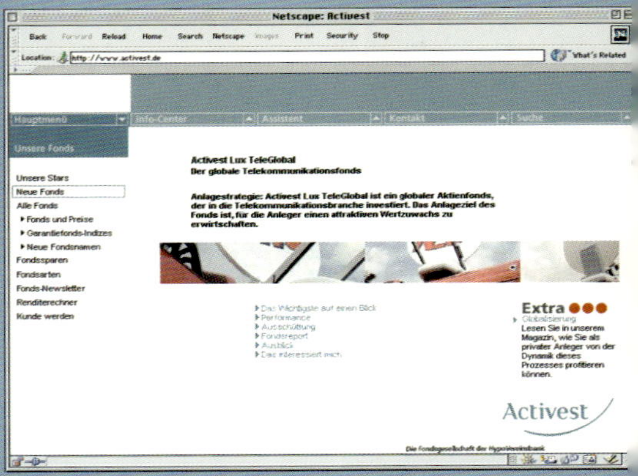
Netscape: Activest
Activest Lux TeleGlobal
Der globale Telekommunikationsfonds
Extra
Activest

Vielseitige Typen. Die Gesichter machen sich im Web nützlich. Sie dienen nicht nur zur Wiedererkennung, sondern auch zur Navigation. Auf den Internetseiten dienen die Protagonisten als Anlegertypen – sie stehen für eher risikoscheu oder eher risikofreudig.

Dem Medium entsprechend kann die Entwicklung der Fonds aktuell abgerufen werden. Bei Drucksachen wird das Bildmaterial ebenfalls eingesetzt. Hier geht es vor allem um schnelles Wiedererkennen.

»Ich denke, dass es sehr in den Händen der Frau liegt, inwieweit sie in der Lage ist, den Mann zu motivieren.

Also, ich glaube, sie kann ihn total runterziehen. Und sie kann ihm aber auch das Gefühl vermitteln, dass er alles schaffen kann, was er

»Hobby und Job und Familie und sieben Sportarten und Ferien fünfmal im Jahr … Ich weiß nicht, wie die Leute das anstellen. Und dann

Wie machen die Leute das? – Ich weiß es nicht. Ich brauch Zeit. – Das ist das Problem.«

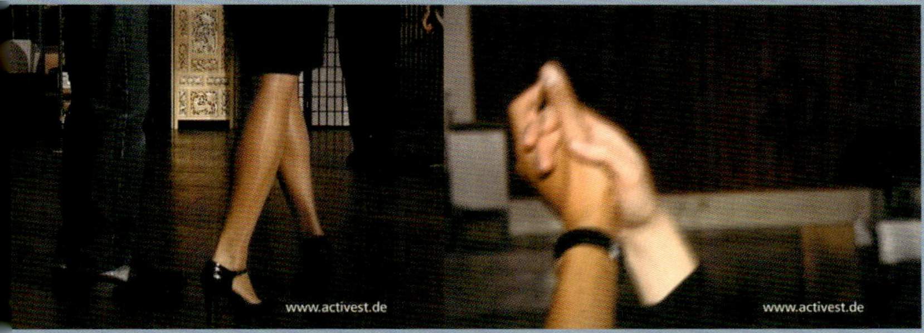

nimmt. Frauen haben große Macht.«

n jeden Film gesehen, natürlich in jedem Theaterstück gewesen…

Spricht für sich.

Das Spotkonzept setzt den Grundgedanken konsequent fort. Ein Filmteam begleitet die beiden Protagonisten regelmäßig, um Zahnarzttermine, Tanzstunden, Baumpflanzen im Garten oder den Familienurlaub nicht zu verpassen. Nie gibt es ein Manuskript. Die Fonds-Daten werden kurz vor dem Versenden der Spots eingesetzt. Die Activest-Kampagne ist nicht nur ein Beispiel für die Integration aller Kanäle, sondern auch für Authentizität und Aktualität. Die neue Marke, die nach der Fusion des Fondsgeschäfts von Hypo- und Vereinsbank gebildet wurde, hat ihren Vorläufer bereits nach wenigen Monaten an Bekanntheit und Sympathie übertroffen.

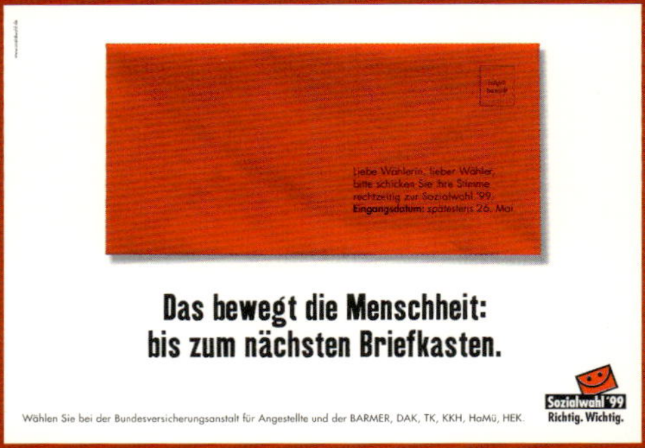

Wahlkampf. Je kürzer eine Kampagne sein soll, desto direkter und einfacher muss sie sein. Wenn die Sozialversicherten aufgerufen werden, ihre Stimme abzugeben, dann haben sie viel zu lernen: Es gibt eine Wahl, gewählt wird per Brief, sie sollen mitmachen.

Der rote Briefumschlag ist der Spitzenkandidat der Kampagne. Er buhlt auf Plakaten, in Anzeigen, im Internet und in Fernsehspots um Wähler. In wenigen Wochen wurde Deutschland rot. Und Millionen Wähler machten pünktlich die Post fertig.

Entgelt bezahlt
Liebe Wählerin, lieber Wähler, bitte schicken Sie Ihre Stimme rechtzeitig zur Sozialwahl '99. Eingangsdatum: spätestens 26. Mai.
Machen Sie die Post fertig.
Wählen Sie bei der Bundesversicherungsanstalt für Angestellte und der BARMER, DAK, TK, KKH, HaMü, HEK.
Sozialwahl '99
Richtig. Wichtig.

»Das ist
Werbung.
In Wahrheit …

… müssen
Sie selber zum …

… Briefkasten
gehen.

Am besten sofort.

Sonst …

… verpassen Sie
die Sozialwahl.«

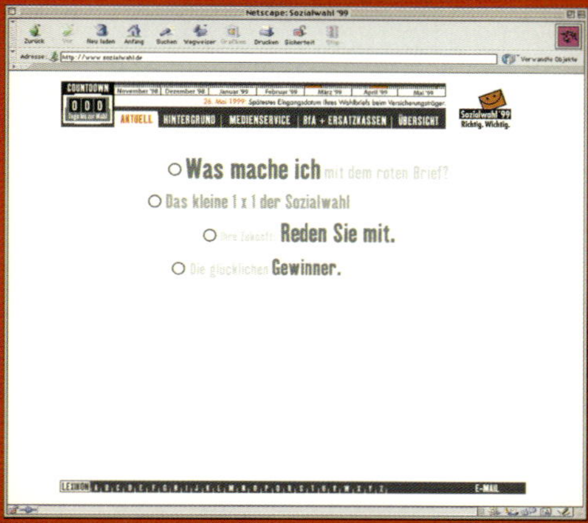

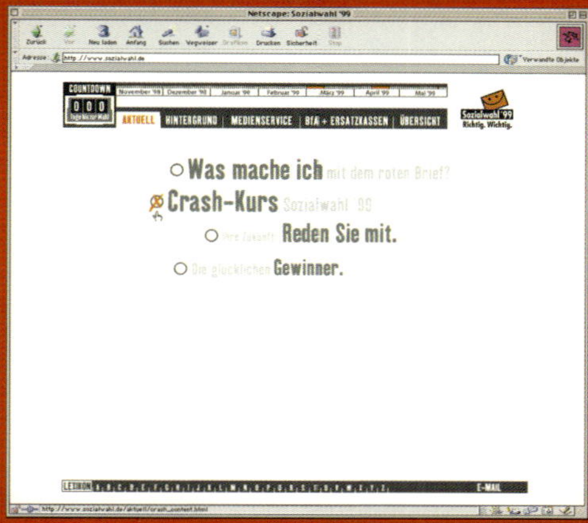

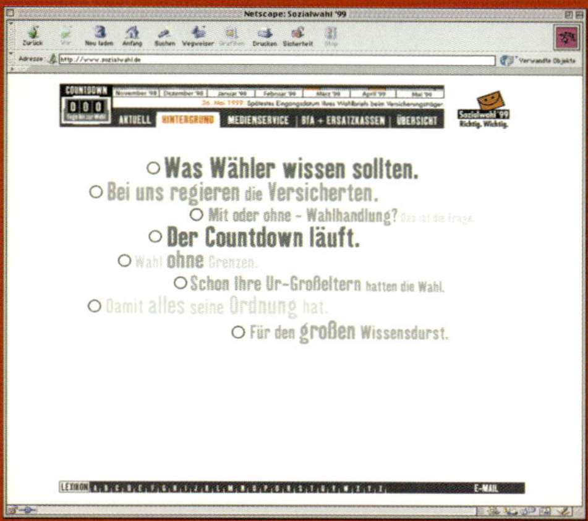

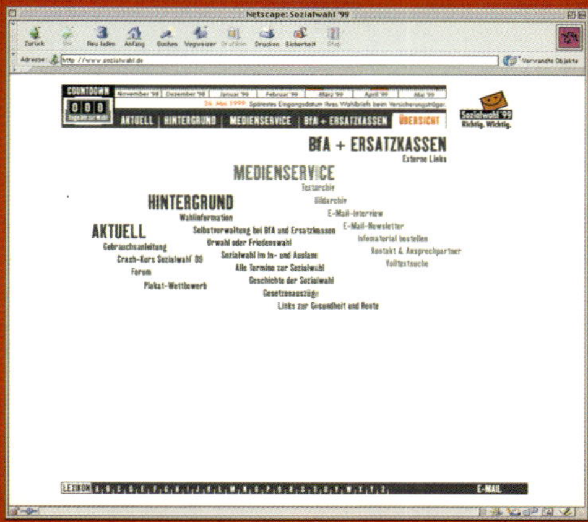

Wahlhelfer. **Jede Art von Kommunikation trifft auf Hochinteressierte, Desinteressierte und alle Gruppen dazwischen. Je nach Aufgabe und Budget können die Medien eingesetzt werden. Das flüchtige und emotionale Medium Fernsehen eignet sich, um einem großen, auch gleichgültigen Publikum etwas bekannt zu machen, vertieft informiert wurde im Internet. Hier sehen besonders Journalisten und Wahlkandidaten nach.**

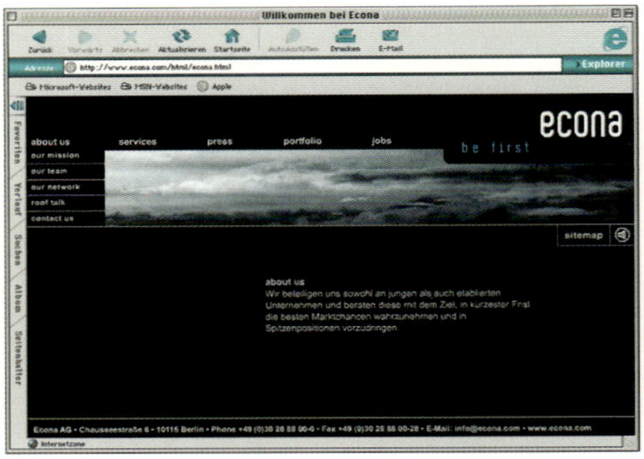

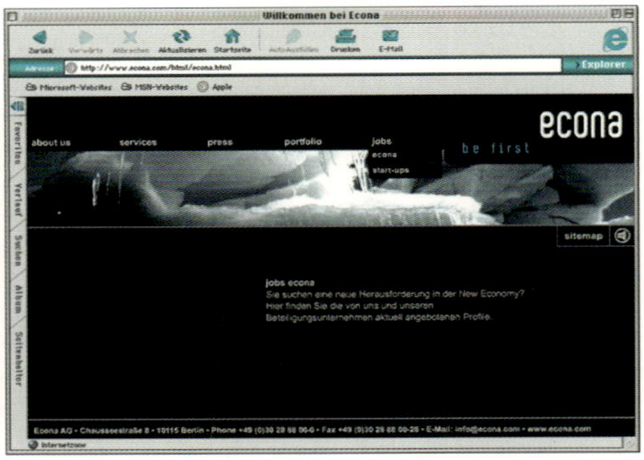

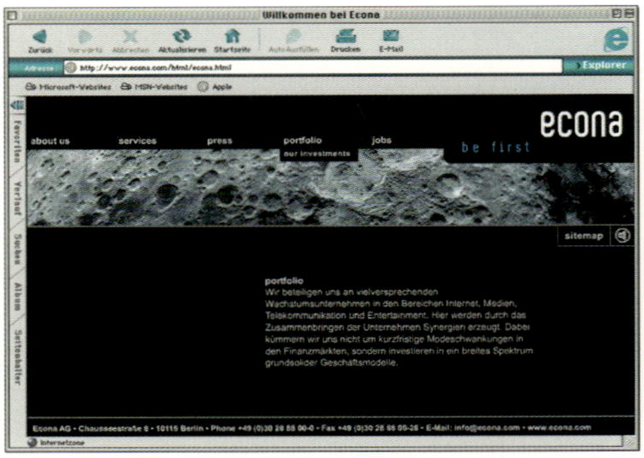

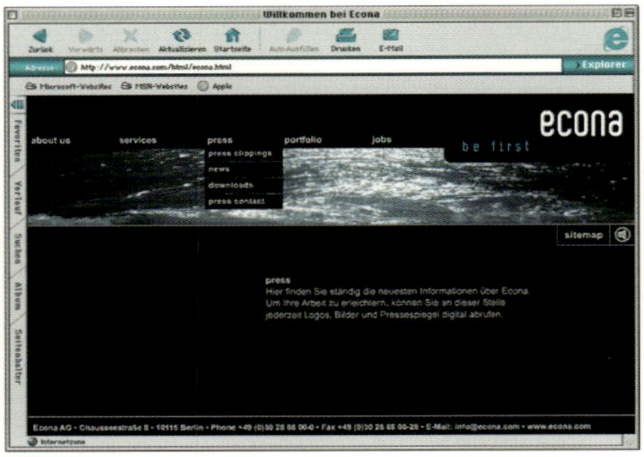

Be first.
Auch bei kleinem Budget und kleiner Zielgruppe lohnt es sich, die Kommunikation ganzheitlich zu gestalten. Als erstes New Economy Investment House will die Econa AG ihre Pionierrolle in der Neuen Wirtschaft auch kommunikativ vermitteln.

Das Web ist bei dieser Aufgabe das wichtigste Medium. Entsprechend geht die ganzheitliche Linie von einem interaktiv darstellbaren Gedanken aus. Wer war der zweite Mann auf dem Mond, fragt Econa.

Who was the second person to fly the Atlantic?
be first
econa
The New Economy
Investment House.
www.econa.com

Who was the second person on the moon?
be first
econa
The New Economy
Investment House
www.econa.com

1

DIE UMGEBUNG WIRBT MIT.

Wir sind die Stadt.
RETTET MEISSEN JETZT!
Wir sind die Stadt.
RETTET MEISSEN JETZT!
Licht- und Kraftanlagen

Stadtgespräch.

Was der Krieg in Meißen verschonte, griffen Jahrzehnte des sozialistischen Verrottens an. Als die Bürgerinitiative »Rettet Meißen jetzt« kurz nach dem Fall der Mauer um ein Werbekonzept bat, das wenig kosten, aber viel bringen möge, sollten die geschundenen Gemäuer für sich sprechen: Der größte Comic der Welt erzählt das Leid einer tausendjährigen Stadt. Der Entwurf wurde von der Stadtverwaltung abgelehnt. Der Ruf der Stadt würde leiden und die Investoren stünden ohnehin Schlange. Für dieses Buch wurden die Fotomontagen neu angefertigt. Alle Bilder stammen aus der Meißener Innenstadt – und aus dem Jahr 2000.

Stellen Sie sich vor, Ihre beste
liest diese Seiten.
Stellen-Angebote
Wirtschaft
Deutsche in der Welt

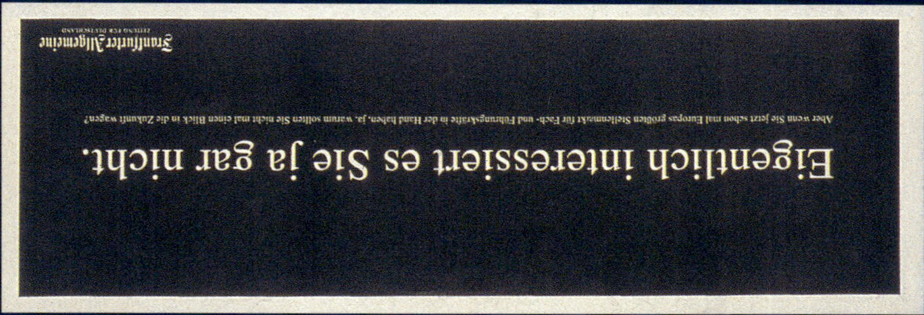

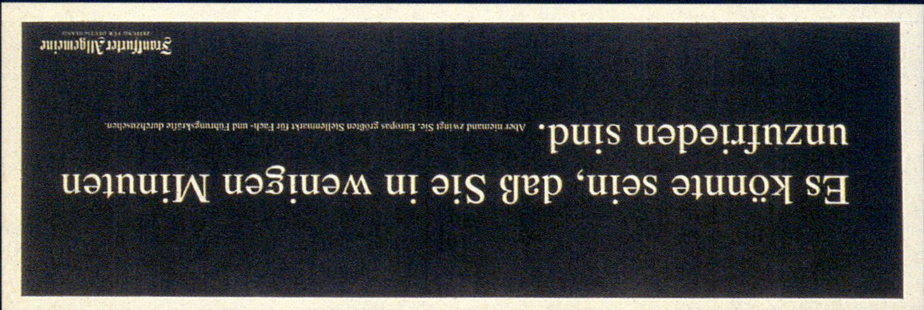

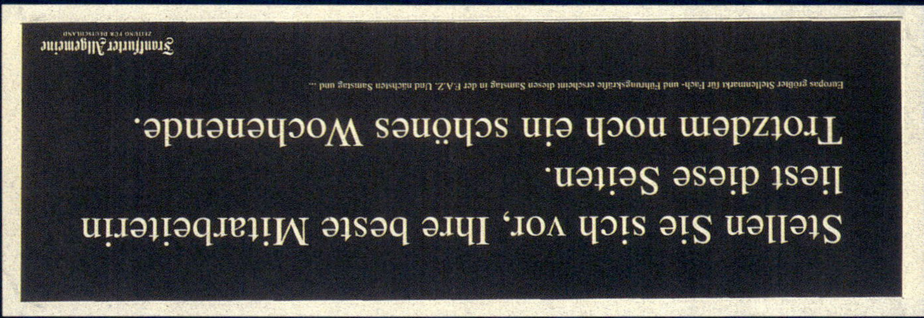

Halte den Blick. **Für viele Zeitungsleser beginnt die Samstagslektüre mit dem Aussortieren des Stellenteils. Ein gefährlicher Leichtsinn, vor dem die Leser zu bewahren sind. Schließlich versäumen sie vielleicht die größte berufliche Chance ihres Lebens. Wer dem Aussortieren genau zusieht, findet auch heraus, wie ihnen geholfen werden kann. Sie sehen die Zeitung Teil für Teil durch, immer mit Blick auf den Kopf der Aufschlagseiten, bis sie auf den Rückseiten landen. Dort aber findet sich der ernste Hinweis, keine Chancen zu übersehen.**

Einblick. Wie spannend der Immobilienteil einer Zeitung sein kann, zeigt sich im direkten Vergleich mit seinen Angeboten. Man sollte sich eben immer mehr als eine Wohnung ansehen, bevor man sich entscheidet. Das beweist das Plakat an einer viel befahrenen Kreuzung.

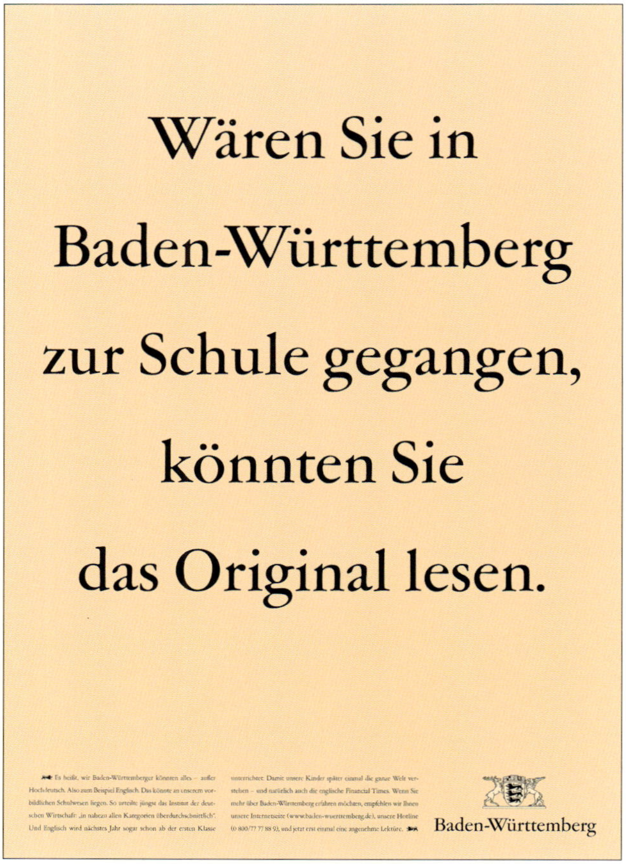

Erster Gratulant. **Erstausgaben finden üblicherweise besondere Aufmerksamkeit. Wie sollte das Land Baden-Württemberg auf die erste Ausgabe der Financial Times in deutscher Sprache anstoßen? Mit einem Hinweis auf den ausgezeichneten Fremdsprachenunterricht oder auf die hervorragende Papierindustrie im Land? Nur eine Anzeige erschien. Welche hätten Sie genommen?**

Herzlichen Glückwunsch, und das mit dem Papier kriegen Sie auch noch hin.

Unternehmen mit Zukunft erkennt man an großen Ideen und kleinen Fehlern. Damit aus kleinen Fehlern keine großen werden, helfen wir Gründern: Bei uns finden Sie passende Lieferanten für fast alles, und was es noch nicht gibt, wird wahrscheinlich gerade erfunden – von der Biotechnologie bis zur Papierindustrie. Kein Land forscht intensiver, nirgendwo werden pro Kopf so viele Patente angemeldet, und niemand exportiert mehr. Wenn Sie Europas Wirtschaftsregion Nr. 1 genauer kennen lernen möchten, besuchen Sie uns im Internet (www.baden-wuerttemberg.de), bestellen Sie ausführliche Unterlagen (Tel. 0 800/77 77 88 9) und lesen Sie Blätter mit kleinen Fehlern.

Baden-Württemberg

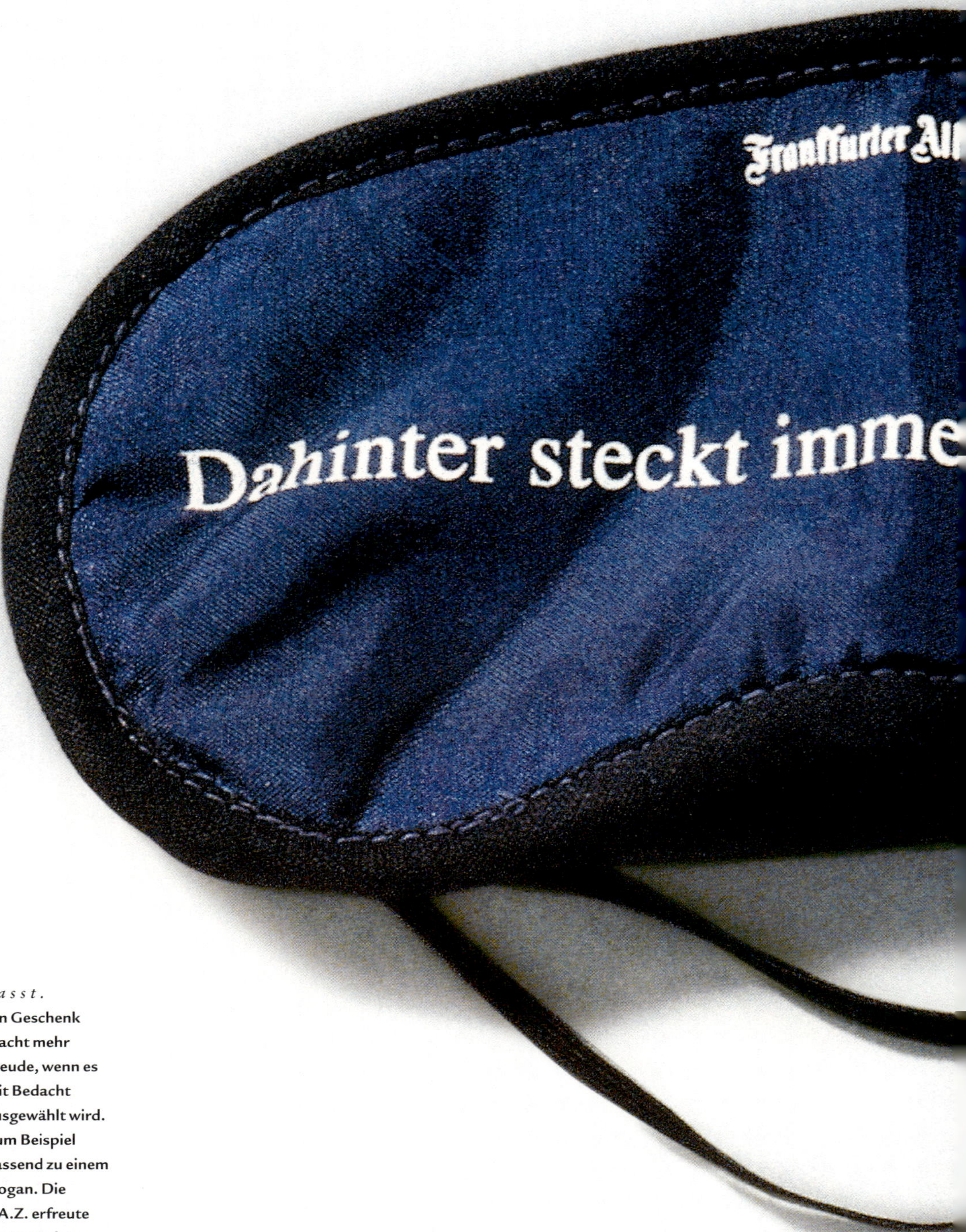

Passt.
Ein Geschenk macht mehr Freude, wenn es mit Bedacht ausgewählt wird. Zum Beispiel passend zu einem Slogan. Die F.A.Z. erfreute Langstrecken-flieger mit einem Hilfsmittel, das in lichten Momenten wirksam schützt.

Schließlich müssen kluge Köpfe auch einmal abschalten können.

eine
ein kluger Kopf.

Verkehrs-zeichen.
Was ist noch ärgerlicher als ein Bus, der einem vor der Nase wegfährt? Ein Bus, der einem die lange Nase zeigt. Am Potsdamer Platz, der Stau-stelle Europas, bitten die Berliner Verkehrs-betriebe um Nachsicht, wenn die Autofahrer das Nachsehen haben.

Einfach besser ankommen.
BVG
Bitte lassen Sie sich hier im Stau durch unsere Überholmanöver nicht provozieren.

[Danke.]

„Badewannenmord": Dreizehn Jahre Haft wegen Totschlags

BAYREUTH, 13. Dezember (dpa). Im „Badewannenmord"-Prozeß ist der 41 Jahre alte Gerhard Bühling am Freitag wegen Totschlags zu dreizehn Jahren Freiheitsstrafe verurteilt worden. Die Staatsanwaltschaft hat vor dem Landgericht Bayreuth lebenslange Freiheitsstrafe wegen Mordes gefordert. Bühling hatte im vergangenen Januar in Bayreuth seine 26 Jahre alte Lebensgefährtin mit einem Aschenbecher niedergeschlagen und gewürgt. Den leblosen Körper legte er in die Badewanne, die er mit Wasser füllte. Er wollte nach Überzeugung des Bayreuther Landgerichts ganz sicher gehen, daß die Frau tot ist.

Bühling war schon einmal wegen Totschlags verurteilt worden. Vor sechs Jahren hatte er in Coburg seine Ehefrau aus Eifersucht erstochen. Das Urteil lautete damals sieben Jahre wegen Totschlags. Die Strafe wurde im Januar 1995 mit der Begründung zur Bewährung ausgesetzt, von Bühling seien keine weiteren Gewalttätigkeiten zu erwarten.

Bühling hatte die 26 Jahre alte Frau im Juni 1995 kennengelernt, die sich gerade von ihrem gewalttätigen Ehemann getrennt hatte. In den Folgemonaten entwickelte sich nach Darstellung des Gerichts zunächst eine harmonische Beziehung, in der auch die beiden Kinder der Frau einbezogen waren. Im Dezember 1995 fühlte sich Bühling nach eigener Aussage ihren finanziellen Ansprüchen nicht mehr gewachsen. Am Neujahrstag sagte ihm die Frau schließlich, daß sie zu ihrem Ehemann zurückkehren wollte, und forderte ihn auf auszuziehen. Aus Angst, sie könne wie die Ehefrau Bühlings ebenfalls Opfer einer Gewalttat werden, suchte die Frau danach die Nähe von Bekannten.

Einen Tag vor dem schon geplanten Auszug wollte der Angeklagte – nach einem ausgiebigen Frühschoppen – noch einmal versuchen, sich mit seiner Freundin zu versöhnen. Als er merkte, daß sie sich nicht umstimmen ließ, geriet er in Wut. Er schlug ihr von hinten den Aschenbecher auf den Kopf, kniete sich auf die am Boden liegende Frau und würgte sie, wie das Gericht feststellte. „Spätestens, als ihr Körper erschlaffte, entschloß er sich, sie zu töten", sagte der Vorsitzende Richter.

Gasleitung auf Dresdner Elbebrücke explodiert

DRESDEN, 13. Dezember (AP). Bei der Explosion einer Erdgasleitung auf der Dresdner Albertbrücke wäre am Donnerstag abend ein Radfahrer beinahe ums Leben gekommen. Die Druckwelle schleuderte den Mann von der etwa fünfzehn Meter hohen Brücke in den Fluß, wie die Polizei am Freitag mitteilte. Die Explosion verursachte außerdem ein Verkehrschaos. Schwere Granitplatten seien auf fünf Metern Länge aus dem Fußweg herausgerissen worden und auf der Fahrbahn gelandet, über die gerade der abendliche Berufs- und Einkaufsverkehr rollte, hieß es.

Die Erdgasleitung war zum Zeitpunkt des Unglücks lediglich mit Luft gefüllt. Gasmonteure hatten sie gewartet, geleert und nach Angaben der Polizei vor der Wiederinbetriebnahme einer Druckprüfung mit Luft unterzogen. Dabei kam es zu der Explosion. Der Radfahrer konnte sich den Angaben nach schwimmend zu einem Schiff am Elbufer retten. Er wurde mit Kopfverletzungen und Unterkühlung in ein Krankenhaus gebracht.

Postraub: Beute auf mehrere hunderttausend Franken geschätzt

BERN, 13. Dezember (dpa). Die Posträuber, die in der Nacht zum Donnerstag in der Schweiz einen Intercity-Zug überfallen haben (wir berichteten), können bei der Beute offenbar nicht mit ihren berüchtigten englischen Vorbildern mithalten. Nach einer ersten Übersicht der Schweizer Post vom Freitag beläuft sich der Wert der gestohlenen Wertsendungen und Pakete vermutlich auf einige hunderttausend Franken. Die Schätzung sei allerdings „noch mit großer Vorsicht zur Kenntnis zu nehmen". Genauere Angaben seien frühestens Mitte nächster Woche möglich. Ronald Biggs und seine Komplizen hatten im Jahr 1963 aus dem Zug London–Glasgow umgerechnet rund 30 Millionen Mark geraubt.

Bei dem Überfall in der Nacht zum Donnerstag kurz vor Lausanne am Genfer See hatten fünf maskierte und bewaffnete Täter einen Intercity gestoppt und aus dem Postwagen 26 Säcke mit Briefen, Paketen und Wertsendungen geraubt. Von ihnen fehlte noch jede Spur.

Mißbrauchsprozeß: Verteidiger in Mainz fordern Freisprüche

MAINZ, 13. Dezember (dpa). Freisprüche für alle sechs Angeklagten haben die Verteidiger im ersten von drei Mainzer Kindesmißbrauchsprozessen beantragt. Rechtsanwalt Harschneck erhob im letzten Plädoyer am Freitag in Mainz schwere Vorwürfe gegen die Staatsanwaltschaft. Sein Mandant, ein Amerikaner, bezeichnete sich in seinem Schlußwort als unschuldig. Das Urteil wird nach mehr als 100 Verhandlungstagen für den kommenden Freitag erwartet.

Die Staatsanwälte sehen es als erwiesen an, daß die Beschuldigten sich des sexuellen Mißbrauchs ihrer eigenen Kinder und von Schutzbefohlenen in mehr als 40 Fällen schuldig gemacht haben. Sie hatten Freiheitsstrafen zwischen acht und vierzehn Jahren beantragt.

Verteidiger Harschneck warf der Anklage vor, die Staatsanwälte hätten zugelassen, daß Betreuer des Wormser Kinderschutzvereins „Wildwasser" Ermittlungen übernommen und die Kinder verhört hätten. Erst die Verhaftung der Eltern und das Gerichtsverfahren hätten die Kinder geschädigt. Anwalt Groß, der als Nebenklagevertreter für drei Kinder sprach, sagte, die Glaubwürdigkeit der Aussagen der Kinder sei für ihn nicht in Frage gestellt. Sollten die Angeklagten freigesprochen werden, wäre dies ein Hohn für die Opfer, die sich damit als Lügner hingestellt sähen, sagte Groß.

Foto AP

Über dem Grand Canyon schwebt nach 70 Jahren wieder der Kondor

Nach mehr als siebzig Jahren fliegt in einem der bekanntesten Nationalparks der Vereinigten Staaten, dem Grand Canyon im Norden Arizonas, wieder der Kondor. Drei in Gefangenschaft aufgezogene junge Paare sind am Donnerstag über den Schluchten ausgesetzt worden. Unser Bild zeigt die Tiere nach dem Verlassen der Transportkäfige. Der Kondor, ein Aasfresser, ist mit einer Flügelspannweite von fast drei Metern neben den Straußen der größte Vogel der Welt.

Ein Kondor – diese Vögel waren über Jahrtausende im Grand Canyon heimisch – wurde dort zuletzt im Jahr 1924 gesichtet. Die Jungvögel, die mit Ausnahme eines Paares im Zoo von Los Angeles geschlüpft sind, sind sieben Monate alt. Die Vögel wurden mit Sendern versehen, damit Wissenschaftler ihr Schicksal verfolgen können. Um ihre Überlebenschancen zu vergrößern, wurden Kontakte mit dem Menschen vermieden. Futter war ihnen zum Beispiel nachts in die Käfige gelegt worden. Der nordamerikanische Kondor ist etwas kleiner als der Anden-Kondor. Nach seiner Ausrottung in den achtziger Jahren wurde er vor vier Jahren in der Mojave-Wüste Kaliforniens wieder heimisch gemacht. Dort gibt es nun etwa zwanzig Paare. (dpa)

Wie ein Kringel Identität stiftet

Lyoner aus dem Saarland / Der Nationalspeise Dibbelappes zur Seite gestellt / Von Eckhart Kauntz

mtz. SAARBRÜCKEN, 12. Dezember. Das Original Frankfurter Würstchen kommt zwar in der Regel aus dem benachbarten Neu-Isenburg, verbreitet aber den Ruhm der einstigen Freien Reichsstadt in die ganze Welt. Die Nürnberger haben mit Lebkuchen und Wurst gleich zweifach das Universum der Feinschmecker beglückt. Andere müssen sich bescheidener geben. Die Mainzer leiden unter dem Geruch des nach ihrer Heimatstadt benannten Käses – und wenn französische Kinder in der Vorschule das Lied vom „Jambon de Mayence" singen, dann hebt auch dieser Umstand nicht das Ansehen der rheinhessischen Stadt. Der Mainzer Schinken gilt hierzulande in der breiten Öffentlichkeit gar nichts und bei den Sprachforschern als eher mickrige Ausgabe der schweinischen Hinterbacke, nicht zu vergleichen mit seinem geschätzten Vetter aus Parma oder dem edel duftenden „jamón serrano" aus Spanien. Am Rande unserer Republik, in einem kleinen Flächenland, dessen Einwohner mit dem Lebensmotto „Hauptsach' gudd gess, geschafft hamma schnell" in Verbindung gebracht werden, ist ein Kringel dabei, identitätsstiftende Wirkung zu entfalten. Jeder Biß in den „Lyoner" weckt das Zusammengehörigkeitsgefühl und damit auch das Landesbewußtsein der gut eine Million Saarländer. Mag das Produkt heimischer Metzgerskunst auch äußerlich einer ordinären Fleischwurst in ihrer Kunstdarmpelle ähneln – der Saarländer hat den Lyoner mit einer emotionalen Komponente versehen und ihn der kartoffelhaltigen Nationalspeise Dibbelappes zur Seite gestellt.

Der Lyoner kommt rund und prall daher. In der Metzgerei hängen die Kringel aufgereiht an der Stange – im Idealfall eben aus dem Kessel gefischt, kurz abgekühlt und schon angeboten. Der Lyoner wird nicht scheibchenweise verkauft. Da liegt gleich der ganze Ring auf der Waage. Als Grundnahrungsmittel hat der Lyoner Anspruch auf unversehrtes Erscheinen auf dem saarländischen Frühstücks-, Mittags- oder Abendtisch. Äußerlich adelt das gute Stück aus saarländischen Wurstküchen die Plombe, innerlich aber viel mehr. Lassen wir den Produzenten sprechen: Ungeachtet aller Unkenrufe über das Rindfleisch und seine Bekömmlichkeit dominiert aus geschmacklichen Gründen dieses über den Anteil des Schweines. Der Lyoner ist kein lagerfähiges Erzeugnis, also wird er täglich hergestellt und frisch verkauft. Über die verwendete Würzmischung verrät der Fleischer nichts.

Rätselhaft bleibt auch der Begriff Lyoner. Ergänzen wir Lyoner durch das Wort Wurst, so wäre Lyoner eine Herkunftsbezeichnung – und das Ganze weiblichen Geschlechts. Bei seinem Weg in deutsche Wörterbücher, in die dieses saarländische Erzeugnis erst in den vergangenen Jahrzehnten Eingang fand, wurde es aber von dem männlichen Artikel „der" begleitet. Im „Zweibrücker Alphabet" des Rudolph Wilms wird unter dem Stichwort „Lioner Worscht" von einer Frau Düpre berichtet, deren Verwandter, ein gewisser Herr Hublitz, nach seiner Rückkehr aus Lyon das Wurstrezept mitgebracht haben soll. Dem Autor Wortmann in der Ludwigshafener „Rheinpfalz" kam der Gedanke, daß in Deutschland eine Wurst aus Lyon Karriere machen konnte – wegen des in diesem Gebiet herrschenden ost-westlichen Kulturgefälles –, spanisch vor. Seine These: Das rätoromanische „liangia" für Wurst könnte nach dem Dreißigjährigen Krieg aus dem damaligen Tirol ins Saarland eingewandert sein und sich zum „Lijooner" verwandelt haben.

Fest steht: Der Lyoner wuchs mit dem Aufkommen des Kohlebergbaus an der Saar und der etwa gleichzeitigen Einführung der Kuttermaschinen zur Herstellung des feingemahlen Wurstfüllsels (Brät) in seine Bedeutung als wichtiger Nahrungsbestandteil für die körperlich hart arbeitenden Berg- und Hüttenarbeiter hinein. Die nahrhafte Speise konnte zudem wegen der Verwendung weniger qualitätvoller und nicht schierer Fleischteile billiger hergestellt werden.

Der Lyoner besteht heute zu sechzig Prozent aus Rind- und Schweinefleisch, zu 25 Prozent aus Speck und zu 15 Prozent aus Eis. Dieses wird beim Zerkleinern des Magerfleisches zugesetzt, um ein vorzeitiges Erhitzen des Malgutes zu vermeiden. Sodann werden Speck und Gewürze hinzugefügt. Das Gemisch (Brät) wird in Naturdärme gefüllt. Die rohe Wurst wird sodann sanft erwärmt, über Buchenhobelspänen geräuchert und schließlich im Wasser- oder Dampfbad zwanzig Minuten lang auf 72 Grad erhitzt.

Die Fleischeslust der Saarländer wandelt sich wie andere Konsumgewohnheiten auch, aber die Symbolkraft des Lyoners bleibt, weil „sie unsere Region kulinarisch darstellt". So heißt es bei einem Produzenten, der in Saarbrücken 3,2 Millionen Kringel im Jahr herstellt. Gemüse- und Käse-Lyoner ergänzen mittlerweile die klassische Ausgabe. Auch in das übrige Deutschland hinein marschiert die saarländische Wurst. Und wenn sie hier und da auf den Tellern die bayerische Weißwurst verdrängt, dann soll dies den Münchner Ministerpräsidenten Stoiber „mores" lehren. Wer den Saarländern wieder einmal zum „Anschluß" wo auch immer rät, der kriegt es mit dem Lyoner zu tun, auch wenn dieser ohne Ecken und Kanten daherkommt.

Noch stundenlang im Meer nach den Opfern gesucht

Der Frachter „Janna" erreicht Abidjan / Zwei des Mordes verdächtige Matrosen festgenommen

ABIDJAN, 13. Dezember (AFP). Mit nackten Oberkörpern und gefesselten Händen werden die Matrosen Pavel M. und Jerzy D. am Freitag mittag von Bord der „Janna" geführt. Über der Reling des Frachters lehnen mehrere Seeleute und blicken ihren einstigen Kameraden nach, die auf dem Kai des westafrikanischen Hafens Abidjan in einen Polizeitransporter gesetzt werden. Zwei Nächte und einen Tag haben sie die beiden an Bord eingesperrt gehalten, während der Erste Offizier das Schiff in den Hafen von Abidjan manövrierte. Die Leichname des Kapitäns und des Chefingenieurs treiben irgendwo im Golf von Guinea. In der Nacht zum Mittwoch, so schildert es die Besatzung, sei auf der Brücke heftiger Streit ausgebrochen. Der Anlaß ließ sich in den ersten Vernehmungen noch nicht klären. Soviel bekommt die Polizei jedoch aus den unter Schock stehenden Männern heraus: Der 56 Jahre alte Kapitän und sein 50 Jahre alter Chefingenieur wurden im Verlauf dieser Auseinandersetzung von den beiden Matrosen angegriffen und über Bord geworfen. Offen blieb noch, ob die beiden deutschen Offiziere noch lebten, als sie ins Meer gestürzt wurden. Sichtlich erschüttert übergibt ein polnisches Besatzungsmitglied der Polizei eine Plastiktüte, in der die Mannschaft die Beweisstücke verwahrt hat: ein Messer, an dem Blut haftet, mehrere Bierflaschen, die Scherben einer Brille und eine Armbanduhr. Auf der Brücke, im Ruderhaus und an dessen Tür finden die Polizisten Blutspuren. In der Tatnacht sei die ganze Brücke mit dem Blut der beiden Opfer bedeckt gewesen, so hatte es der Erste Offizier in seinem Funkspruch geschildert. Die übrige Besatzung stürzte auf die Brücke, als die Körper der beiden Offiziere im Wasser aufschlugen. Die beiden Tatverdächtigen hatten sich im Ruderhaus verschanzt. Das eingeschlagene Glasfenster in der Tür zum Ruderhaus zeugt davon, wie die Mannschaft sich Zugang verschaffte. Die beiden Täter wurden überwältigt und eingesperrt. Der Erste Offizier funkte einen Notruf und übernahm das Kommando. Einige Stunden lang kreuzte das Schiff noch im Golf von Guinea, während die Mannschaft in den nachtschwarzen Gewässern vergeblich nach einem Lebenszeichen ihrer Vorgesetzten suchte. Dann nahm der Frachter Kurs auf Abidjan. Als die „Janna" am Freitag morgen einläuft, hat sich auf dem Kai schon eine größere Gesellschaft versammelt: Außer der Polizei warten dort der Sicherheitsminister der Elfenbeinküste, Marcel Dibonan Kone, und Repräsentanten der deutschen sowie der polnischen Botschaft sowie Vertreter der Bremerhavener Reederei Zirkel Verwaltungsgesellschaft und des deutschen Frachtunternehmens. Die „Janna" läuft langsam ein, legt am Kai an, wird festgemacht. An Bord bleibt es still wie auf einem Geisterschiff. Doch endlich kommt von der Brücke das erlösende Zeichen, und die Polizei geht an Bord. Die „Janna" soll noch am Abend wieder in See stechen – ohne die beiden Polen, mit einem neuen Kapitän und mit einer Ladung Kakao aus der Elfenbeinküste.

Fortsetzung von Seite 9

Heizmaterial in Sarajevo oft unerschwinglich

rationiert. Monatlich werden 180 Kilowattstunden gewährt. Wer als „Stromverschwender" auffällt, muß über die Menge des zugeteilten Stroms einen Vertrag mit „Elektroprivreda" abschließen.

Der Preis für die Stromration ist jeweils monatlich im voraus zu entrichten. Wer nicht bezahlt, keinen Vertrag abschließt oder mehr als die zugestandene Menge Strom verbraucht, muß mit Stromsperren rechnen. Das Unternehmen rechtfertigt seine Anordnungen damit, daß zu Kriegszeiten jeder so viel Energie und Gas aus den ramponierten Netzen holte, wie er bekommen konnte. Bezahlt wurde so gut wie nichts. Jetzt gelte es, die Verbraucher wieder zu Zahlungsdisziplin und zu Sparsamkeit zu erziehen. Doch jeder weiß, daß viele Menschen mit Strom heizen müssen und nicht bezahlen können. Denn auch Brennholz und Kohle sind in ganz Bosnien nirgendwo so teuer wie in Sarajevo. Am Angebot fehlt es nicht, nur nutzen die wenigen Lieferanten ihre Monopolstellung und treiben die Preise in die Höhe.

Bei der Versorgung mit russischem Erdgas, dem wichtigsten Heizmittel in der Stadt, kommt es immer wieder zu Engpässen. Eine Delegation des russischen Gasunternehmens „Gasexport" verhandelt seit Tagen in Sarajevo mit dem staatlichen Importeur „Energoinvest". Die bosnische Seite beschwert sich, daß weniger Gas geliefert werde als bestellt und schon bezahlt worden sei. Im Oktober und November seien statt der vereinbarten 35 Millionen Kubikmeter nur 28 Millionen Kubikmeter geliefert worden. Die russische Seite geht von anderen Lieferzahlen aus und fordert für mehr Gas mehr Geld. Die Lösung des Rätsels liegt zum Teil darin begründet, daß die Rohrleitung aus Rußland nach Sarajevo, das zur kroatisch-bosniakischen Föderation gehört, über das Territorium der „Republika Srpska" der bosnischen Serben führt. Dort soll von den bosnischen Serben illegal Gas abgezweigt werden.

Für die Einwohner der bosnischen Hauptstadt wird die Lage dadurch nur noch schwieriger. Für viele, vor allem für die Rentner, schließt sich wieder der Teufelskreis der Kälte. Zu Kriegszeiten gab es so gut wie nichts zum Heizen. Jetzt sind Brennholz, Kohle, Strom und Gas zwar vorhanden, aber für viele unerschwinglich. Die Armut ist die zuverlässigste Begleiterin der meisten Menschen in Sarajevo. Die Suppenküchen in Bosniens Hauptstadt werden weiter „Konjunktur" haben.

Es fehlt nicht nur an Geld

Die Schwächen der auswärtigen Kulturpolitik / Von Professor Dr. Helmut Glück

Die Debatten über die Ziele, Mittel und Wege der deutschen auswärtigen Kulturpolitik brechen nicht ab, und das ist gut so: Endlich wird ein zentraler Bestandteil unserer Außenpolitik einigermaßen ernst genommen und einer kritischen Würdigung unterzogen. Bis vor kurzem schien es, als sei auswärtige Kulturpolitik ein Thema, das nur diejenigen interessiert, die beruflich mit ihr befaßt sind. Außenpolitik reduzierte sich in der öffentlichen Wahrnehmung lange Zeit auf Sicherheits- und Wirtschaftspolitik. Auswärtige Kulturpolitik wurde von vielen – soweit sie überhaupt registriert wurde – für eine Arabeske gehalten, eine Dreingabe zur wirklichen Außenpolitik. Sie war die „Kunst am Bau" der internationalen Beziehungen.

Eine gegenläufige Bewegung charakterisiert die augenblickliche Situation. Einerseits wird die Bedeutung der auswärtigen Kulturpolitik sehr viel höher eingeschätzt als je zuvor. Bundespräsident, Bundeskanzler und Fachminister, Politiker aller Lager, Vertreter der Wirtschaft und der Wissenschaft werden nicht müde, die überragende Bedeutung des internationalen kulturellen Austauschs für die politischen und wirtschaftlichen Beziehungen Deutschlands zu betonen. Andererseits kämpfen fast alle Einrichtungen, die die auswärtige Kulturpolitik tragen sollen, mit Finanznöten.

Am 13. Juni 1996 gaben der Bundeskanzler und der Außenminister eine Regierungserklärung zur auswärtigen Kulturpolitik ab. Sie lobten das Erreichte nachdrücklich und setzten sich für verstärkte Anstrengungen ein: Kultur- und Spracharbeit tue not, vieles sei schon verwirklicht, manches könne aber noch besser werden. Die Opposition sah das im wesentlichen auch so, trotz Meinungsverschiedenheiten im Detail und deutlicher Kritik an Fehlentwicklungen. Man kann deshalb von einem parteienübergreifenden Bündnis in wachsene Beziehungen zu Deutschland ruiniere.

Das Finanzproblem hat noch andere Aspekte. Auf den Etat des Außenministeriums entfallen weniger als 40 Prozent der jährlich etwa 3,5 Milliarden Mark für die auswärtige Kulturpolitik. Rund ein Dutzend weiterer Bundesministerien verfügt über eigene Etats für diesen Zweck. Ein funktionierendes interministerielles Steuerungsinstrument mit direktiven Kompetenzen gibt es nicht. So ist der Verdacht begründet, daß nicht jede Steuermark für auswärtige Kulturpolitik gut angelegt ist, daß nicht überall sachkundig und professionell verwirklicht wird, was die politischen Vorgaben vorsehen. Aus einer effizienten Abstimmung zwischen den beteiligten Ressorts würden sich zweifellos Synergieeffekte ergeben, die Mittel freisetzen könnten, mit denen man die Schließung von Goethe-Instituten oder DAAD-Lektoraten abwenden oder gar Neugründungen ermöglichen könnte. Wahrscheinlich würden sie auch zu manchen Umverteilungen bei den Zuständigkeiten führen. Daß die Einzelressorts das nicht wollen, ist verständlich – auch dort rangiert die Besitzstandswahrung mitunter vor der sachgerechten Neudefinition von Kompetenzen.

So ist beispielsweise das Bundesinnenministerium für die Belange der deutschen Minderheiten in den Ländern Mittel- und Osteuropas und in den GUS-Staaten zuständig. Dazu gehört auch deren kulturpolitische Förderung. Diese Aufgabe hat man teilweise an den „Verein für das Deutschtum im Ausland" (VDA) delegiert, dessen fachliche Kompetenzen etwa beim Sprachunterricht oder der Literatur- und Presseförderung skeptisch beurteilt werden müssen. Überdies ist der VDA politisch umstritten und wegen des Verdachts auf finanzielle Unregelmäßigkeiten ins Visier von Staatsanwälten geraten. Hier ist ein Revirement überfällig: Das Verfassungs- und Sicherheitsministerium sollte des Außenministeriums zu korrigieren und – unter der Voraussetzung stagnierender Mittel – neue Perspektiven aufzuzeigen. Ob es erreichen kann, daß die Zuständigkeit und damit auch die Finanzmittel für auswärtige Kulturpolitik beim zuständigen Fachressort gebündelt werden, muß man bezweifeln. In dieselbe Richtung geht ein Vorschlag der FDP-Abgeordneten Ina Albowitz: Sie forderte die Bestellung eines Staatssekretärs für Kultur und die Einsetzung eines Bundestagsausschusses für Kultur. Der CDU-Politiker Piazolo forderte gar einen „Rat für auswärtige Kulturpolitik" vom Kaliber des Wissenschaftsrats. Doch ehe sich Geschäftsverteilungspläne von Bundesbehörden verändern, geht ein Kamel durch ein Nadelöhr – falls nicht der Gesetzgeber eingreift. Das Durcheinander der Ressorts in der auswärtigen Kulturpolitik ist ein Fall für das Parlament.

Künftige Kriege könnten weniger von Ideologien und wirtschaftlichen Ungleichgewichten bedingt sein, sondern eher von kulturellen Differenzen. Das malt das Szenario des „clash of civilizations" des Harvard-Professors Samuel P. Huntington dramatisch an die Wand. Er greift damit ältere Überlegungen des französischen Soziologen Raymond Aron auf. Huntingtons Panorama künftiger globaler Konflikte hat viele Kommentatoren dazu veranlaßt, nach neuen Formen der interkulturellen Verständigung und nach kulturenübergreifender politischer Programmatik zu rufen. Manche haben auch gesehen, daß interkultureller Austausch nur nach dem Prinzip der Gegenseitigkeit funktionieren kann. Wolf Lepenies rief nach einer globalen „Lerngemeinschaft". Er muß sich allerdings fragen lassen, ob er alle und jeden als Lerngenossen akzeptieren will. Lerngemeinschaften mit Iran, mit Nigeria oder mit Vietnam beispielsweise sind nicht jedermanns Sache. Kulturrelativismus tut not, aber er darf nicht ohne Maß sein.

sieht es bei den Sprachen und Kulturen Afrikas und Mittelasiens aus.

Kultureller Austausch hat mit Nachfrage zu tun, er besteht in den meisten Fällen darin, daß reagiert wird auf vorhandenes Interesse. Nachfrage und Interesse hängen aber oft davon ab, ob entsprechende Angebote gemacht werden. Der Bundespräsident sagte in seiner Rede am 9. Oktober: „Die Attraktivität der Sprache eines Landes spiegelt das Interesse an diesem Land in allen Aspekten wider, in wirtschaftlicher, kultureller und technologischer Hinsicht. Deshalb sind unsere Wirtschaft, Politik und Wissenschaft auch Säulen unserer Sprachpolitik im Ausland. Eine kluge Politik, eine reiche Kultur und eine innovative Wissenschaft tragen entscheidend dazu bei, daß Deutsch auch als Fremdsprache auf Interesse stößt." Das gilt dann aber auch umgekehrt: Eine kluge Politik müßte dafür sorgen, daß in Deutschland andere reiche Kulturen systematisch zur Kenntnis genommen und studiert werden können.

Im übrigen sprechen die Zahlen nicht gerade dafür, daß das Deutsche als Fremdsprache auf übergroßes Interesse stößt. In den Vereinigten Staaten sank die Zahl der Deutschlernenden an 2772 befragten Colleges und Universitäten von 1990 bis 1995 um 28 Prozent, während die Nachfrage nach Spanisch um 14 Prozent, nach Arabisch um 28 Prozent und nach Chinesisch um 36 Prozent stieg. Lediglich das Russische nahm noch stärker ab (um 45 Prozent). In Frankreich fiel das Deutsche als erste Schulfremdsprache zwischen 1976 und 1996 von 16 Prozent auf elf Prozent, als zweite Fremdsprache von 36 Prozent auf 27 Prozent. Dort ist das Spanische inzwischen nach dem Englischen die gesuchteste Fremdsprache.

Überall in Mittel- und Osteuropa und in den GUS-Ländern stagniert das Interesse am Deutschunterricht, während die Nachfrage nach dem Englischen und dem Französischen sich immer noch dynamisch entwickelt. Das Deutsche hielt seine Stellung, weil es an den Grund-, Haupt- und Berufsschulen und auf dem Land stark blieb, während das Englische in den Oberschulen und in den Städten dominiert und vor allem als erste Fremdsprache bevorzugt wird. Auf dem Lande wird Deutsch oft als einzige Fremdsprache angeboten, weil man zu wenig Englischlehrer hat. Die bildungspolitische Stellung des Deutschunterrichts ist deshalb viel prekärer, als die reinen Zahlen das nahelegen: Noch viel mehr Schulkinder würden gern Englisch lernen, können das aber nicht, weil keine Lehrkräfte vorhanden sind, und deshalb müssen sie Deutsch (oder Russisch) lernen. Zwischen 1992 (beziehungsweise 1989) und 1993/94 stieg in dieser Region die Zahl der deutschlernenden Schüler von elf Millionen auf 11,4 Millionen (3,6 Prozent), während die Zahlen für Englisch von 18,6 Millionen auf 21,6 Millionen (16,1 Prozent) und für Französisch von 5,3 Millionen auf 6,7 Millionen (26,4 Prozent) stiegen. Es gibt also wenig Anlaß zur Selbstzufriedenheit.

Welche Sprachen soll er lernen – Englisch, Französisch, Deutsch?

Foto ppl

der auswärtigen Kultur- und Sprachpolitik sprechen. Bundespräsident Herzog sagte (am 9. Oktober in Köln), daß der kulturelle Austausch inzwischen die Qualität eines „friedenssichernden Imperativs" besitze, daß ihm „eine ähnlich friedenssichernde Rolle wie vor dem Ende des Kalten Kriegs den Bestrebungen nach der Rüstungskontrolle" zukomme. Bemerkenswert ist allerdings der Widerspruch zwischen dem neuerdings so hohen Ansehen der auswärtigen Kulturpolitik und ihrer mäßigen finanziellen Ausstattung. Man kann das am Beispiel des Goethe-Instituts erläutern.

Das Goethe-Institut unterhält gegenwärtig 150 Häuser in 78 Ländern. Seit 1989 kam es zu zwölf Neugründungen, denen neun Schließungen gegenüberstehen. Neben einer allgemeinen Stellenkürzung in Höhe von 1,5 Prozent soll das Goethe-Institut 1997 weitere drei Prozent seines Etats einsparen. Das sind rund acht Millionen Mark. Erwirtschaften muß man sie durch die Streichung von Personalstellen und Sachmitteln, was rechnerisch die Schließung von fünf mittelgroßen Instituten im Jahr bedeuten würde. Präsident Hilmar Hoffmann bat um ein Jahr Pause bei den Streichungen. Daraufhin bekam er für 1997 – auf Betreiben des Kanzlers und mit tatkräftiger Unterstützung des Außenministers – 2,9 Millionen Mark zurück, damit er neugegründete Institute, zum Beispiel in Johannesburg, Tiflis, Minsk und Hanoi, aufbauen kann. Auch künftig wird das Goethe-Institut mit einem fatalen Dilemma leben müssen: es soll politisch gewollte Institute gründen und dafür bestehende Institute schließen. Das wird darauf hinauslaufen, daß denkbare (und höchst wünschenswerte) Institute etwa in Tallinn/Reval, Odessa, Brünn oder Hebron Schließungen in – sagen wir – Barcelona, Mailand oder Saloniki erzwingen würden. Die Abgeordnete Elisabeth Altmann (Bündnis 90/Die Grünen), die sich 1995 tatkräftig gegen die geplante (und letztlich unterbliebene) Schließung des Instituts in Neapel engagiert hatte, sagte im Bundestag, daß eine solche Politik wertvolle, langjährig geseine Tätigkeit aufs Inland beschränken; die kulturpolitische Förderung deutschsprachiger Minderheiten in anderen Ländern sollte ganz dem Auswärtigen Amt übertragen werden.

Aber auch im Zuständigkeitsbereich Klaus Kinkels gibt es unübersehbare Probleme. Das traditionsreiche Institut für Auslandsbeziehungen in Stuttgart engagiert sich (mit Unterbrechungen) seit 1917 in den internationalen Kulturbeziehungen, beispielsweise durch die Dokumentation der auslandsdeutschen Presse oder die Herausgabe der renommierten „Zeitschrift für Kulturaustausch". Dieses Institut befindet sich seit über einem Jahr in einer Existenzkrise, hervorgerufen durch massive Vorwürfe gegen seinen Generalsekretär Daweke, gegen den die Staatsanwaltschaft ermittelt. Er ist inzwischen von seinem Amt zurückgetreten. Der Bundesrechnungshof erhebt in einem internen Prüfbericht schwere Vorwürfe gegen Daweke und zieht in Zweifel, daß das Institut auf jedem der vielen Gebiete, auf denen es tätig ist, auch die notwendige Kompetenz besitzt. Bemängelt werden weiterhin Defizite in der Koordination mit anderen Mittlerorganisationen. Das nahm die Fraktion Bündnis 90/Grüne zum Anlaß, die Regierung zu fragen, weshalb das Institut für Auslandsbeziehungen nicht „unter Bewahrung seiner besonderen Traditionen" in das Goethe-Institut eingegliedert wird. Das könnte durchaus eine sinnvolle und sachgerechte Lösung sein, über die wieder nachzudenken wäre, wenn der inzwischen unternommene Versuch, es als selbständige Einrichtung zu erhalten, sich nicht als tragfähig erweist.

Im Frühjahr 1996 hat der Außenminister einen „Beirat für Auswärtige Kulturpolitik" berufen, dem hochrangige Repräsentanten der Politik, der Wirtschaft und des Kulturlebens angehören. Kinkel hat damit reagiert auf die öffentlichen Diskussionen über konzeptionelle und organisatorische Mängel in seinem Geschäftsbereich. Dieses Gremium soll dazu beitragen, Fehlentwicklungen im Einflußbereich

Bezogen auf die Frage der internationalen Kultur- und Sprachenpolitik, die ja den „clash of civilizations" vermeiden helfen soll, haben diese Überlegungen – wenn man einmal von ihren bedenklichen ideologischen Implikationen absieht – einige Konsequenzen. Es reicht jedenfalls nicht aus, die jeweils eigene Kultur und Sprache anderswo zu präsentieren, wo man mit Interesse rechnen kann, sondern man muß, wenn das vielstrapazierte Wort von der „Zweibahnstraße" gelten soll, Kultur und Sprache des jeweiligen Partners bei sich zu Hause entsprechend präsentieren helfen. Nähme man das ernst, etwa im Fremdsprachenunterricht an unseren Schulen, wären wir für den „kulturellen Dialog" mit Nordamerika, England, Frankreich und den alten Römern halbwegs gerüstet. Doch wer lernt bei uns schon Indonesisch, Koreanisch oder Japanisch? Jedes zweite oder dritte Schulkind in Polen, Tschechien, Ungarn oder Georgien lernt Deutsch – doch wer lernt bei uns die Sprachen solcher Länder?

Man muß diese Frage aus Prinzip stellen. Es ist klar, daß ein Land, dessen Sprache und Kultur anderswo auf breites Interesse stoßen, überfordert wäre, wenn es nach ausgeglichenen bilateralen Sprachenbilanzen streben wollte – die anglophonen Länder haben gar nicht so viele Einwohner, als daß sie ihre Sprachenbilanz ausgleichen könnten. Wenn beispielsweise in Vietnam oder in der Mongolei Tausende Deutsch lernen wollen, heißt das nicht, daß man in Deutschland genauso viele Menschen dazu vergattern kann, Vietnamesisch oder Mongolisch zu lernen. Doch existieren in Deutschland gravierende Defizite im Hinblick auf alle Sprachen und Kulturen, die nicht in den Kanon der Schulsprachen gehören. Die Sprachen und Kulturen Indonesiens, Südostasiens, Koreas oder Indiens sind an den deutschen Universitäten als Fächer spärlich vertreten (und an den Oberschulen so gut wie gar nicht), und für die gesamte kaukasische Sprachenwelt gibt es in ganz Deutschland gerade einen Lehrstuhl (in Jena). Ähnlich

Fremdsprachenkenntnisse werden heutzutage vor allem als Berufsqualifikation betrachtet. Sie sind um so wichtiger, je intensiver die internationalen wirtschaftlichen, politischen und kulturellen Beziehungen eines Landes sind. Eine Bamberger Untersuchung ging der Frage nach, in welchem Maße beruflich verwertbare Fremdsprachenkenntnisse auf dem Arbeitsmarkt nachgefragt werden. In dieser Studie wurden Stellenangebote in großen Tageszeitungen aus Frankreich, Großbritannien, den Niederlanden, Spanien, Italien, Deutschland, Ungarn und Polen untersucht. Sie erfaßte im rechnerischen Durchschnitt 7848 Stellenangebote pro Land, insgesamt waren es 62 784. Erhoben wurde der Anteil der Nachfrage nach Fremdsprachenkenntnissen an allen angebotenen Stellen. Dabei ergaben sich gravierende Unterschiede. In Frankreich wurden für über 30 Prozent aller ausgeschriebenen Stellen solche Kenntnisse verlangt, in Deutschland, Polen und Großbritannien jeweils in weniger als 15 Prozent der Fälle. Bemerkenswert ist, daß man in Deutschland offenbar ziemlich geringen Wert auf sprachliche Qualifikationen legt; nur in Polen war diese Quote noch niedriger. Durchschnittlich wurden bei jedem fünften Stellenangebot Fremdsprachenkenntnisse gefordert.

Weiterhin werden in vielen Stellenausschreibungen Englischkenntnisse stillschweigend vorausgesetzt, zum Beispiel in Berufen, die mit Computern, Telematik, internationalem Marketing oder internationalem Recht zu tun haben. Sie konnten in dieser Untersuchung nicht methodisch kontrolliert erfaßt werden. Der Anteil des Deutschen ist mit 17,5 Prozent erstaunlich hoch. Der Grund dafür ist seine extrem starke Stellung in Ungarn und Polen; in Ungarn übertraf die Nachfrage nach dem Deutschen mit 41,6 Prozent geringfügig sogar die nach dem Englischen (38,5 Pro- [illegible]

daß deutsche Stipendien vergleichsweise dürftig, die Betreuungsmöglichkeiten der Universitäten vergleichsweise schlecht und die Berichte über Ausschreitungen gegen Ausländer verheerend sind. Ein mürrischer Hausmeister im Studentenwohnheim, ein Paragraphenreiter bei der Ausländerbehörde, ein desinteressierter deutscher Kommilitone in der überfüllten Vorlesung, ein überlasteter Professor, der keine Zeit für Beratungsgespräche hat, und vor allem Fernsehberichte von fremdenfeindlichen Übergriffen zerschlagen mehr kulturpolitisches Porzellan, als alle Förderprogramme und Image-Promotions kitten können. Die von Lepenies geforderten „Lerngemeinschaften" müssen auch und gerade in diesem Souterrain des internationalen Austauschs installiert werden.

Wenn man vorwurfsvoll nach der zu geringen Zahl ausländischer Studierender fragt, muß man auch nach der Qualität ihrer Arbeits- und Lebensbedingungen fragen und nach den Möglichkeiten der Universitäten, sie verantwortungsvoll auszubilden und sozial zu integrieren. Die Nachfrage richtet sich nämlich nicht in erster Linie nach den sprachlichen Anforderungen, sondern nach der Dotierung der Stipendien, nach der Qualität der Studienangebote, nach dem sozialen Umfeld und nicht zuletzt nach dem menschlichen Klima.

Der Autor lehrt Germanistik mit dem Schwerpunkt Deutsch als Fremdsprache an der Universität Bamberg.

Nett hier.
Aber waren Sie schon mal in Baden-Württemberg?
101 067-7

Schwäbische Eisenbahn. Auf Bahnhöfen für ein Reiseziel zu werben hat einen großen Vorteil: Man kann gleich einsteigen und hinfahren. Es hat aber auch Nachteile: Alle Bahnhöfe mit großen Plakaten zu belegen ist teuer, und richtig glaubwürdig ist es auch nicht. So ein gewöhnlicher Bahnhof kommt ja nicht weit herum. Ganz anders ist es dagegen mit Lokomotiven. Sie zu lackieren kostet nicht viel, aber vor allem kennen sie die Welt und können vergleichen. Es ist also ein verlässliches Expertenurteil, wenn dieser Triebwagen findet, dass es unterwegs ganz nett sei – aber eben nur nett und damit kein Vergleich mit Baden-Württemberg, der Heimat von Schwarzwald, Bodensee, Heidelberg und natürlich Märklin.

4
PROBIEREN
SIE HUMOR.

Als eigenständiger Staat wäre
Baden-Württemberg Wirtschaftsweltmeister.
(ABER DAS WÜRDEN WIR NIEMALS LAUT SAGEN.)

In Baden-Württemberg
könnten Sie Ihre Ehe retten.
(KEINE GARANTIE. ABER DIE GERINGSTE SCHEIDUNGSRATE BUNDESWEIT.)

Was es in New York nicht gibt,
gibt es in Donaueschingen.
(UND WAS ES IN DONAUESCHINGEN NICHT GIBT, GIBT ES ANDERSWO IN BADEN-WÜRTTEMBERG.)

Vorsicht,
Humor.

Es ist eines der wirkungsvollsten und schwierigsten Werbemittel: Humor. Wer ihn hat, hat die Lacher, aber noch lange keinen Respekt.

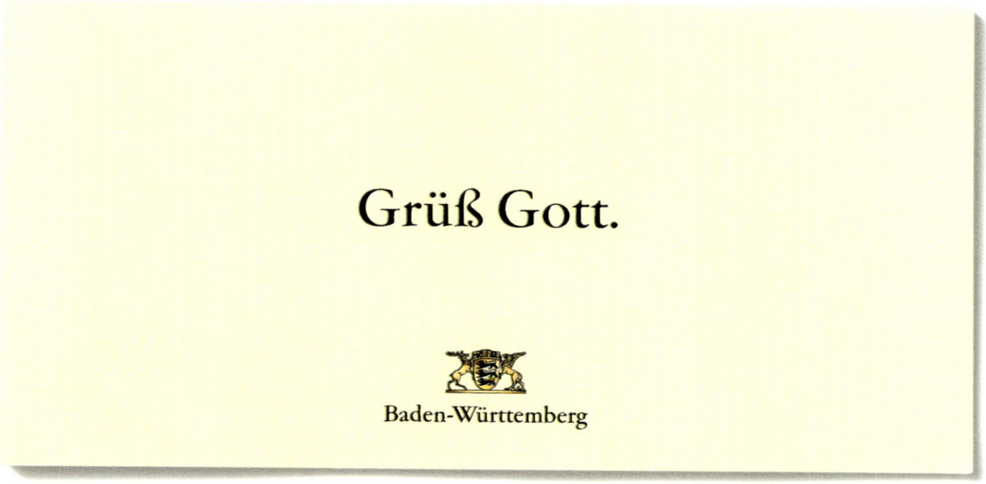

Aber: Humor macht aus Respekt Sympathie. So wurde die Kampagne für Baden-Württemberg zur erfolgreichsten aller Länder, wie eine Untersuchung zeigte. Dabei half ein augenzwinkernder Satz. Kennen Sie ihn? Bitte blättern Sie um.

Wir können alles.
Außer Hochdeutsch.

Baden-Württemberg

Der Teufel steckt im Detail.
Wie smarte Sparsamkeit und schwäbischer Mutterwitz bis ins Detail harmonieren, zeigt ein Blick in den Fuhrpark des Stuttgarter Staatsministeriums. Für Stadtfahrten wurden Smart-Citycoupés beschafft. Wie reagiert die Bevölkerung auf Beamte im Kleinstwagen? Sie winkt den Staatsdienern zu. Und was machen die Staatsdiener? Sie steigen am liebsten in einen Smart, weil die Bürger sie da so nett grüßen. Wie könnten höchste Repräsentanten auch besser deutlich machen, dass sie sich selbst nicht so ernst nehmen, noch nicht einmal beim Umgang mit dem Steuer. Und das im Land der Dichter und Lenker.

Matto Barfuß.
Erster Mensch
unter Geparden.

»Das war für mich …

… einfach so Liebe …

Artur Fischer.
5.776 Patente weltweit.

»Alles, was man macht,
muss einfach sein.

Meistens entstanden
meine Erfindungen …

… am Sonntag.

Martin Schmitt.
Weltmeister.

»Als ich das erste Mal …

… auf einer
60-Meter-Schanze …

… gesprungen bin, …

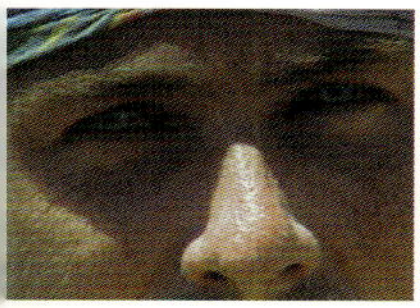
... auf den ersten Blick.

Miep.

Brrrr.

Wir sind dann eine Familie gewesen. Und dann saß ich da in der Steppe und sagte mir:

Sag mal, was machst denn du da eigentlich?«

Am Montag haben sie gesagt:

Jetzt kommt er wieder mit seinen Zettelchen.

Das Entdecken ist wie mit einem Osterei. Wenn ich eins gefunden hab, ...

... hab ich mich gefreut!

So etwas Ähnliches ist das auch.«

.. hab ich gedacht, nee ...

... also, das packst du nie!

Aber runter kommt man ...

... immer. Also, ...

... oben geblieben bin ich noch nie.«

Erfolgreich, weil menschlich. Sind die Baden-Württemberger so erfolgreich, weil sie so menschlich sind? Oder sind sie so menschlich, weil sie so viel Erfolg haben? Auf jeden Fall gehört es bei ihnen zusammen.

Das könnte niemand besser verkörpern als die Baden-Württemberger selbst. Das verstehen auch Hochdeutsche. Der Abspann der Filme ist deshalb in bestem Schriftdeutsch gehalten.

Baden-Württemberg.

Wir können alles ...

... außer Hochdeutsch.

Steiff
KNOPF IM OHR

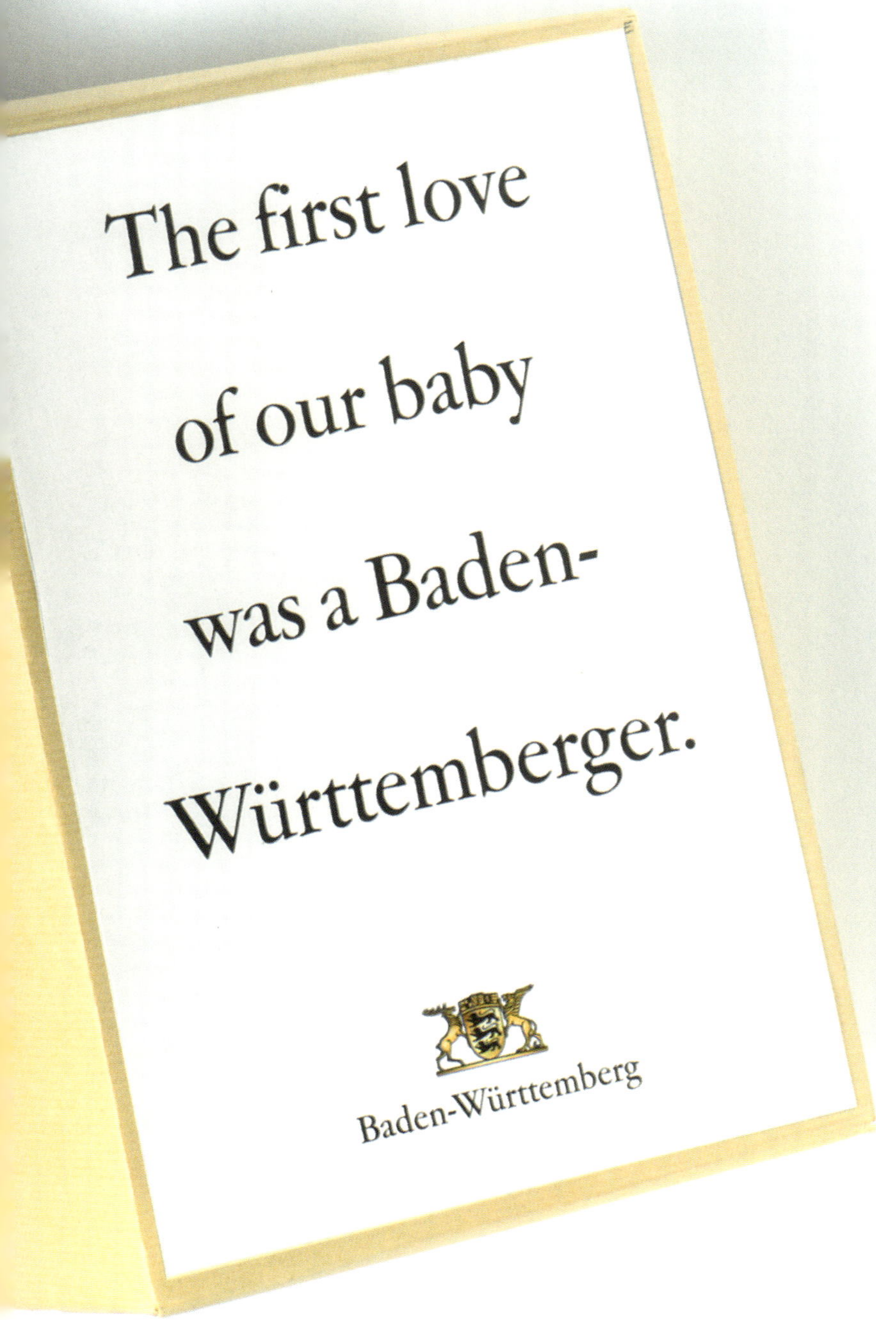

Let's talk business.
Sind Manager Menschen? Wenn man die konventionelle Standortwerbung ansieht, möchte man meinen: nein. Es werden austauschbare Datenberge versetzt, die unbeachtet in Fachabteilungen oder gleich in die Mülltonne wandern. Baden-Württemberg schickt bei den Top-Entscheidern einen landestypischen Sympathieträger von Margarete Steiff vor, verbunden mit einer kleinen Anspielung. Baby heißt auch Freundin.

Eigenlob langweilt. **Wer mag schon Eigenlob – außer dem Selbstgelobten? Damit es auch andere ertragen, wurden Humor und Understatement erfunden. Wenn die F.A.Z. jedes Jahr wieder zur Sportredaktion des Jahres ausgerufen wird, dann freuen sich ihre Leser noch mehr mit, wenn die Zeitung auch nicht ernst bleibt.**

Als die F.A.Z. zum dritten Mal in Folge ausgezeichnet wurde, sollte kein überzogener Stolz aufkommen. Die Zeitung druckte alle Hattrick-Schützen der Bundesligageschichte. Macht für die F.A.Z. einen akzeptablen 58. Platz.

quille O'Neal, Basketballstar der Los Angeles Lakers.

VICCO VON BÜLOW, *Loriot*

Pro und contra.
Er schätze die F.A.Z. sehr, mache aber grundsätzlich keine Werbung für Produkte, schrieb Vicco von Bülow. Den Humoristen konnte nichts umstimmen: Nicht einmal das Angebot, ihm die geistige Vaterschaft für die Kampagne zu übertragen – schießlich ist es ein zutiefst Loriotscher Gedanke, dass der Fotoapparat just dann auslöst, als das Gesicht gerade – wohl versehentlich – verdeckt ist. Schließlich half ein weiterer Einfall, der von Loriot hätte stammen können: Wenn schon nicht Werbung für die Zeitung, warum dann nicht dagegen? Bewacht von Mops Willy schläft Loriot bei der Lektüre ein.

Peanuts.

Was macht diese Abbildung von Erdnusswaggons in Georgia zur »Anzeige des Jahrhunderts«? Der Humor eines Mannes, dessen Beruf alles erwarten lässt, nur keine Selbstironie. Der Chef der Deutschen Bank, Hilmar Kopper, hatte mit einem kleinen Wort die Öffentlichkeit aufgebracht. In einem Milliarden-Bauskandal hatte er einen Millionenbetrag »Peanuts« genannt. Damit hatte er das Unwort des Jahres geliefert und alle Vorurteile gegen Banken gefüttert. Als er angesprochen wurde, ob er sich als kluger Kopf in einen Erdnussberg setzen würde, lachte er und sagte zu. Berater fragte er nicht. Die hätten nur Bedenken beigesteuert. Die Anzeige wurde vom »Spiegel« zu einer der zehn besten Anzeigen des Jahrhunderts gekürt.

Eiche.
Hintergründig ist der Humor der Anzeige von Ignatz Bubis. Der verstorbene Vorsitzende des Zentralrats der Juden in Deutschland staunte regelmäßig über die Ignoranz seiner Landsleute. Wenn der deutsche und der israelische Präsident gesprochen hatten, meinten beflissene Herumsteher, sein Präsident habe gut gesprochen. Ja, unserer war gut, antwortete er. Nein – Ihrer, hieß die ausbürgernde Entgegnung. Bubis musste für einen Platz in einem deutschen Symbol nicht groß überredet werden und nahm hochbetagt, gesichert wie ein Bergsteiger, Platz in der Friedenseiche in Sossenheim bei Frankfurt. So machte der jüdische Deutsche seinen Landsleuten ganz nebenbei vor, wie unverkrampft man mit nationalen Symbolen umgehen kann.

1

5
PROVOZIEREN
SIE.

Menschen in Not brauchen Ihre Hilfe.

LICHTBLICK

Eine Initiative der Sächsischen Zeitung.

Spendenkonto: 55 55 55, BLZ: 850 551 42
Stadtsparkasse Dresden

Wegschauen zwecklos.

Provokation ist das sicherste Mittel, um aufzufallen. In der Vorweihnachtszeit begrüßten Obdachlose die mit Einkäufen Bepackten an den Bushaltestellen. Aber sie betteln gar nicht, sondern wünschen nur ein frohes Fest. Eine Kampagne, die Provokation erwarten lässt und dann doch darauf verzichtet – um noch mehr herauszufordern.

Grüße nach Schweden. Die schweren Lastkraftwagen haben eine eigene, sehr fachkundige Gemeinde, die auch gut über andere Glaubensrichtungen Bescheid weiß. Da reichen Anspielungen. Für alle, die ihren Arbeitstag nicht in einem Vierzigtonner verbringen, hier ein paar allgemeinbildende Hinweise. Schwarzbrot ist reich an Ballaststoffen, aus Wörth kommen die schweren Lkw von Mercedes-Benz und Knäckebrot kommt aus Schweden. Dort sollen auch vereinzelt Nutzfahrzeuge hergestellt werden, aber das wollen wir hier nicht vertiefen. Schon eher die sprichwörtliche Langlebigkeit von Erzeugnissen aus Wörth.

Sie sehen den Bergkönig.

Knäckebrot ziehen kann jeder.

► Voll beladen am Berg trennt sich die Spreu vom Weizen. Während die einen die rechte Spur zur Tempo-30-Zone erklären, zeigt der Actros, wieviel Biß er hat. Kein Wunder: In der stärksten Motorvariante treiben ihn brachiale 2.700 Nm nach oben. Nebenbei beweist der Actros die Lkw-Tauglichkeit des schönen, alten Sprichworts „In der Ruhe liegt die Kraft." Sein maximales Drehmoment erreicht er schon knapp über Standgas-Drehzahlen, bei gerade einmal 1.080 Umdrehungen. Packen Sie dem Actros also ordentlich etwas auf die breiten Schultern – dann kann er zeigen, was in ihm steckt. Denn Knäckebrot ziehen kann ja schließlich jeder.

Mercedes-Benz

Eine interessante Familiengeschichte.

Die Lebenserwartung der Deutschen steigt weiter.

► Bis in die Nacht schuften und nur sonntags frei – um das lange durchzuhalten, muß man zäh sein. Eine Qualität, die der Actros (rechts) von seinem Großvater (links) geerbt hat. Der hat früher Wirtschaftswunder vollbracht, brettert heute noch über tropische Schlaglochpisten und will partout nicht zum Alteisen. Der Actros hat den unbeugsamen Charakter des Alten, aber viel bessere Manieren. Er raucht nicht, trinkt mäßig und lärmt nicht herum. Wenn er die gewaltigen Muskeln spielen läßt, tut er das bei verschleißarmen Niedrigdrehzahlen. Alles hervorragende Voraussetzungen für ein langes, erfülltes Leben.

Mercedes-Benz

ных процессов, имевших место в период кризисов в западных промышленных государствах. Перестройка экономики в странах Восточной Европы, избравших путь к рыночному хозяйству, по всей вероятности, примет грандиозные размеры. К сожалению, на этот

их основных задач в устранении препятствий процессу перестройки. Необходимо как можно скорее преодолеть отставание. Только при этом условии Саксония вновь превратится в процветающую страну. Создание новых надежных рабочих мест — глав-

рабочие места. Приватизация остается и политической целью. Ее следует проводить в рамках социальной региональной политики. Первые шаги сделаны. Из 3.354 саксонских предприятий, находящихся в ведении Опекунского совета, до конца июня 1991 года

машиностроению и
лестроению доля
достигала почти 40
тов, электротехниче
дукции составляла с
В будущем в произв
дет занято меньше
то обслуживающи
потребуют много но

ПЕРЕСТРОЙКА ИДЕТ БЫСТРО, ЕСЛИ ЕЙ НЕ МЕШАТЬ

Профессор, доктор Курт БИДЕНКОПФ,
премьер-министр земли Саксония

Исходная ситуация к началу экономического восстановления свободного государства Саксония была катастрофической. После сорокалетнего существования централизованного планового хозяйства на востоке Германии на душу населения приходилась примерно одна треть экономической мощи (производимого продукта) на западе. От бывшей ГДР мы получили в наследство технически устаревшие предприятия, требующий серьезного ремонта жилой фонд, нарушенную инфраструктуру, сложную окружающую среду. Вот почему на территории федерации существуют сейчас две различные системы народного хозяйства: мощная экономическая система на западе и слабая—на востоке.

После объединения страны слабая экономическая система была вовлечена в мировое экономическое разделение труда. Восточногерманские предприятия с низкой производительностью оказались в стране с высокооплачиваемым трудом. Им приходилось приспосабливаться к новым условиям при 300-процентном повышении цен. В итоге все они потеряли существенную часть своего внутреннего и внешнего рынка...

В этой ситуации в новых федеральных землях должны осуществиться существенные процессы структурной перестройки, которые принципи- процесс отрицательно влияют самые различные факторы. Их много.

На рынках недвижимости отсутствует равновесие между предложением и спросом. Экономика с максимальными требованиями, предъявляемыми к снабжению, транспортным и коммуникационным сетям, должна быть создана в стране, которая очень сильно отстала. Рыночное окружение, в рамках которого прежде непроизводительно используемые промышленные ресурсы могли бы найти новое применение, отсутствует.

Выход — один. Все управленческие учреждения должны создаваться заново. Они должны быть преобразованы в учреждения сервиса, которые смогут выступать партнерами любого гражданина и любой экономической системы. К сожалению, длившаяся десятилетиями государственная опека подорвала способность людей к самостоятельному решению проблем, их веру в собственные силы. Многие в Восточной Германии уже не в состоянии воспользоваться открывшимися возможностями.

Вот почему правительство ное требование времени. Повышение уровня жизни в земле Саксония, модернизация существующих и основание новых предприятий являются необходимыми предпосылками для решения этой задачи. Созданное недавно общество занятости должно гарантировать переквалификацию всей рабочей силы.

Перестройка системы в новых федеральных землях требует совместных усилий. Приватизация предприятий, находящихся в ведении Опекунского совета,—первый шаг к обновлению. Нами должны быть разработаны концепции обновления предприятий, которые пока не могут быть приватизированы. При этом нельзя разрушать материальные ценности. Вместе с тем мы не должны растрачивать финансовые средства фондов поддержки на предприятия, которые уже не подлежат обновлению. На их месте должны создаваться новые пред- приватизировано около 750.

На наш взгляд, приватизация должна осуществляться путем соответствующих предложений предпринимателям и способствовать развитию конкурентоспособного среднего предпринимательства. Нам нужно чаще использовать возможности менеджмента по выкупу предприятий. Наряду с этими действиями в ходе возвращения собственности бывшим владельцам следует использовать предложения по оказанию консультаций и финансовой помощи.

Свободное государство Саксония является индустриальным государством. В сентябре 1989 года из 2,6 миллиона трудящихся в промышленности работали более 50 процентов. Саксония производила добрую треть всей промышленной продукции ГДР. Особенно высока была ее доля в текстильной промышленности: Саксония производила почти три четверти всей тек-

тающих. В ходе с
перестройки особое
приобретают средн
приятия, так как о
приспосабливаются
ниям рынка, внедре
технологий и новых
сбыта. В здоровом
хозяйстве самые п
рабочие места сосре
на средних предпри

Правительством
разрабатывается
поддержания и раз
новых предприятий. С
субсидий для консу
обучения, дешевых
поручительств и др
приятий у нас созд
рошие стартовые
сти для среднего г
мательства.

Свободное госуда
сония конкурирует
экономическими
мира. Оно намере
создания наилучши
привлекать новый
ский потенциал. На
димо сделать досту
инвесторов все п
ные и торговые пло
ванвать новые площ

VON SACHSEN
HEISST SIEGEN

(УЧИТЬСЯ У САКСОНИИ – УЧИТЬС

Возможность появления такого заголовка показывает, что многое изменилось. Естественно, он так же неверен, как и лозунг "Учиться у Советского Союза – учиться побеждать", который в ГДР стал догмой. Залог успеха не в слепом копировании, а в творческом применении опыта других.

Как и все люди в Средней и Восточной Европе, саксонцы пережили множество экономических систем. Постоянные изменения помогли им быстро воспринимать новое и искать свои решения в сложных ситуациях.
Поэтому саксонцы продвинулись уже по пути к рыночному хозяйству. Они смело использовали новые шансы и усердно учились там, где можно было чему-то научиться.
Совершенно очевидно, успешное развитие Саксонии было бы невозможно, если бы не было у Вас тех, кто решился на перестройку, и если бы Запад не оказал экономической помощи.
Поэтому Саксония считает себя обязанной помочь людям, проживающим в республиках Восточной Европы и Азии, превратить политическую перестройку в экономические достижения. Новое мышление означает прежде всего замену напряженности новой дружбой.
Если Вы ищете контакты с саксонскими предприя-

тиями и
которые г
Вас и по
к социал
му рыноч
обращай
в Общес
экономи
"Gesellsch
der Wirt
(WFS)"

коммуникационной и инженерной инфраструктуре, к сетям снабжения. Все мероприятия должны сопровождаться рекламной деятельностью. Это позволит выравнять существующие недостатки экономического региона с помощью финансовых субсидий, повышенных погашений займов, налоговых льгот, дешевых кредитов, поручительств и других мероприятий.

Для решения всех проблем правительство Саксонии основало Общество с ограниченной ответственностью по экономическому развитию, которое должно решать вопросы размещения предприятий и развития экономики, поддерживать структуры местного управления, оказывать консультации предприятиям. Правительство основало Саксонское общество развития с ограниченной ответственностью [SEG] для купли, продажи и подготовки промышленных площадей, а также для обновления городов и жилищного строительства. Вся федерация помогает саксонским предприятиям ориентироваться на мировом рынке, оказывает помощь при восстановлении традиционных торговых отношений с Восточной Европой.

Саксония — самая восточная федеральная земля. Ее народ должен осознать свою историческую миссию—быть мостом между Востоком и Западом. Мы считаем, что оживление экономических, культурных и дружеских связей с Россией — одна из важнейших наших задач. Знание русского языка и советского рынка жителями Саксонии являются хорошей базой для успешного решения всех этих задач.

Мы в курсе ваших проблем.

У себя мы частично их уже решили

Какую можно получить пользу от Саксонии при перестройке экономики

Доктор Вальтер РОГГ,
Председатель Правления общества
«Виртшафтсфёрдерунг Саксен ГмбХ»

Саксония является одним из самых давних экономических партнеров Восточной Европы. Через саксонские города Лейпциг и Гёрлитц вел средневековый торговый путь из Киева в Мадрид. И в последние десятилетия Саксония была тесно связана со странами Восточной Европы и Азии. Множество изделий саксонского производства поставлялось в эти районы, и многие были получены оттуда.

Особенно в отраслях машино- и станкостроения, энергетики, электроники и компьютерной технологии — мы называем только некоторые — велось тесное сотрудничество. Едва ли можно найти регион, который в прошлом более интенсивно кооперировал с Советским Союзом в области высокоэффективной технологии. Обоюдно точное знание положения, проблем и шансов, а также совместный опыт являются отличным основанием для дальнейшего экономического развития.

В настоящее время предприятия в республиках между Тихим океаном и Балтийским морем проходят процесс, который в Саксонии продвинулся относительно далеко: переориентация к социальному рыночному хозяйству. Этот переход сложный и болезненный. Предприятия Саксонии прошли уже значительное расстояние. Благодаря прилежанию, богатству творческих идей и давним производственным традициям саксонцев, а также широкой поддержке старых федеральных земель Германии.

Однако, как выяснилось, недостаточно просто перенять западные знания. Только умеренное приспособление западных методов к особым условиям Востока приведет к успеху, так как исходные предпосылки на Востоке иные, чем на Западе.

В этой области саксонцам удалось накопить опыт, который они теперь охотно передают другим. Для того чтобы иметь возможность предложить интересующимся компетентного партнера для контактов, в Вольной Земле Саксония было основано Общество развития экономики Саксонии (Wirtschaftsförderungsgesellschaft Sachsen — WFS). Оно является посредником для передачи знаний, необходимых для перехода от плановой к рыночной экономике, налаживает контакты с саксонскими предприятиями и открывает возможности приобретения продукции, изготовляемой в Саксонии. Общество также оказывает поддержку, когда возникает необходимость продать целые промышленные установки независимо от того, новые ли они или бывшие в употреблении.

Для того чтобы постоянно быть досягаемым для клиентов в других временных поясах, общество установило круглосуточное телефонное дежурство по номеру (+37-51) 502-30-02. (Дрезден).

LERNEN
LERNEN.

)БЕЖДАТЬ)

Scholz и друзья, Дрезден/BSB

ми,
ют
ути
во-
ву,
та,
ию
—
ung
ens

Конечно, мы с удовольствием учились бы у Вас перестройке экономики с тем, чтобы Ваши решения могли бы и нам помочь в реализации наших планов. Учиться друг у друга означает лучше понимать друг друга. Для этого не требуются лозунги, нужна откровенность. Этому мы научились у Вас.

Wirtschaftsförderung
Sachsen GmbH (WFS)
Straße der Einheit 34/
Albertstraße 34
D-8060 Dresden/Sachsen
Bundesrepublik Deutschland
Telefon: (+37-51) 5023 022
Telefax: (+37-51) 5023 030

Außen-dienst.
Russische Medien werden auch in Deutschland zitiert, wenn man nur den richtigen Ton findet. Über Jahrzehnte hieß es »Von der Sowjetunion lernen, heißt siegen lernen«. Die spitzbübisch-provokante Replik erschien im Auftrag der Wirtschaftsförderung Sachsen in der Iswestija und sorgte für eine wahre Briefflut von Russen, die mitwirken wollten an einer Zusammenarbeit ohne kommunistische Parolen. Aufgrund der Anzeige kamen mehrere Kooperationen zustande.

»Wirklich ein guter Mann … tja.«

»Jetzt ist nichts mehr wie früher …«

Entschuldigung.

Frankfurter Allgemeine
ZEITUNG FÜR DEUTSCHLAND

»Pourquoi lui?«

»He seemed so happy, ...

... so content.«

Europas größter Stellenmarkt für Fach- und Führungskräfte.

Jeden Samstag.

Tabu Tod. Wie stellt man die Wirkung von Stellenanzeigen dar? Wenn sie wirken, fehlt jemand. Was zunächst wie ein weltweit viel beklagter Todesfall erscheint, stellt sich schließlich als Folge einer Stellenanzeige heraus. Der Tod gilt als eines der letzten Tabus, an die sich selbst die Werbung noch nicht getraut hat. Auch dieser Spot wagt nur die vorsichtige Andeutung, die sich ins Gegenteil verkehrt. Die Auflösung zeigt: Der Vermisste ist ganz nach oben gekommen, aber nur auf der Karriereleiter.

Studenten-bewegung.
Die erste Anzeige, mit der eine staatliche Universität um Studenten warb, gab die Technische Universität Dresden in Auftrag. Wettbewerb belebt auch die Hochschulen. Überhaupt eine Anzeige zu veröffentlichen verstanden einige andere Hochschulen schon als Provokation. Gut so. Das Spiel mit der Randlage in den neuen Ländern fordert noch mehr heraus, zumal sich das Auslandsangebot als ein attraktives Austausch-programm mit ersten Adressen in der Welt herausstellt.

STUDENTEN! SAMMELT AUSLANDS-ERFAHRUNG IN DRESDEN.

Die interessantesten Auslandserfahrungen beginnen im Inland. An der Technischen Universität Dresden – genau zwischen Stockholm und Korsika – bereiten wir Sie optimal auf eine berufliche Zukunft in einer globalisierten Welt vor: kleine Seminare, moderne Ausstattung, gerade in den technischen Wissenschaften, Kontakte mit renommierten Wissenschaftlern und Kommilitonen aus dem Ausland, integrierter Fremdsprachenunterricht und englischsprachige Studiengänge. Dann schicken wir Sie ins Ausland, zu einer unserer über siebzig Partnerhochschulen von Shanghai über Boston und New York bis Moskau oder ins litauische Klaipeda. Wenn Sie gut sind, mit unserem eigenen, von der Wirtschaft gesponserten Stipendien-Programm. Oder Sie nutzen das Angebot unserer weltweit operierenden Partner-Unternehmen, bereits während der Bearbeitung Ihres Diplomthemas oder bei einem Praktikum Ihren künftigen Arbeitgeber kennenzulernen. Wieder zurück, schließen Sie an der TU Dresden zügig Ihr Studium ab: mit einem international anerkannten Doppel-Diplom, Bachelor, Master/ Magister, Diplom oder Staatsexamen. Doch bevor Sie das Ende planen, machen Sie erst einmal den Anfang: an der TU Dresden. Wenn Sie die Dresdner Neustadt auf der anderen Seite der Elbe oder die Musik- und Kunstszene um Semperoper und Zwinger erkundet haben, sprechen wir uns wieder. Fordern Sie weitere Infos per Coupon an oder per Telefon: 03 51/ 4 63 60 63, Servicetelefon: 08 00/7 32 73 10, Fax: 03 51/4 63 71 80, E-Mail: zsb@pop3.tu-dresden.de, Internet: www.tu-dresden.de/vd34/welcome.htm

Landeshauptstadt Dresden

Stadtsparkasse Dresden seit 1821 · Dresdner Bank · HIGHVOLT Prüftechnik Dresden GmbH · Deutsche Bank · BOSCH Telecom · SIEMENS · Canon · Multimedia Software GmbH Dresden · Heilit+Woerner Bau-AG · SRS · DEKRA · D2 privat mannesmann mobilfunk · COMMERZBANK · Deutsche Telekom · ABB

Eine Initiative der Landeshauptstadt Dresden und Dresdner Unternehmen.

Schicken Sie mir bitte mehr Informationen!

Name / Vorname

Straße / PLZ, Ort

Schuljahr bzw. Fach/Semester/Hochschule

Studienwunsch

Coupon an: TU Dresden, ZSB, 01062 Dresden

Bad vibrations.
Sex ist zwar kaum noch ein Tabu, sonderbarerweise aber manches dazugehörige Spielzeug. In diesem Spot dient es einem spielenden Kind als unbemanntes Flugobjekt. Der Auftraggeber ist ein Möbelhaus, das auf einen oft übersehenen Vorzug von Hängeschränken hinweist. Kleine Menschen kommen an sie nicht so ohne weiteres heran.

Anschauungsmaterial. Wie macht man Zustände deutlich, bei denen viele lieber wegsehen? In Brandenburg wurde diese Plakatwand in Fußgängerzonen aufgestellt. Die Passanten waren irritiert und diskutierten. Auf dem Plakat konnten sie eine klein geschriebene Zeile lesen: Wenn Sie das hier lesen, haben Sie richtig gehandelt.

1

VERBINDEN SIE
GEGENSÄTZE.

Hütchen-spiel. **Reihen zu bilden, wo keine Reihen erwartet werden, und Dinge reihenweise dorthin zu versetzen, wo sie nicht hingehören – das fällt unserem ordnungsliebenden Auge auf. Die Frankfurter Messe irritiert die Seh-erwartung und macht so ihre Rolle als internationaler Trendgeber deutlich.**

Regeln zum

- Ich muß jetzt ein Loblied singen.-
-Hurra.-

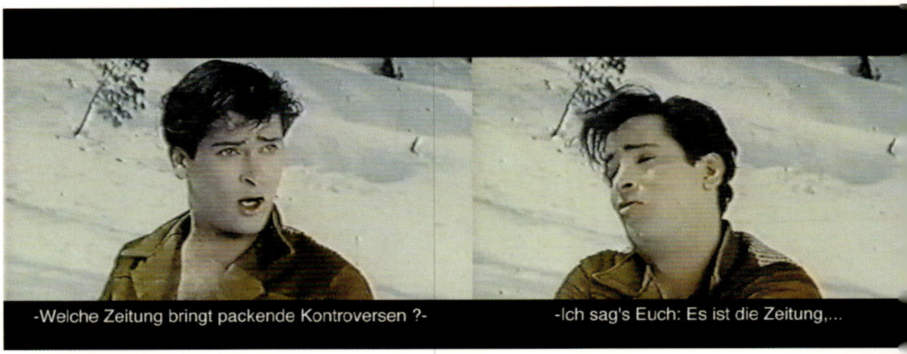
-Welche Zeitung bringt packende Kontroversen ?-
-Ich sag's Euch: Es ist die Zeitung,...

-Welche Zeitung bringt messerscharfe Kommentare ?-

-Na, von wem rede ich wohl ?-
Thik jankar dētha
Berliner Zeitun

Film ab.

Das Kinopublikum ist hart aber gerecht. Nirgendwo wird Werbung so bereitwillig aufgenommen und so kritisch betrachtet. Weil jeder hinsieht, darf Werbung im Kino detailverliebt sein, muss aber dafür gegen aufwändigste Spielfilme bestehen. Für ein kleines Budget ist es da unmöglich, große neue Bilder zu produzieren. Aber es gibt ja große alte. Aus dem nationalen Filmarchiv von Indien stammt die schmalzstimmige Bildkonserve, die mit sehr frei übersetzten zeitgenössischen Untertiteln jetzt für die Berliner Zeitung wirbt. Für tradierte Altleser ist das weniger geeignet, aber für ein junges Szenepublikum umso mehr. Wenn man der Reaktion im Kino glauben darf, ist der indische Film bald groß im Kommen.

REIHE 2 PLATZ 15
AB FEBRUAR 2000: NEUE BÜHNE, NEUES KONZEPT, NEHMEN SIE PLATZ.
Informationen und Karten unter (030) 2 84 41 221/222. www.deutsches-theater.berlin.net

DEUTSCHES THEATER
UND KAMMERSPIELE
Platz-
anweiser.
Je härter Gegensätze aufeinanderprallen, umso deutlicher ist die Botschaft. In den Kammerspielen darf man ordentlich nummerierte Sitzplätze erwarten, aber keine weich gepolsterten Stücke. Das Plakat blieb nicht ohne Resonanz. Es sei menschenverachtend und habe nichts mit Theater zu tun. Die Bühne antwortete sachlich. Shakespeare lasse in jedem Stück üblicherweise mehr Menschen umkommen als jeder durchschnittliche amerikanische Gouverneur.

Erste Loveparade 1989, ungefähr 150 Teilnehmer

Unterschätzen Sie die Zukunft nicht: Pixelpark geht an den Neuen Markt.
Informationen kostenlos unter Telefon 0800/2726243. www.pixelpark.com

pixelpark

S&FB

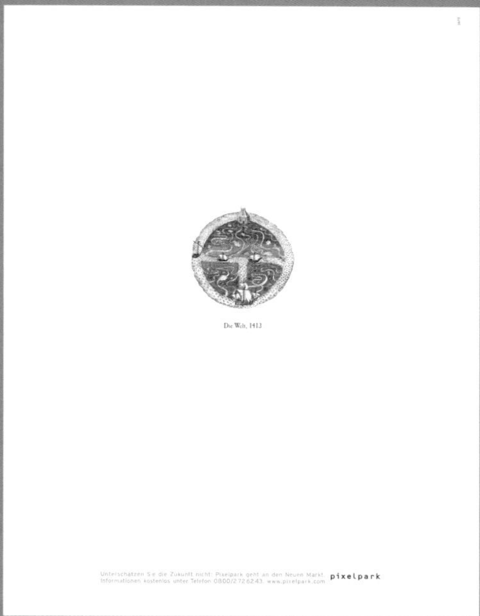

Prognose.
Werbung für Börsengänge verkauft Zukunft, ohne freilich zu wissen, ob die Zukunft so wird, wie sich die Anleger das wünschen. Die Kampagne zum Börsenstart des Multimedia-Dienstleisters Pixelpark holt die Zukunft aus der Vergangenheit. Auf die kann man sich wenigstens noch verlassen. Das Spiel mit der Hoffnung gibt dem Kurs Fantasie.

WOLLEN SIE DAS SO IM RAUM STEHEN LASSEN?
BRANDENBURG GEGEN RECHTE GEWALT. EINE INITIATIVE DES TAGESSPIEGEL.
Ausfahrt freihalten!

Heimatkunde. Werbung gegen rechte Gewalt ist heikel. Wer beispielsweise betont, dass Ausländer für die Inländer von wirtschaftlichem Vorteil sind, stellt sie damit indirekt in Frage, wenn sich das einmal ändert. Zumindest einen Versuch ist es wert, den schlechten Ruf zu vermitteln, der nicht nur die sicher gleichgültigen Gewalttäter trifft, sondern auch diejenigen, die sie gewähren lassen. Ein hässlicher Gruß aus Brandenburg zeigt einen verfremdeten Turm.

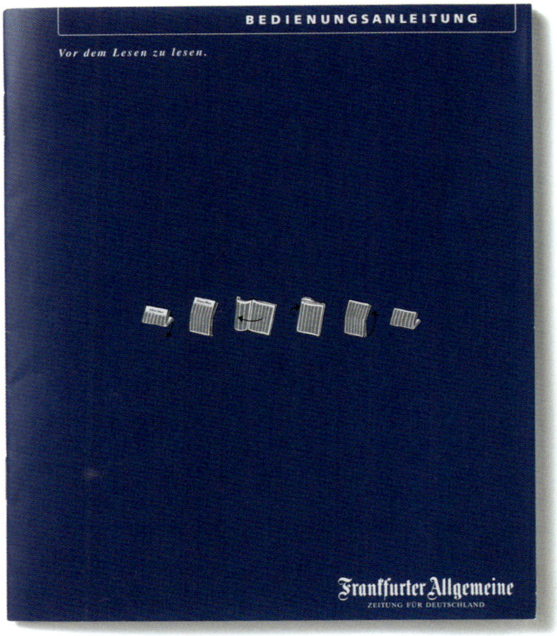

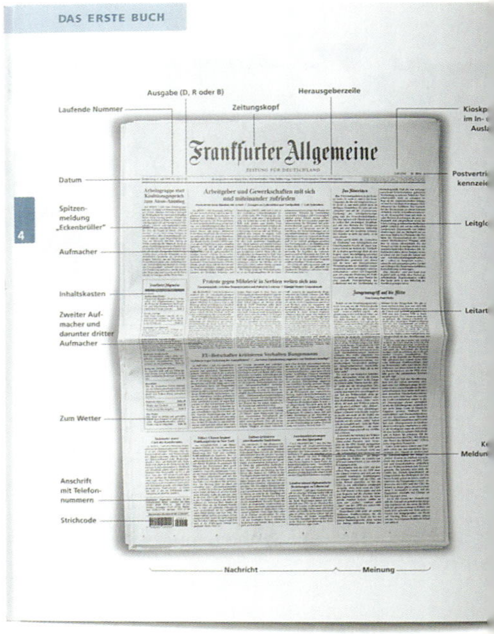

Lesehilfe. **Eine gute Zeitung ist wie eine Wohnung: Irgendwann findet man sich blind zurecht. Wie aber soll man beim Probewohnen das ganze Angebot der F.A.Z. kennen lernen? Die Lösung war ein Angstwort der Werbung, gut, um jeden Saal leerzupredigen: Eine »Bedienungsanleitung, vor dem Lesen zu lesen«. Übersichtlich, schnell und augenzwinkernd erklärt sich die Zeitung. Jeder Probeleser bekommt zuerst das Heft, ehe ihm zwei Wochen lang die Zeitung zugeschickt wird. So lernt er, was er schon vorher zu können glaubte: Zeitunglesen. Ein nicht unbeträchtliches Risiko: So eine Erläuterung könnte schließlich auch zu Schwellenängsten führen. Das Ergebnis: Es hat sich gelohnt. Die Zahl der Probeleser, die sich für ein Abonnement entscheiden, erhöhte sich.**

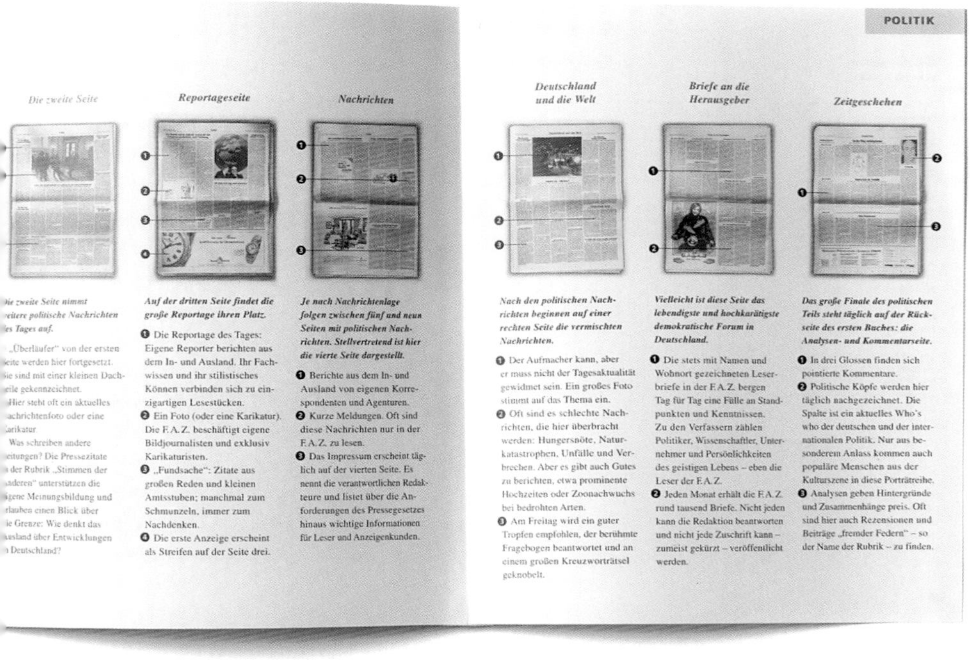
POLITIK
Die zweite Seite
Reportageseite
Nachrichten
Deutschland und die Welt
Briefe an die Herausgeber
Zeitgeschehen
ie zweite Seite nimmt eitere politische Nachrichten es Tages auf.
„Überläufer“ von der ersten eite werden hier fortgesetzt. ie sind mit einer kleinen Dach- eile gekennzeichnet.
Hier steht oft ein aktuelles achrichtenfoto oder eine arikatur.
Was schreiben andere eitungen? Die Pressezitate der Rubrik „Stimmen der nderen“ unterstützen die igene Meinungsbildung und rlauben einen Blick über ie Grenze: Wie denkt das usland über Entwicklungen Deutschland?
Auf der dritten Seite findet die große Reportage ihren Platz.
❶ Die Reportage des Tages: Eigene Reporter berichten aus dem In- und Ausland. Ihr Fachwissen und ihr stilistisches Können verbinden sich zu einzigartigen Lesestücken.
❷ Ein Foto (oder eine Karikatur). Die F.A.Z. beschäftigt eigene Bildjournalisten und exklusiv Karikaturisten.
❸ „Fundsache“: Zitate aus großen Reden und kleinen Amtsstuben; manchmal zum Schmunzeln, immer zum Nachdenken.
❹ Die erste Anzeige erscheint als Streifen auf der Seite drei.
Je nach Nachrichtenlage folgen zwischen fünf und neun Seiten mit politischen Nachrichten. Stellvertretend ist hier die vierte Seite dargestellt.
❶ Berichte aus dem In- und Ausland von eigenen Korrespondenten und Agenturen.
❷ Kurze Meldungen. Oft sind diese Nachrichten nur in der F.A.Z. zu lesen.
❸ Das Impressum erscheint täglich auf der vierten Seite. Es nennt die verantwortlichen Redakteure und listet über die Anforderungen des Pressegesetzes hinaus wichtige Informationen für Leser und Anzeigenkunden.
Nach den politischen Nachrichten beginnen auf einer rechten Seite die vermischten Nachrichten.
❶ Der Aufmacher kann, aber er muss nicht der Tagesaktualität gewidmet sein. Ein großes Foto stimmt auf das Thema ein.
❷ Oft sind es schlechte Nachrichten, die hier überbracht werden: Hungersnöte, Naturkatastrophen, Unfälle und Verbrechen. Aber es gibt auch Gutes zu berichten, etwa prominente Hochzeiten oder Zoonachwuchs bei bedrohten Arten.
❸ Am Freitag wird ein guter Tropfen empfohlen, der berühmte Fragebogen beantwortet und an einem großen Kreuzworträtsel geknobelt.
Vielleicht ist diese Seite das lebendigste und hochkarätigste demokratische Forum in Deutschland.
❶ Die stets mit Namen und Wohnort gezeichneten Leserbriefe in der F.A.Z. bergen Tag für Tag eine Fülle an Standpunkten und Kenntnissen. Zu den Verfassern zählen Politiker, Wissenschaftler, Unternehmer und Persönlichkeiten des geistigen Lebens – eben die Leser der F.A.Z.
❷ Jeden Monat erhält die F.A.Z. rund tausend Briefe. Nicht jeden kann die Redaktion beantworten und nicht jede Zuschrift kann – zumeist gekürzt – veröffentlicht werden.
Das große Finale des politischen Teils steht täglich auf der Rückseite des ersten Buches: die Analysen- und Kommentarseite.
❶ In drei Glossen finden sich pointierte Kommentare.
❷ Politische Köpfe werden hier täglich nachgezeichnet. Die Spalte ist ein aktuelles Who's who der deutschen und der internationalen Politik. Nur aus besonderem Anlass kommen auch populäre Menschen aus der Kulturszene in diese Porträtreihe.
❸ Analysen geben Hintergründe und Zusammenhänge preis. Oft sind hier auch Rezensionen und Beiträge „fremder Federn“ – so der Name der Rubrik – zu finden.

ÖFFNEN SIE DIE TEXT-BILD-SCHERE.

Nicht für die Katz.
Zwischen einem harmlosen Bild und einem ebenso harmlosen Text kann beträchtliche Spannung auftreten. Die Kunst besteht darin, die Text-Bild-Schere genau richtig zu öffnen. Je direkter und klarer das Bild, desto verspielter darf die Überschrift sein. Ist das Bild hingegen vielschichtig, sollte der Text einfach und unverschnörkelt formuliert werden. Die Kampagne für eine Zeitungsserie über Haustiere kombiniert klare Bilder mit einfachen Sätzen. Es war die erfolgreichste Serie in vielen Jahren: Die Redaktion erhielt viele Leserbriefe und der Verlag freute sich über eine deutlich erhöhte Kioskauflage. Für die Katz war es nicht.

Ich bin schwul.
Kennen Sie Ihr Haustier?
Große Serie. Jetzt lesen.
MOR
GEN
POST

Ich bin Vegetarier.
Kennen Sie Ihr Haustier?
Große Serie. Jetzt lesen.
MOR
GEN
POST

Ich habe Flugangst.
Kennen Sie Ihr Haustier?
Große Serie. Jetzt lesen.
MOR
GEN
POST

Seiten-wechsel.
Die Spannung zwischen Text und Bild lässt sich durch einen einfachen Effekt steigern: Wenn Text und Bild auf getrennten Seiten gedruckt werden. Leider ist das nicht ganz billig – es kostet den doppelten Platz. Da viele Leser nur flüchtig blättern, müssen Teaser-seite und Auf-lösung eng verknüpft werden. Wer sich hier verschraubte Einfälle leistet, wirft immer gleich das doppelte Geld zum Fenster hinaus.

Aus Leder.
TRAGEN SIE GOLDPFEIL
GOLDPFEIL

Sie sind schnell da und schnell wieder weg.
Aber wer will das schon?

Dresden bietet Ihnen alle Verkehrswege, um schnell Mitarbeiter, Rohstoffe und Waren zu transportieren: ein dichtes Netz von Autobahnen, Bundesstraßen und Bahnstrecken, die Elbe als bedeutende Wasserstraße und ein internationaler Flughafen mit 50 Direktverbindungen.

Ganymed in den Fängen des Adlers, Rembrandt, 1635, Gemäldegalerie Dresden, Alte Meister

11

Die Dresdner sind jung,
leistungsbereit und optimistisch.

Dresden ist eine überdurchschnittlich junge Stadt mit – als einzige Stadt im Osten – größerer Zu- als Abwanderung. Dresden zieht an. Die Dresdner kommen mit neuen Erfahrungen zurück und mit ihnen viele andere junge Menschen, die wissen, wo heute die Chancen am größten sind. So sehen das auch die Dresdner: Sie sind überdurchschnittlich optimistisch, sagen Umfrageinstitute.

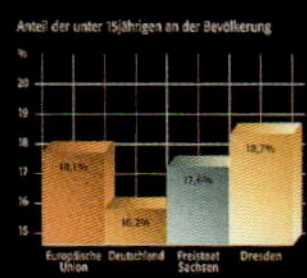

12

Der trunkene Silen, Anton van Dyck, um 1620, Gemäldegalerie Dresden, Alte Meister

Die Kasernengelände nutzen
wir für lean production.

Was sollte aus den geschundenen Kasernengeländen der russischen Truppen werden? Wir haben bereits einen guten Teil davon saniert und das Beste daraus gemacht – hochmoderne Industriestandorte. Das Verlagshaus Gruner + Jahr baut für über eine halbe Milliarde Mark eine der modernsten Illustriertendruckereien der Welt, und Siemens errichtet Europas fortschrittlichste Chipfabrik. Ein paar Militärflächen sind noch frei, aber nur für rein friedliche Zwecke zu haben.

Die Rettung der Arsinoë, Tintoretto, 1560, Gemäldegalerie Dresden, Alte Meister

21

Endlich mal eine Hochschulreform, die diesen Namen verdient.

Wenn schon Hochschulreform, dann richtig. Die Technische Universität Dresden hat eine gründliche Kur hinter sich. Ganze Fakultäten wurden gegründet oder neu besetzt. Und: Nur in Dresden haben Professoren jetzt die Freiheit, wie Unternehmer zu handeln. Vielleicht braucht man ja die Gelassenheit der ältesten technischen Bildungsanstalt der Welt, um Selbstverständliches aus der Wirtschaft zu übernehmen.

Der Zahnarzt, Gerard van Honthorst, 1622, Gemäldegalerie Dresden, Alte Meister

27

Existenzgründer werden besonders unterstützt. Wir haben über 12.000 davon.

In nur drei Jahren hat sich die Zahl der Dresdner Unternehmen fast verdoppelt. Die Zahl der Industriebetriebe stieg sogar von über 200 auf fast 600 Unternehmen. 12.000 Firmengründer sind nach Abzug aller Abmeldungen seit 1990 dazugekommen. Und das schönste: Die Gründerzeit geht weiter.

36

Die Heilige Familie mit zwei weiblichen Heiligen, Prospero Fontana, 1754, Gemäldegalerie Dresden, Alte Meister

Ihre Zulieferindustrie ist schon da.

Dresden hat keine industrielle Monostruktur, sondern eine selbst für westdeutsche Ballungszentren ungewöhnliche Branchenvielfalt. Als ehemalige Computerhauptstadt des Comecon sind die Elektronik und die Informationstechnik stark vertreten. Außerdem Feinmechanik und Optik, Flugzeug- und Spezialmaschinenbau, Medizintechnik und Pharmazie sowie die Nahrungs- und Genußmittelbranche. Dank der Vielfalt konnte sich Dresden leichter auf die Marktwirtschaft einstellen. Und Neuansiedler haben es leichter, denn ihre Zulieferer finden sie gleich vor Ort.

Diogenes mit der Laterne, auf dem Markte Menschen suchend, Jacob Jordaens, 1642, Gemäldegalerie Dresden, Alte Meister

45

Kunstgewerbe. Standortbroschüren verleiten zum immer Gleichen: Fotos von Fabriken, bevorzugt Hightech, wechseln sich ab mit Bildern von Marktplätzen. Die Kunststadt Dresden vertritt da andere Ansichten. Alte Meister aus den berühmten Staatlichen Sammlungen werden zeitgemäß interpretiert. Die Kunstwerke leisten dabei gleich drei wertvolle Dienste: Die Texte können geradeheraus alle wirtschaftlichen Vorteile nennen, es muss nicht weiter betont werden, dass hier eine der großen Kulturstädte Europas spricht und – da die Künstler lang genug verstorben sind – entstehen keine Kosten für Urheberrechte.

Arbeit auf Briefpapier. **Man muss schon suchen, um in einem Kupferstichkabinett einen Kupferstich zu finden. Die gibt es dort zwar auch, aber sie sind die Ausnahme. In Kupferstichkabinetten werden Arbeiten auf Papier gesammelt. Das Briefpapier für die Dresdner Sammlung, eine der bedeutendsten ihrer Art, klärt den Irrtum auf. Es zeigt keinen Kupferstich, sondern eine analytische Zeichnung, die Wassily Kandinsky 1925 von der berühmten Dresdner Tänzerin Gret Palucca schuf, sowie eine Fotografie von Charlotte Rudolph, die ihm als Vorlage diente. Das Briefpapier ist selbst ein kleines Kunstwerk und wurde in der traditionsreichen Buchdruckerei Offizin Haag=Drugulin in Leipzig hergestellt. Zeichnung, Fotografie und Briefpapier gehören natürlich zum Bestand der Sammlung.**

Freunde des Kupferstich-Kabinetts Dresden

Vorurteile abstempeln.
Das Praktische an eingängigen Vorurteilen ist, dass man sie ebenso plakativ widerlegen kann. Das gilt auch für Animositäten zwischen Ost und West. Schnell stellt sich heraus, dass Licht und Schatten gleichmäßig verteilt sind, wie es bei einem Volk auch nicht überraschen kann.

Die Serie ist auch ein Beleg dafür, dass Werbung nicht nur von Werbern gemacht werden kann. Der Einfall für die Kampagne stammt von ihrem Auftraggeber, dem damaligen Vorstandschef von Gruner+Jahr, Gerd Schulte-Hillen, wobei er darauf hinweist, dass er lediglich die Idee »Ein Sachse« der Sächsischen Zeitung variiert habe.

OSSI
WESSI
Loriot und Wum
Zusammen wachsen.

8.
SCHREIBEN SIE
FÜR LESER.

Wortbruch. Für Werbetext gelten alle Regeln der deutschen Sprache – mit einem feinen Unterschied: Sie dürfen gebrochen werden. Aber nicht aus Versehen. Allzu oft wird einfach nur gedankenlos und schlampig Schrift ausgeworfen, geschmäcklerisch und gespreizt, zumeist auch unglaubwürdig. Gute Stilbücher helfen. Zu empfehlen sind die von Wolf Schneider, etwa »Deutsch für Profis«. Seine wichtigste Ermahnung: Man nehme gewöhnliche Wörter und sage ungewöhnliche Dinge. Das gilt auch für Produktbroschüren von Investitionsgütern. Die Titelseite einer Broschüre für Feuerwehrautos kommt mit einem flammenden Punkt aus. Mehr Text auf der nächsten Seite.

Das Wort ist mächtiger als die Tat, sagen die Dichter. Aber welcher Dichter war schon bei der Feuerwehr?

► Auch ein Grund, die Feuerwehr zu rufen: der Atego von Mercedes-Benz. Er sieht nicht nur besonders gut aus, er hat auch besonders gute Eigenschaften. Die 4- und 6-Zylinder-Motoren mit Turbolader und Telligent-System in der Klasse von 7,5 bis 15 t sind bis zu 279 PS stark. Kraftstoffverbrauch, Abgaswerte und Reparaturkosten sind vorbildlich gering. Das niedrige Fahrerhaus und der einstufige Einstieg machen ihn gerade bei den Fahrern beliebt, die besonders schnell ein- und aussteigen müssen. Als Fahrgestell für den Aufbau in Rot eignet sich auch die Klasse ab 18 Tonnen. Sie verspricht maximale Stabilität bei hoher Nutzlast. Wir dagegen versprechen Ihnen eine Probefahrt bei Ihrem Mercedes-Benz Partner, bei der Sie den Atego kennenlernen können. Bis dahin müssen Sie mit dem Bild auf dem Titel dieser Broschüre vorliebnehmen.

Partnerschaft. Das Löschen eines Brandes ist ein Kampf zwischen Naturgewalt und Mensch. Und das heißt Teamwork auf beiden Seiten: Feuer verbündet sich mit Luft und die Feuerwehr mit modernster Technik. Einer ihrer Partner ist Mercedes-Benz. Mit Fahrzeugen, die den Stand der Entwicklung repräsentieren und sowohl auf der Straße als auch in Extremsituationen volle Leistung bringen. Denn vom kleinen Pkw bis zum schweren Laster setzen auch wir auf enge Zusammenarbeit, zum Beispiel mit den Aufbauherstellern. Was dabei herauskommt, sind Feuerwehrfahrzeuge mit modernsten Hochleistungsfahrwerken, dynamischen Motoren und einer umfangreichen Serienausstattung. Und Kosten, mit denen Sie wirtschaftlich planen können. Wir tun alles, um die Zusammenarbeit zwischen Feuerwehrmann und Fahrzeug so effizient wie möglich zu machen. Was aber nicht heißen soll, daß das Fahren eines Mercedes-Benz Nutzfahrzeugs keinen Spaß macht. Mit anderen Worten: Schade, daß Sie immer den kürzesten Weg nehmen müssen.

36 Technik

Technik 37

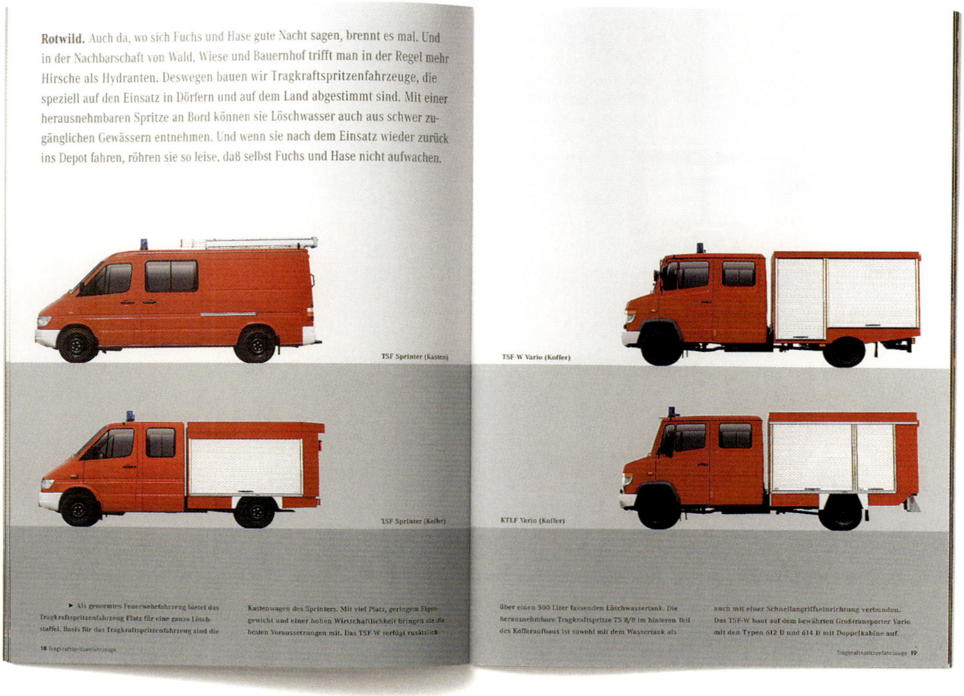

Rotwild. Auch da, wo sich Fuchs und Hase gute Nacht sagen, brennt es mal. Und in der Nachbarschaft von Wald, Wiese und Bauernhof trifft man in der Regel mehr Hirsche als Hydranten. Deswegen bauen wir Tragkraftspritzenfahrzeuge, die speziell auf den Einsatz in Dörfern und auf dem Land abgestimmt sind. Mit einer herausnehmbaren Spritze an Bord können sie Löschwasser auch aus schwer zugänglichen Gewässern entnehmen. Und wenn sie nach dem Einsatz wieder zurück ins Depot fahren, röhren sie so leise, daß selbst Fuchs und Hase nicht aufwachen.

TSF Sprinter (Kasten)

TSF-W Vario (Koffer)

TSF Sprinter (Koffer)

KTLF Vario (Koffer)

▸ Als genormtes Feuerwehrfahrzeug bietet das Tragkraftspritzenfahrzeug Platz für eine ganze Löschstaffel. Basis für das Tragkraftspritzenfahrzeug sind die Kastenwagen des Sprinters. Mit viel Platz, geringem Eigengewicht und einer hohen Wirtschaftlichkeit bringen sie die besten Voraussetzungen mit. Das TSF-W verfügt zusätzlich über einen 500 Liter fassenden Löschwassertank. Die herausnehmbare Tragkraftspritze TS 8/8 im hinteren Teil des Kofferaufbaus ist sowohl mit dem Wassertank als auch mit einer Schnellangriffseinrichtung verbunden. Das TSF-W baut auf dem bewährten Großtransporter Vario mit den Typen 612 D und 614 D mit Doppelkabine auf.

18 Tragkraftspritzenfahrzeuge

Tragkraftspritzenfahrzeuge 19

Feuer schützt vor Dämonen. Das glaubten jedenfalls die alten Germanen. Und ließen darum ihr Herdfeuer nie erlöschen. Irgendwann haben sie aber gemerkt, daß das Feuer selbst zum Dämon werden kann.

Die teuersten Golfplätze der Welt werden in Sachsen angelegt.

Sport hält schlank, und so ist das auch mit dem Golf in Sachsen. Im Freistaat werden eine ganze Reihe von Golfplätzen geplant und gebaut. Die erste 18-Loch-Anlage entsteht in Possendorf bei Freital. Einer der neuen sächsischen Golfplätze fällt allerdings etwas aus dem Rahmen. Er kostet über drei Milliarden Mark – soviel wie keine andere Investition in ganz Ostdeutschland: In Mosel bei Zwickau entsteht eine brandneue Autofabrik für den VW-Golf, an der das Schlanke das Starke ist. „Lean production" heißt auf sächsisch: Es wird effektiver gefertigt werden als in jeder anderen Autofabrik der Welt. Wenn man bedenkt, daß diese Höchsttechnologie auch noch von sächsischen Arbeitskräften bedient wird, die schon heute die geringste Mängelquote im VW-Konzern haben, müssen wir leider zugeben: Wer nicht in Sachsen investiert, der hat ein unnötiges Handikap.

26

Nathan der Sachse.

Ein Sachse, Gotthold Ephraim Lessing aus Kamenz, schrieb „Nathan der Weise" und eine Sächsin, Friederike Caroline Neuber, inszenierte ihn. Die Theaterreformatorin des 18. Jahrhunderts aus Reichenbach im Vogtland konnte als eine der wenigen Frauen das Theater nachhaltig beeinflussen. Über achtzig sächsische Bühnen, darunter die politischen Kabaretts Herkuleskeule in Dresden und Pfeffermühle in Leipzig, machen jede Menge Theater. In Bautzen gleich in mehreren Sprachen: Das Deutsch-Sorbische Volkstheater ist die einzige zweisprachige Bühne in Deutschland.

48

49

Die sächsische Kerntechnologie begann im 16. Jahrhundert.

Die Sachsen haben es mit dem Kopf. Hier lebt die Hälfte aller Forscher der neuen Länder. In Freiberg wurde die erste Bergakademie, in Leipzig wurden das erste Musikkonservatorium und die erste Handelshochschule gegründet. Von dort stammt auch das letzte deutsche Universalgenie, Gottfried Wilhelm Leibniz. Das unermüdliche Forschen und die Liebe für das Detail sind ursächsische Eigenschaften. In Dresden ist beispielsweise seit dem sechzehnten Jahrhundert ein Kirschkern zu bewundern, in den über 180 Köpfe eingeschnitzt sind. Solch' außergewöhnliche Begabung in der Mikrotechnologie geht nicht verloren. Sogar im Sozialismus entwickelte sich Sachsen zum Computer-Zentrum. Woran das liegt? In Sachsen haben selbst Kirschkerne jede Menge Köpfchen.

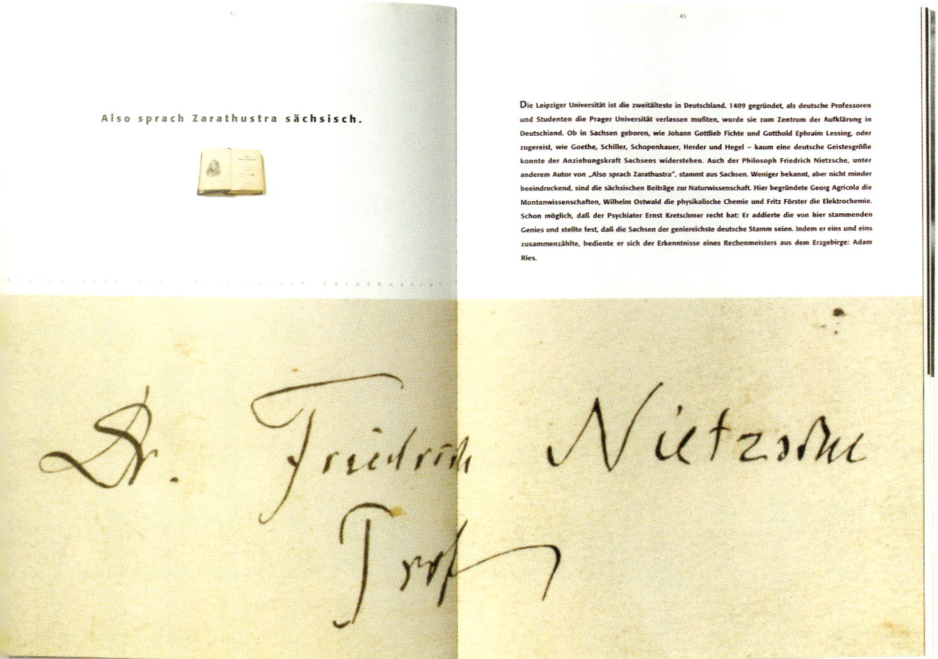

Also sprach Zarathustra **sächsisch.**

Die Leipziger Universität ist die zweitälteste in Deutschland. 1409 gegründet, als deutsche Professoren und Studenten die Prager Universität verlassen mußten, wurde sie zum Zentrum der Aufklärung in Deutschland. Ob in Sachsen geboren, wie Johann Gottlieb Fichte und Gotthold Ephraim Lessing, oder zugereist, wie Goethe, Schiller, Schopenhauer, Herder und Hegel – kaum eine deutsche Geistesgröße konnte der Anziehungskraft Sachsens widerstehen. Auch der Philosoph Friedrich Nietzsche, unter anderem Autor von „Also sprach Zarathustra", stammt aus Sachsen. Weniger bekannt, aber nicht minder beeindruckend, sind die sächsischen Beiträge zur Naturwissenschaft. Hier begründete Georg Agricola die Montanwissenschaften, Wilhelm Ostwald die physikalische Chemie und Fritz Förster die Elektrochemie. Schon möglich, daß der Psychiater Ernst Kretschmer recht hat: Er addierte die von hier stammenden Genies und stellte fest, daß die Sachsen der geniereichste deutsche Stamm seien. Indem er eins und eins zusammenzählte, bediente er sich der Erkenntnisse eines Rechenmeisters aus dem Erzgebirge: Adam Ries.

Wahrheit dichten. Kraftvoller Werbetext ist nicht weitschweifig, sondern dicht: faktenreich und spannend. Das setzt penible Recherche und eine durchdachte Gliederung voraus. Idealerweise endet der Text bei dem Gedanken, mit dem er angefangen hat, idealerweise dem Kernargument. Die erste Broschüre für den gerade wieder gegründeten Freistaat Sachsen war besonders mühevoll zu recherchieren. In der DDR war Regionalgeschichte nicht gefragt, und so wurden Archive, historische Literatur und Wissenschaftler bemüht. Ein halber Meter Unterlagen wurde schließlich zu einer fünf Millimeter dicken Broschüre verdichtet.

DIE BESTE

DIE ZWEITBESTE ALTERSVORSORGE GIBT'S IN DER BANK

Wir müssen offen eingestehen: Wenn es um die Altersvorsorge geht, dann können wir Ihnen nur das zweitbeste Angebot machen, denn unsere privaten Vorsorgepläne können nicht lachen und auch keinen Kakao verschütten. Dafür geben sie Ihnen wirtschaftliche Unabhängigkeit im Alter. Welche finanzielle Vorsorge für Sie geeignet ist, erfahren Sie im Gespräch mit Ihrer Bank. Und dafür ist es nie zu früh.

Über diese Statistik dürfen Sie sich freuen, denn Sie werden sie selbst erleben: Wir werden immer älter. Allein in den letzten zwanzig Jahren ist die Lebenserwartung um drei Jahre gestiegen. Allerdings – nur der Ruhestand verlängert sich, nicht die Arbeitsphase. Heute sichern vier Arbeitende die Rente eines Ruheständlers. In wenigen Jahrzehnten stehen jedem Rentner nur noch zwei Beitragszahler gegenüber. Man braucht nicht viel Phantasie, um sich die Folgen auszumalen: Die Sozialbeiträge steigen, oder die Renten fallen schmaler aus. Wer sein Alter unbeschwert genießen will, muß deswegen verstärkt für seine Zukunft vorsorgen. Je nach Einkommen, Risikofreude, Familie und Alter kommen dafür verschiedene Möglichkeiten in Betracht. Die privaten Banken beraten Sie und bieten alles – von der Aktie über Immobilienfonds bis zum Jugendsparen. Denn für die Alterssicherung ist man nie zu jung.

Ihre Banken

BUNDESVERBAND DEUTSCHER BANKEN · KATTENBUG 1 · 50667 KÖLN · BDB · HTTP://WWW.BANKENVERBAND.DE

GESTATTEN, DACHS

Eingetragene Marke der Deutsche Börse AG

DER DAX

In der Welt der Aktien und Börsen begegnet Ihnen regelmäßig ein Wesen, das wir an dieser Stelle gerne einmal gebührend vorstellen möchten: der Dax. Er hält sich vorzugsweise in den Börsenteilen der Zeitungen auf und gibt wichtige Hinweise über die Entwicklung des deutschen Aktienmarkts. Der deutsche Aktienindex, kurz Dax, wird durch die Kurse der Anteilsscheine von dreißig deutschen Unternehmen bestimmt. Wer seine Fährte verfolgt, stößt auf besonders rentable und steuerlich günstige Anlagechancen.

Zu den dreißig Werten, die im deutschen Aktienindex berücksichtigt sind, zählen die größten und bekanntesten Unternehmen, etwa Volkswagen und Siemens, aber auch junge Firmen, die schnell gewachsen sind, wie beispielsweise die Software-Aktiengesellschaft SAP. Während des Börsenhandels wird die Kursentwicklung dieser dreißig Werte nach einem festgelegten Schlüssel im Dax abgebildet. Der Dax zeigt, wie sich der deutsche Aktienmarkt entwickelt – und damit das Vermögen der Anleger. In den letzten zwanzig Jahren ist der Dax um dreihundert Prozent gestiegen. Mit anderen Worten: Wer 1975 Aktien erworben hat, konnte sein Kapital bis heute vervierfachen. Von Zeit zu Zeit werden Aktienwerte neuer Gesellschaften in den Dax aufgenommen. Ein künftiger Dax-Kandidat ist heute schon bekannt: die Deutsche Telekom Aktiengesellschaft. Wenn Sie sich für den Dax und seine Bewegungen interessieren, hilft Ihnen gerne Ihre Bank. *Ihr Vertrauen ist unser größtes Kapital.*

Ihre Banken

WEITERE INFORMATIONEN ERHALTEN SIE BEIM BUNDESVERBAND DEUTSCHER BANKEN, KATTENBUG 1, 50667 KÖLN

Sie kennen den Vater des Wirtschaftswunders. Hier ist die Mutter.

Ludwig Erhard gilt als der Vater des größten Erfolgs in der deutschen Wirtschaftsgeschichte. Er setzte die soziale Marktwirtschaft durch und ermöglichte das weltweit bestaunte Wirtschaftswunder. Nicht ganz so bekannt ist die Mutter des Erfolgs: Europa. Denn durch den erleichterten Warenaustausch mit unseren Nachbarn konnte sich unsere Wirtschaft entfalten und Wohlstand für alle mehren.

Der wirtschaftliche Aufstieg der Bundesrepublik nach dem Krieg ging einher mit der europäischen Integration. Mit jedem Schritt zum vereinten Europa steigerte sich der Nutzen für die Bundesrepublik: ohne die sich immer weiter öffnenden Märkte unserer Nachbarn wäre das Wirtschaftswunder unmöglich geblieben. Heute liefern wir fast sechzig Prozent unserer Exporte in Länder der Europäischen Union. Mit dem Euro, der einheitlichen Europa-Währung, vergrößern sich noch einmal die Chancen für Made in Germany, für den freien Fluß von Waren und Dienstleistungen. Dabei sind die wirtschaftlichen Vorteile nur ein Aspekt. Je enger die Staaten der EU zusammenwachsen, desto unwahrscheinlicher sind gewaltsame Konflikte und um so größer ist Europas Gewicht in der Welt. Europa bedeutet Wohlstand und Sicherheit. Darum unterstützen die Banken die Europäische Währungsunion und die harte Euro-Währung.

Ihre Banken

Ich lege Wert auf eine konservative Geldanlage

Ganz gleich, welche Anlagestrategie Ihnen am meisten liegt, bei den Banken finden Sie maßgeschneiderte Angebote. Von konventionell bis innovativ können Sie wählen, vom Pfandbrief bis zu Derivaten, von der Lebensversicherung bis zum Aktienfonds. Niemand hat dabei mehr Erfahrung: Gut zwei Drittel aller Werte, die in Depots verwahrt werden, verwalten private Banken.

Wenn Sie für Ihr Geld einen vielversprechenden Arbeitsplatz suchen, können Ihnen die Banken eine reiche Auswahl anbieten: daheim oder in aller Welt, in der Industrie oder in der Dienstleistung, in großen Aktiengesellschaften oder in kleinen Risikokapitalfirmen. Natürlich helfen wir auch, wenn Sie Ihr Geld in Immobilien oder Edelmetallen investieren möchten. Wir unterstützen Sie, Risiko und Rendite in die für Sie attraktive Mischung zu bringen. Dank weltweiter Verbindungen können Sie bei den Banken aus unzähligen Anlagemöglichkeiten die für Sie individuell richtige Wahl treffen. Und weil wir jahrzehntelang Erfahrung in der erfolgreichen Verwaltung kleiner und großer Vermögen gesammelt haben, sind wir in der Lage, seriöse Anlagechancen von unseriösen zu unterscheiden. Da durch Weitsicht und Kompetenz Ihre Anlagerisiken gemindert und Ihre Erfolgschancen gesteigert werden können, sollten Sie sich professionelle Ratgeber suchen, die an Ihrem langfristigen Anlageerfolg interessiert sind. Auch als konservativer Anleger müssen Sie dabei nicht unbedingt auf Nervenkitzel verzichten. Sie können Ihre Erträge ja in spannende Hobbys investieren. *Ihr Vertrauen ist unser größtes Kapital.*

Ihre Banken

Grau-Wert. **Die wenigsten Leser lesen. Oft beachten nur ein oder zwei Prozent der Leser einer Zeitschrift den Text einer Anzeige. Deswegen lohnt immer die Frage, ob man nicht auf längeren Werbetext verzichtet. Aber auch ungelesener Text hat eine Funktion – als so genannter Grauwert. Viel Text signalisiert: Hier stehen viele Argumente, wie etwa bei der Kampagne für die Banken. Auch wenn nur wenige tatsächlich lesen, sollte der Text gut geschrieben sein. Bei einer großen Kampagne bedeutet ein Prozent Leser immerhin ein paar hunderttausend Menschen. Vor allem aber: Die lesenden Leser interessieren sich für das Thema. Sie sind mögliche Multiplikatoren und müssen deshalb besonders freundlich angeschrieben werden.**

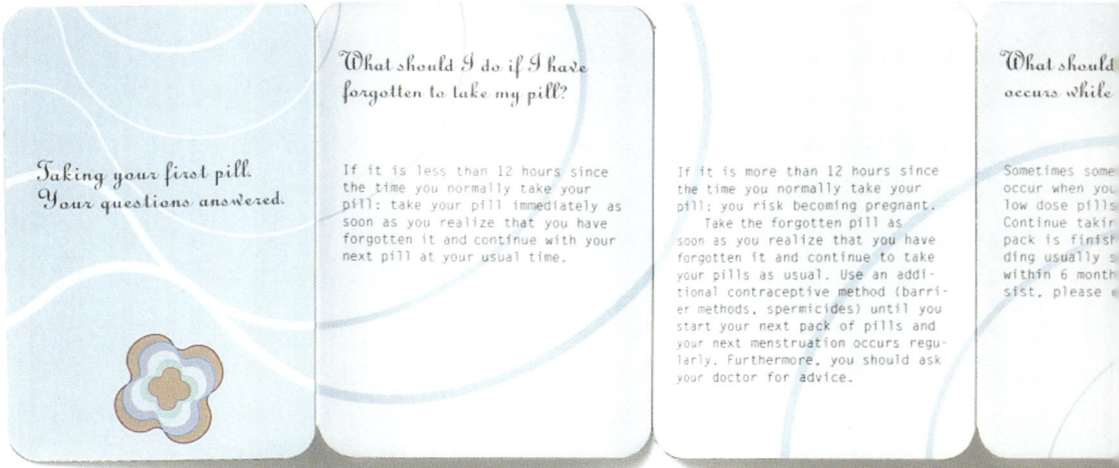
Taking your first pill.
Your questions answered.
What should I do if I have forgotten to take my pill?
If it is less than 12 hours since the time you normally take your pill: take your pill immediately as soon as you realize that you have forgotten it and continue with your next pill at your usual time.
If it is more than 12 hours since the time you normally take your pill: you risk becoming pregnant.
Take the forgotten pill as soon as you realize that you have forgotten it and continue to take your pills as usual. Use an additional contraceptive method (barrier methods, spermicides) until you start your next pack of pills and your next menstruation occurs regularly. Furthermore, you should ask your doctor for advice.
What should
occurs while

start
If your pill pack contains 24 yellow pills and 4 white pills:
When you take your new pill for the very first time, wait until the first day of your menstrual period, in our example a Wednesday.
1st yellow pill indicated as "start"
1
2
3
4
Wednesday
"Wed"
start
Stick the label beginning with "Wed" on the blister pack containing the pills, so that the "Wed" on the tape is next to the first yellow pill, shown by "start". Now take your first pill.
5
6
7
8
9
10
11
diary
12
13
14

Gesunde Werbung. **Was Beipackzettel heißt, muss nicht zwangsläufig so aussehen, als wäre es lieblos beigepackt worden. Viele Menschen, die Medikamente nehmen, möchten genau wissen, was sie da verabreicht bekommen. Ansprechend und verständlich gestaltete Beileger schaffen Vertrauen und machen aus Interessenten Multiplikatoren wie diese kleinformatige Broschüre für Patientinnen, ein Entwurf für Schering. Medizinprodukte kennen noch ein anderes Phänomen, den Placeboeffekt. Studien haben gezeigt, dass allein der Glaube an die Wirksamkeit von Medizin schon Wirkung entfaltet. Je verständlicher die Wirkweise einer Pille, desto größer das Vertrauen in sie – und umso größer ihre Wirkung.**

Spülmaschinenfest seit 1739

Im streng geheimen Laboratorium der Meissener Porzellan-Manufaktur gelang ein kleines Wunder: Kostbarste Handmalerei und feinste Formen sollten eine extrem widerstandsfähige Oberfläche erhalten – bei unwiderstehlichem Glanz. Versuche mit kobaltblauer Unterglasur glückten, wenige Jahre nachdem Johann Friedrich Böttger 1708 das europäische Porzellan erfunden hatte – ein gutes Vierteljahrtausend vor der Spülmaschine. 1739 schufen Meissener Porzellanmaler das Zwiebelmuster. Sie interpretierten asiatische Mythologie mit Meissener Kunstfertigkeit. Und sie entfachten den Ehrgeiz von Plagiatoren in aller Welt. Das Zwiebelmuster ist deshalb – als einziger Meissener Dekor – gleich zweimal mit den Blauen Schwertern geschmückt: als Bodenmarke und außerdem am Fuß des Bambusstabes. Der jüngste Dekor ist übrigens 1995 dazugekommen: Die Mahonienranke wurde nach alten Vorlagen neu geschaffen. Für den täglichen Genuß – und den täglichen Gebrauch. Entdecken Sie Europas erstes Porzellan jetzt bei Ihrem Fachhändler.

„Voller grüner Weinkranz", „Lorbeerfestonmalerei", „Mahonienranke"

Das „Zwiebelmuster" erhalten Sie wie alle Meissener Porzellane nur beim autorisierten Fachhändler. Bitte fordern Sie unser Verzeichnis an: Telefon (03521) 468-700

Meissen

Staatliche Porzellan-Manufaktur Meissen

Maler schreiben.

Die Firmengeschichte ist oft ein hervorragender Fundus, um spannende Argumente zu finden. In der Staatlichen Porzellan-Manufaktur Meissen wurde und wird seit dem frühen 18. Jahrhundert mit Handbemaltem Kulturgeschichte geschrieben. Die Werbung überliefert sie. Mit textreichen Anzeigen und Briefen werden Laien zu Interessenten und diese zu Sammlern gemacht. Gerade Premiumprodukte vertragen ausführliche Beschreibungen. Sie machen die Käufer zu Botschaftern und begründen höhere Qualität und den entsprechenden Preis.

Frau
Margarete Müller-Mustermann
Musterstraße 1

12345 Musterstadt

Einladung zur Weltpremiere

Sehr geehrte Frau Müller-Mustermann, Meißen, im März 1999

welch ein Malheur: ein wertvolles Stück Meissen, beschädigt durch Sturz oder Stoß! Nun, vielen traurigen Besitzern kann jetzt geholfen werden – Meissener Restauratoren sind wahre Künstler. Bevor wir jedoch über ihre Arbeit berichten, möchten wir Sie einladen. Der „Tag der offenen Tür" am 24. April bietet Ihnen wahrhaft Einmaliges – darunter eine Weltpremiere. An diesem Samstag nämlich möchten wir mit Ihnen die Premiere der Jahrhundertkollektion feiern. Das Jahr 1999 hat uns veranlaßt, eine einzigartige Kollektion Meissener Porzellans zusammenzustellen: 99 exquisite Objekte aus drei Jahrhunderten, jeweils mit einem Sondersignet versehen und auf 19 Stück limitiert. Bevor sie ihren Weg zu Sammlern und Liebhabern in alle Welt nehmen, möchten wir Ihnen die Porzellane zeigen. Der „Tag der offenen Tür" ist die erste Gelegenheit, die komplette Jahrhundertkollektion zu besichtigen. Exklusiv für die „Freunde des Meissener Porzellans" haben wir in der sogenannten Ofenhalle, im Zentrum der Manufaktur, eine Ausstellung aufgebaut. Wer weiß, vielleicht verlieben Sie sich ja in eine der Raritäten? Hier werden wir auch das Geheimnis um die Sammler-Edition 1999/2000 lüften. Ein Maler der Meissener Manufaktur stellt Ihnen das kostbare Stück vor.

Die limitierten Stücke der Jahrhundertkollektion, wie etwa der Harlekin aus Kaendlers Figurenzyklus „Italienische Komödie", tragen ein Sondersignet. Es besteht aus den „Gekreuzten Blauen Schwertern" und den verschlungenen Jahreszahlen „1999".

Gehört auch zur Jahrhundertkollektion: das Kaffeeservice „Tausendschönchen mit Vergißmeinnicht".

24. April 1999: „Tag der offenen Tür"

Für die „Freunde des Meissener Porzellans" haben wir ein exklusives Programm vorbereitet.

Tagsüber
ab 9.00 Uhr Einlaß
11.00 Uhr Empfang für die „Freunde des Meissener Porzellans", Ausstellung der „Jahrhundertkollektion"*
*12.00 Uhr 1. Führung Nikolaikirche**
*13.00 Uhr Fahrt nach Seilitz**
*14.00 Uhr 2. Führung Nikolaikirche**
16.00 Uhr Veranstaltungsende

Abends
ab 19.00 Uhr Einlaß in die Ofenhalle
19.30 Uhr Begrüßung durch Dr. Hannes Walter, Vortrag von Dr. Hans Sonntag: „Einzigartige Werte aus Meissen",
Kabarettprogramm mit Olaf Böhme,
Porzelliner-Buffet,
ca. 23.00 Uhr Veranstaltungsende

* Treffpunkt am Info-Stand in der Ofenhalle. Auf Wunsch senden wir Ihnen gern eine Liste der Meißener Hotels zu, die Clubmitgliedern Sonderkonditionen einräumen.

Ein Samstag voller Höhepunkte

Wie allen Besuchern steht auch Ihnen ein Rundgang durch die Malerei und die Weißfertigung der Manufaktur offen. „Freunden des Meissener Porzellans" zeigen wir jedoch auch zwei Orte, die Besuchern sonst verschlossen bleiben. Wer möchte, kann unser eigenes Bergwerk in Seilitz bei Meißen besuchen. Es ist wohl das kleinste in Europa, vielleicht auf der ganzen Welt. Drei Bergleute bauen in diesem Stollen das besonders weiße Kaolin ab. Nur für unsere Freunde öffnet auch die kleine Kapelle der Nikolaikirche in Meißen ihre Türen. Sie enthält eine einmalige figurale Ausstattung aus Meissener Porzellan, geschaffen von Emil Paul Börner (1928/29). All die Eindrücke werden viele Fragen entstehen lassen, die wir Ihnen am Info-Stand in der Ofenhalle gern beantworten. Wie schon im Herbst haben Clubmitglieder beim Tag der offenen Tür freien Eintritt, und selbstverständlich sind uns Gäste in Ihrer Begleitung herzlich willkommen.

Glück auf! Drei Bergleute fördern in Seilitz die weiße Erde, das Kaolin, nur für die Manufaktur. Es ist einer der Rohstoffe für die Porzellanmasse

Zum ersten Mal: Club-Abend in der Manufaktur

Am Abend laden wir die „Freunde des Meissener Porzellans" zum ersten Mitgliedertreffen in die Manufaktur ein. Geschäftsführer Dr. Hannes Walter wird Sie um 19.30 Uhr persönlich begrüßen. Ein rustikales Porzelliner-Buffet erwartet Sie, dazu ein Vortrag von Dr. Hans Sonntag, Leiter der Schauhalle, über drei Jahrhunderte Meissener Porzellan. Auch haben wir Olaf Böhme eingeladen, den bekannten sächsischen Kabarettisten. Er wird uns alles rund um das Meissener Porzellan aus seiner Sicht nahebringen und uns sicherlich bestens unterhalten. Schließlich haben wir zur Erinnerung an diesen Abend für jeden Gast eine kleine Porzellanfigur des Meissener Künstlers Olaf Fieber vorbereitet. Die Karten für die Veranstaltung können mittels beiliegendem Anmeldeformular bestellt werden. Sie kosten 150 DM pro Person. Wir bitten bei Interesse um baldige Anmeldung, da die Plätze für das Abendprogramm begrenzt sind.

Neuerscheinung: „Verwandlungen. Literarische Figuren in Meissener Porzellan"

Das Buch von Dr. Hans Sonntag widmet sich literarischen Texten und ihrer malerischen und plastischen Verwandlung in Meissener Porzellan. Der prächtige Bildband erscheint im März. (128 Seiten, 98 DM)

Abgeschlagene Teile einer Figur fügt der Restaurator in aufwendiger Feinarbeit wieder zusammen. Die Bruchstellen werden mit Lacken retuschiert.

Mit Wasser verdünnte Porzellanmasse, der sogenannte Porzellanschlicker, dient als „Klebstoff" für das Zusammenfügen einer ungebrannten Porzellanfigur.

Die Restaurierwerkstatt heilt auch gebrochene Herzen.

Manchmal hinterläßt die Geschichte mehr Spuren, als man möchte. Gerade wenn es sich um ein liebgewordenes Erbstück, Sammlerobjekt oder Geschenk aus Meissener Porzellan handelt, können Schäden sehr schmerzen. Die Restauratoren der Porzellan-Manufaktur Meissen können manchen Kummer über ein geliebtes, aber lädiertes Porzellan lindern. Dabei verstehen wir unsere Restaurierwerkstatt nicht als Klinik für abgeschlagene Henkel und Schnaupen. Bei Gebrauchsgeschirr sowie Zierporzellan, welches heute noch produziert wird oder produzierbar ist, empfehlen wir – schon aus Kostengründen – einen Neukauf.

Restauratoren sind Spezialisten für Spezialfälle.

Die Bruchstücke angeschlagener Geschirrteile werden mit Spezialklebern bearbeitet, die eine hohe Festigkeit haben, wasserfest sind und nicht vergilben. Die zum Retuschieren notwendigen Farben und Lacke sind jedoch gegenüber Wasser und Spülmitteln nur bedingt widerstandsfähig, da sie kalt verarbeitet werden müssen. Außerdem erfordert manch einfach aussehender Bruch einen erheblichen Aufwand. Da wird die Bearbeitung im Verhältnis zur Neuanschaffung, die zudem noch voll gebrauchsfähig ist, zu teuer. Aus diesem Grund haben wir uns auf die Restaurierung von figürlichen Meissener Porzellanen, Prunk- und Sammlerstücken spezialisiert.

Ein Original bleibt ein Original.

Bei figürlichem Porzellan ist es möglich, fehlende Teile wie z.B. Arme, Köpfe, Gewandteile oder Blüten und Blätter zu ergänzen. Der große Fundus an Modellen und Formen ist dabei sehr hilfreich. Die fehlenden Teile werden, wie bei der Porzellanfertigung selbst, mit Meissener Porzellanmasse aus den entsprechenden Gipsformen einzeln ausgeformt, auf einem kleinen Hilfsfuß bossiert und bei 950 °C gebrannt. Danach wird die Glasur aufgetragen, und es folgt ein zweiter Brand bei 1400 °C. Nun können die „Ersatzteile" mit Porzellanfarbe staffiert werden. Der Maler muß dabei genau darauf

Dieser „Apollo im Wolkenwagen" hat auf seiner Reise einiges verloren, so das Rad, einen Arm und eine Zehenspitze. Der Musengott wurde von Johann Joachim Kaendler 1739/40 entworfen und im letzten Vierteljahrhundert nicht mehr aufgelegt.

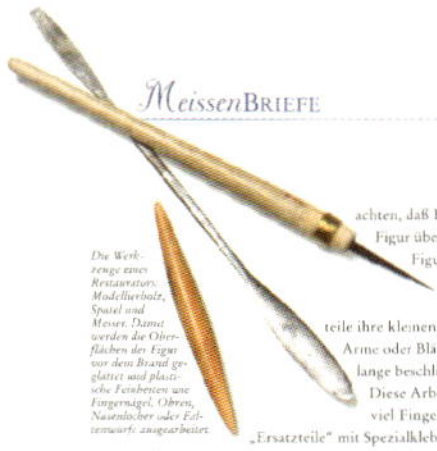

Die Werkzeuge eines Restaurators: Modellierholz, Spatel und Messer. Damit werden die Oberflächen der Figur vor dem Brand geglättet und plastische Feinheiten wie Fingernägel, Ohren, Nasenlöcher oder Faltenwürfe ausgearbeitet.

achten, daß Farbton und Malweise mit der zu restaurierenden Figur übereinstimmen. Schließlich soll die Originalität der Figuren bewahrt und wiederhergestellt werden. Nach einem dritten Brand bei 900 °C werden die Teile der Figur angepaßt. Dafür verlieren die Ersatzteile ihre kleinen Hilfsfüße. Dann werden die einzelnen Finger, Arme oder Blätter mit schnelldrehenden Diamantwerkzeugen so lange beschliffen, bis sie paßgenau angesetzt werden können. Diese Arbeit ist zeitraubend und verlangt vom Restaurator viel Fingerspitzengefühl. Ist dies vollbracht, werden die „Ersatzteile" mit Spezialklebern punktgenau angesetzt und verklebt. Der Kleber wurde in der Manufaktur entwickelt, er enthält einen hohen Anteil feinstgemahlenes Meissener Porzellan. Damit bestehen die Ergänzungen fast hundertprozentig aus dem arteigenen Werkstoff. Auch hier muß sorgsam gearbeitet werden, denn an den Originalteilen darf sowenig wie möglich verändert werden, und im Bedarfsfall muß die Restaurierung auch wieder lösbar sein. Zum guten Schluß wird die Schnittstelle noch retuschiert, was in mehreren Schichten und Arbeitsgängen mit Zwischentrocknung erfolgt. In den meisten Fällen ist an den wertvollen Porzellanen danach nichts mehr von der traurigen Vorgeschichte zu sehen.

Was ist ein Bossierer?

Eine Porzellanfigur ist eine äußerst grazile Kostbarkeit. So ein zartes Geschöpf läßt sich nicht in einem Stück ausformen. Die Figur muß aus vielen einzelnen Teilen zusammengesetzt werden. Dies ist die Aufgabe des Bossierers, er ist ein Spezialist unter den Porzellangestaltern.

In Meissen geht nichts verloren.

Zur Restauration zählt auch die Nachfertigung von fehlenden Teilen, wie zum Beispiel Kannendeckeln oder Dosenunterteilen. Denn wer hat schon gern eine prächtige Suppenterrine, aber keinen Deckel dazu? Hier kann der Aufwand für die Neuanfertigung sehr unterschiedlich sein. Wenn ein Deckel aus heutigen Produktionen paßt, ist die Aufgabe schnell gelöst. Allerdings haben sich über die Jahre verschiedene Einflußgrößen wie Rohstoffe, Brenntechnik, Porzellanmasse so verändert, daß mitunter die gleichen Formen in unterschiedlichen Größen ausgefallen sind. Je älter das gute Stück, um so wahrscheinlicher ist es, daß das fehlende Teil einzeln angefertigt werden muß. Dazu braucht der Restaurator in jedem Fall auch das zu ergänzende Gegenstück (Unterteil etc.) in der Werkstatt.

Für eine einzige Figur werden manchmal über 100 Gipsformen benötigt. Im Formenarchiv der Manufaktur, dem ältesten der Welt, lagern unzählige davon – so auch die für das Wagenrad des Wolkenwagens.

Wenn Sie wollen, zeigen wir Ihrem Hund die schönsten Plätze
-Service ist besonders komfortabel für alle, die
kommen: Wir finden für Sie die passende Immobilie.
die besten Schulen. Wir erledigen für Sie Be-
Wir sorgen dafür, daß Sie die Kunstszene der Stadt
Wir tun noch viel mehr für Sie. Wieviel, finden
selbst heraus.

Privat-
sache.

Private Banking wendet sich an die anspruchsvollsten Kunden. Sie erkennt man daran, dass jeder sie haben will, und weil das so ist, werden sie mit Werbung überschwemmt. Wie kann man da noch individuelle Betreuung vermitteln? Mit dem persönlichsten aller Dokumente, einem von Hand geschriebenen Album.

Später sollte sich herausstellen, dass diese Idee nicht nur auffiel, sondern auch sehr praktisch war. Ein Schreibfehler konnte auch nach dem Druck noch einfach berichtigt werden – natürlich von Hand.

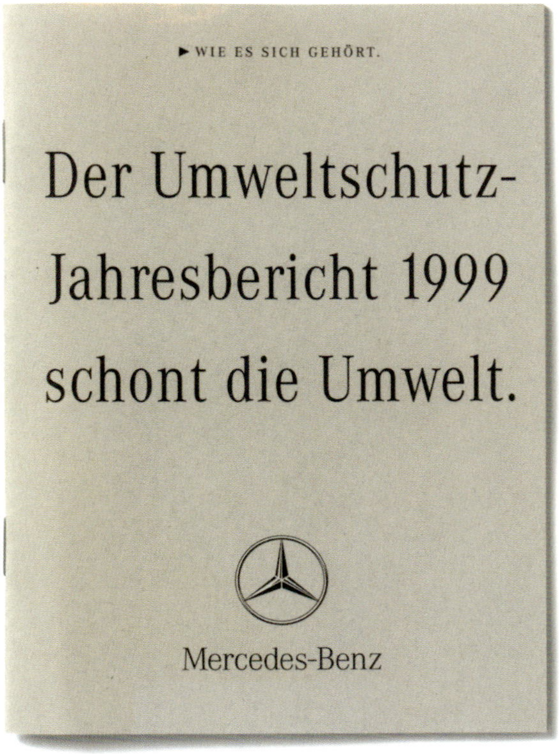

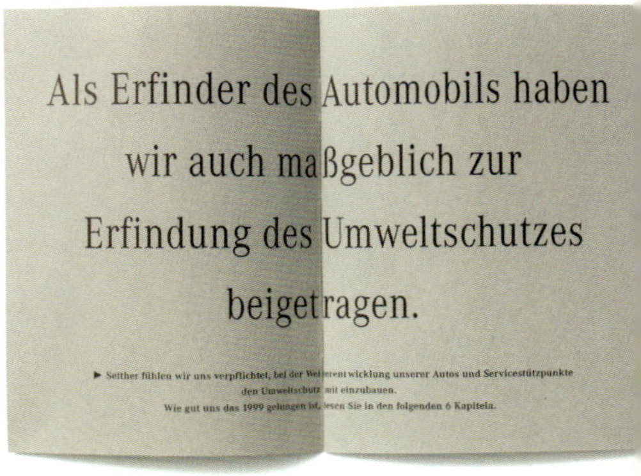

Sprachschutz. Geniale Schreibe mag ein Talent sein, das man nicht erlernen kann. Aber schon mit wenigen Kniffen lässt sich ein müder Text lesbar machen: Streichen Sie alle Hauptworte an. Sind es viele? Dann verwandeln Sie jedes zweite in ein starkes Verb, -ungs, -keits und -heits zuerst. Passiv heißt nicht umsonst so. Vermeiden Sie es. Ebenso Satzschachteln. Auf kurze Sätze sollten längere folgen. Viele Menschen verstehen kaum Englisch oder Latein. Jedes Fremdwort müssen Sie sich deshalb einzeln genehmigen. Sprachliche Holperstrecken fallen auf, wenn Sie sich Ihre Texte laut vorlesen. Wenn Sie herausfinden möchten, ob dieser Umweltbericht mit Sprachschadstoffen angereichert wurde, lesen Sie aber bitte nicht zu laut. Es wäre eine Lärmbelästigung und damit nicht im Sinne des Heftes. Schließlich ist der Umweltbericht auch besonders klein und dünn, um die Umwelt so gering wie möglich zu belasten.

Der Anglerfisch weiß, was es bedeutet, Licht zu produzieren. Deshalb schimmert seine Lampe nur so hell, wie gerade nötig.

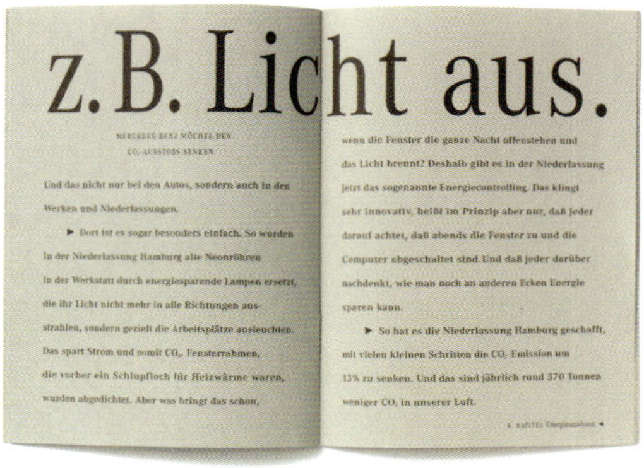
z.B. Licht aus.
MERCEDES-BENZ MÖCHTE DEN CO_2-AUSSTOSS SENKEN
Und das nicht nur bei den Autos, sondern auch in den Werken und Niederlassungen.
▶ Dort ist es sogar besonders einfach. So wurden in der Niederlassung Hamburg alte Neonröhren in der Werkstatt durch energiesparende Lampen ersetzt, die ihr Licht nicht mehr in alle Richtungen ausstrahlen, sondern gezielt die Arbeitsplätze ausleuchten. Das spart Strom und somit CO_2. Fensterrahmen, die vorher ein Schlupfloch für Heizwärme waren, wurden abgedichtet. Aber was bringt das schon, wenn die Fenster die ganze Nacht offenstehen und das Licht brennt? Deshalb gibt es in der Niederlassung jetzt das sogenannte Energiecontrolling. Das klingt sehr innovativ, heißt im Prinzip aber nur, daß jeder darauf achtet, daß abends die Fenster zu und die Computer abgeschaltet sind. Und daß jeder darüber nachdenkt, wie man noch an anderen Ecken Energie sparen kann.
▶ So hat es die Niederlassung Hamburg geschafft, mit vielen kleinen Schritten die CO_2-Emission um 13% zu senken. Und das sind jährlich rund 370 Tonnen weniger CO_2 in unserer Luft.

KAPITEL Eco-Training
Das Standardmodell eines Kamels ist in seinem Verbrauch vorbildlich. Vorausschauendes Traben ohne plötzliche Vollbremsung ist sein Geheimnis.
(Allerdings ist das Verkehrsaufkommen in Wüsten mit beispielsweise dem auf der A10 nicht zu vergleichen.)

KAPITEL MeRSY
Das Schaf ist der König der Tiere. Jedenfalls wenn es um Recycling geht. Ohne zu wissen, was Recycling bedeutet, läßt sich das Schaf fast zu 100% verwerten. So ist es Rohstoff für Pullis, Käse und Braten.

9
SEIEN
SIE ECHT.

Wahr ist am besten gelogen.
Weil jeder von der Werbung Übertreibungen erwartet, können unverfälschte, dokumentarische Bilder besonders auffallen. Das Normale ist dann schon wieder etwas Unnormales. Von dieser Einsicht lebt der Kinofilm »Dresden/ Amerika«. Er zeigt den Dresdnern Bilder aus Dresden. Diese Dresdens liegen freilich in Kansas, Tennessee und Ohio. Bei dokumentarischer Werbung können sich Wahrheiten zeigen, die niemand zu erfinden gewagt hätte. Etwa den größten Korb der Welt oder ein kleines Örtchen namens Amerika, mitten in Sachsen.

Sächsische Zeitung

zeigt

Dresden, Kansas

Dresden, Ohio

Dresden, Tennessee

Dresden, Ontario

MISS DRESDEN
Dresden, Kansas
CROSSING
RAIL ROAD
2
TRACKS
Dresden Enterprise
Hours: Mon-Fri 8:00-5:00
NEWS
the DRESDEN HILTON
DRESDEN
SUNSET CEMETERY
DRESDEN
MOTOR
PHONE INN COLOR TV
VACANCY
NO. 1 DIESEL
Dresden Tavern
The Main Place
DINING LOUNGE
FAIRVIEW FARM
CUSTOM LEATHERS SADDLERY
POLICE
DRESDEN
Nichts ist verblüffender als die Wirklichkeit.
Sächsische Zeitung

Amerika
Kreis Rochlitz
Freistaat Sachsen

Vermögensanlagen.
Aus Gründen der Diskretion möchten wir alles Weitere einem persönlichen Gespräch vorbehalten.
Terminvereinbarung unter 030/869 869 77
LBB
LandesBank

auplatz.
echt ist,
ubwürdig.
Verbung,
cht
würdig ist,
ht ihr
kum nicht.
st besonders
ig in
chen, die
Vertrauen
wie
zdienst-
ngen.
er Kampagne
as Private
ing der
esbank

Die Versprechen sind nicht überzogen und auch in der Sprache spiegelt sich der Stil einer gehobenen Bank. Aus Gründen der Diskretion möchten wir alles Weitere einem persönlichen Gespräch vorbehalten.

GIWI
W 13352 E KG

Gesellschaft für
Informationsaustausch
in Wirtschaft
und Industrie mbH

An
Helmut Thoma, RTL
Aachener Str. 1036
5 0858 Köln
Deutschland

Berlin den 20.8.94

Betrifft: Aktivitäten von Radio P.O.S.

5 Anlagen

Streng vertraulich

Sehr geehrter Herr Thoma,

die vorläufigen Ergebnisse in der Sache Radio P.O.S. sind so dramatisch, daß ich mich gezwungen sehe, sie unverzüglich zu informieren. Vorab: Radio P.O.S. stellt eindeutig eine Bedrohung für die wirtschaftliche Existenz herkömmlicher privater Radiosender dar. Unsere Gewährsleute konnten hierzu eine Reihe von Beweisen sicherstellen, die als Anlage in diesem Dossier enthalten sind. Zunächst die wichtigsten Punkte:

a) Radio P.O.S. erreicht als sog. Einkaufsradio Konsumenten direkt im Supermarkt. Es steht zu befürchten, daß die werbetreibende Wirtschaft diesen revolutionären Vorteil erkennt.

b) Die Werbewirkung von Radio P.O.S. ist von unabhängigen Instituten (GFK, Infratest) untersucht worden. Ergebnis: Abverkaufssteigerungen von durchschnittlich 20%, die eindeutig auf Radio P.O.S. zurückzuführen sind. (Näheres hierzu in dem von uns sichergestellten Propagandamaterial von Radio P.O.S.).

c) Radio P.O.S. macht keine "Kaufhausberieselung", sondern sendet ein Vollprogramm, das von herkömmlichen Radiosendern nicht zu unterscheiden ist. Resultat: Die Akzeptanz von Radio P.O.S. liegt über 90%. (Siehe sichergestelltes Propagandamaterial).

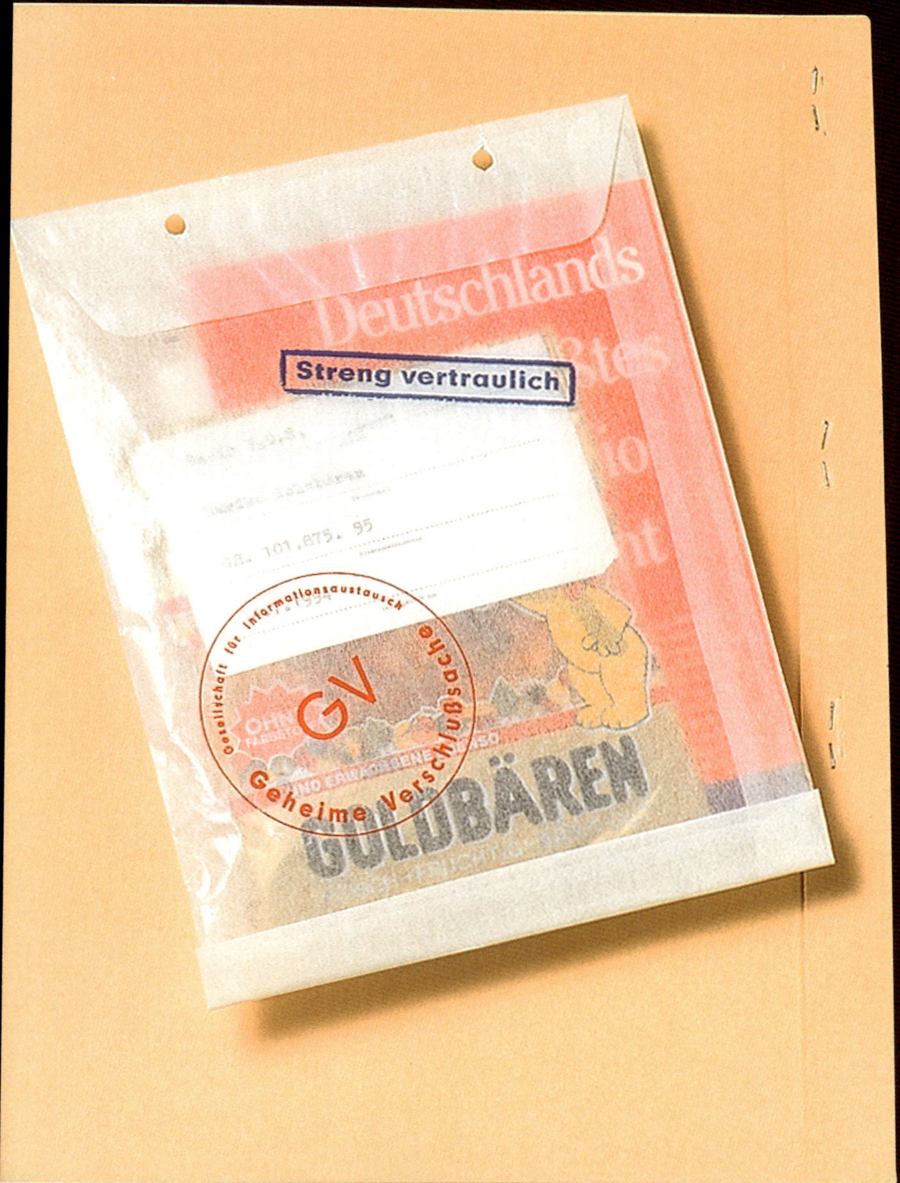

Guckbehörde. Nichts ist interessanter als das, was einen nichts angeht. Zum Beispiel eine fremde Stasi-Akte. Diese berichtet von den wenig bekannten Merkmalen des Ladenradios POS. Penibel sind Details vermerkt. Damit die Akte echt erscheint, musste typische DDR-Pappe organisiert werden. Die war aber mit der Papierindustrie der DDR zusammen untergetaucht. Mit revolutionärer Wachsamkeit wurde in Polen noch eine letzte Palette sichergestellt.

KARL LEHMANN, *Bischof*

Suchbild.
Finden Sie den Schöpfungsakt auf diesem Foto. Kleiner Hinweis: Er befindet sich im unteren rechten Viertel. Dort pflanzen sich gerade zwei Schafe fort. Außerdem ist in dem Foto noch ein prominenter Hirte zu finden: Der Vorsitzende der katholischen Bischofskonferenz, Bischof Karl Lehmann (links oben). Was üblicherweise in der Werbung nachgestellt wird, ist hier echt: Geistlicher und Beischaf. Um die Pointe mit dem symbolischen Oberhirten noch zu verstärken, wurde die Anzeige zu Ostern veröffentlicht.

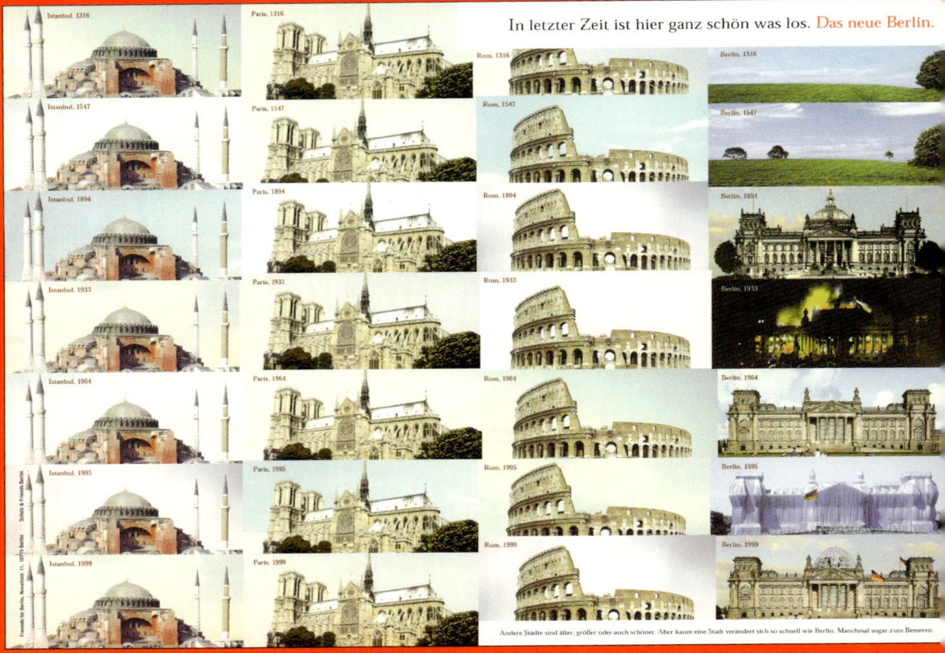
In letzter Zeit ist hier ganz schön was los. Das neue Berlin.
Istanbul, 1316
Paris, 1316
Rom, 1316
Berlin, 1316
Istanbul, 1547
Paris, 1547
Rom, 1547
Berlin, 1547
Istanbul, 1894
Paris, 1894
Rom, 1894
Berlin, 1894
Istanbul, 1933
Paris, 1933
Rom, 1933
Berlin, 1933
Istanbul, 1964
Paris, 1964
Rom, 1964
Berlin, 1964
Istanbul, 1995
Paris, 1995
Rom, 1995
Berlin, 1995
Istanbul, 1999
Paris, 1999
Rom, 1999
Berlin, 1999
Andere Städte sind älter, größer oder auch schöner. Aber kaum eine Stadt verändert sich so schnell wie Berlin. Manchmal sogar zum Besseren.

Hauptstadt der Kriminalität. Das neue Berlin.
„Assignment Berlin" (ProSieben)
„Die Straßen von Berlin" (ProSieben)
„Ein Mord für Quandt" (SAT.1)
„Im Namen des Gesetzes" (RTL)
„Wolffs Revier" (SAT.1)
„Das Miststück" (RTL)
„HeliCops – Einsatz über Berlin" (SAT.1)
„36 Stunden Angst" (SAT.1)
„Der Handymörder" (SAT.1)
„Berlin Break" (RTL)
„Vickys Alptraum" (RTL)
„Sieben Feuer des Todes" (RTL)
„Liebling Kreuzberg" (ARD)
Wenn Krimis richtig knistern, kommen sie aus einer spannenden Stadt. Immer mehr Filmproduktionen drehen in Berlin. Natürlich auch Komödie

Suchbild.
Finden Sie den Schöpfungsakt auf diesem Foto. Kleiner Hinweis: Er befindet sich im unteren rechten Viertel. Dort pflanzen sich gerade zwei Schafe fort. Außerdem ist in dem Foto noch ein prominenter Hirte zu finden: Der Vorsitzende der katholischen Bischofskonferenz, Bischof Karl Lehmann (links oben). Was üblicherweise in der Werbung nachgestellt wird, ist hier echt: Geistlicher und Beischaf.
Um die Pointe mit dem symbolischen Oberhirten noch zu verstärken, wurde die Anzeige zu Ostern veröffentlicht.

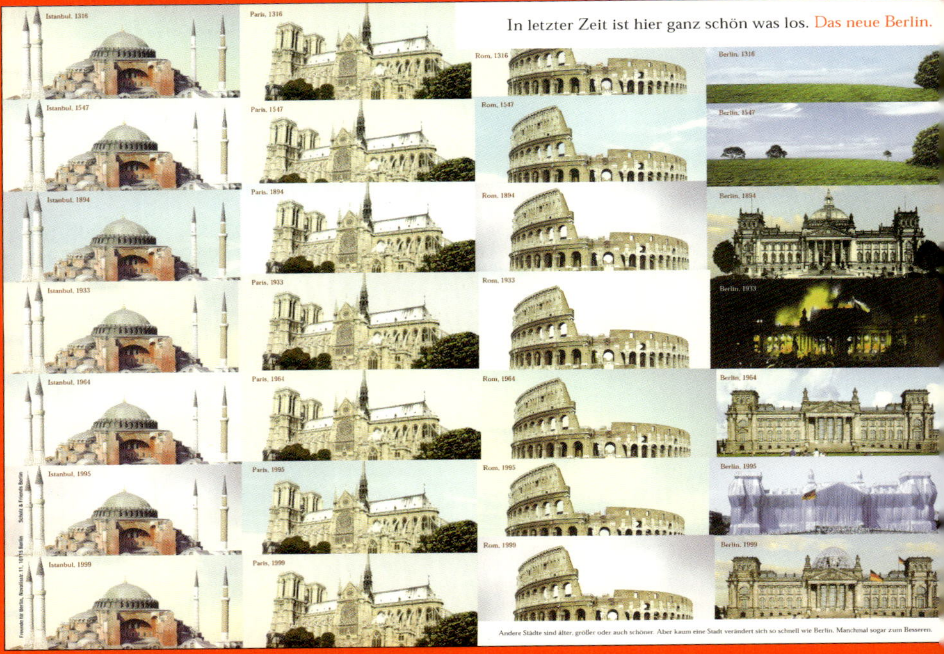
In letzter Zeit ist hier ganz schön was los. Das neue Berlin.
Istanbul, 1316
Paris, 1316
Rom, 1316
Berlin, 1316
Istanbul, 1547
Paris, 1547
Rom, 1547
Berlin, 1547
Istanbul, 1894
Paris, 1894
Rom, 1894
Berlin, 1894
Istanbul, 1933
Paris, 1933
Rom, 1933
Berlin, 1933
Istanbul, 1964
Paris, 1964
Rom, 1964
Berlin, 1964
Istanbul, 1995
Paris, 1995
Rom, 1995
Berlin, 1995
Istanbul, 1999
Paris, 1999
Rom, 1999
Berlin, 1999
Andere Städte sind älter, größer oder auch schöner. Aber kaum eine Stadt verändert sich so schnell wie Berlin. Manchmal sogar zum Besseren.
Freunde für Berlin, Novalisstr. 11, 10115 Berlin
Scholz & Friends Berlin

Hauptstadt der Kriminalität. Das neue Berlin.
„Assignment Berlin" (ProSieben)
„Ein Mord für Quandt" (SAT.1)
„Im Namen des Gesetzes" (RTL)
„Wolffs Revier" (SAT.1)
„Das Miststück" (RTL)
„36 Stunden Angst" (SAT.1)
„Der Handymörder" (SAT.1)
„Vickys Alptraum" (RTL)
„Berlin Break" (RTL)
„Liebling Kreuzberg" (ARD)
Wenn Krimis richtig knistern, kommen sie aus einer spannenden Stadt. Immer mehr Filmproduktionen drehen in Berlin. Natürlich auch Komödie

Bilder der Großstadt.
Ein Produkt, zu dem jeder schon eine Meinung hat, kann sein Bild in der Öffentlichkeit erweitern. Dabei können Stärken unterstützt und Vorurteile gezielt erschüttert werden – jeweils mit Tatsachen. Warum ist Berlin Hauptstadt der Kriminalität? Weil in der Stadt so viele Krimis gedreht werden. Und warum ist Berlin so lebendig? Weil hier schon auf den Friedhöfen mehr los ist als in mancher Großstadt. Jede Anzeige ist wie eine Reportage und bietet dem interessierten Leser eine Fülle von Details. Aber: Kampagnen dieser Art drohen zu zerfasern. Dagegen hilft ein prominent platzierter Claim. Zum Beispiel: Das neue Berlin. Mit dem alten nicht zu verwechseln.

2

0.
MISSTRAUEN SIE
ALLEN REGELN.

Misstrauen Sie allen Regeln.

Die wichtigste Regel für gute Werbung heißt: Brechen Sie Regeln. Natürlich auch die Regeln in diesem Buch – es gibt keine Patentrezepte. Freilich: Nicht jeder Regelbruch bringt zwangsläufig gute Werbung hervor. Wie können Sie herausfinden, ob eine Kampagne gut ist? Vertrauen Sie auf Ihren ersten Eindruck als Verbraucher. Sind Sie unzufrieden mit dem Ergebnis? Dann nehmen Sie einen neuen Anlauf. Und springen Sie erst dann.

BERLINER

SCHULE

GÄNSE-FLEISCH KOMMEN?

Eischenortig: Überall liest man von der zusammenbrechenden Ostwirtschaft, aber die Werbeagentur Scholz & Friends Dresden wird nicht mit der Arbeit fertig.

Dabei ist unser Agenturkonzept ganz was Offizielles: die Deutsche Einheit, nur viel kleiner. An jeder Kampagne arbeiten Ost- und Westdeutsche zusammen. Würden wir nur eine Seite berücksichtigen, was wäre das für eine Verschwendung an Wissen und Talent!

Jetzt werden bei uns langsam die Wessis knapp, und wir brauchen dringend Verstärkung.

Sie sind Marketingberater (ostdeutsch: Ökonom), Kontakter (Regisseur), Art Director (Grafiker) oder Texter (Texter). Sie kennen den Westen, aber es reizt Sie der Osten. Dann sollten wir uns unterhalten.

Was können Sie erwarten? Die „erfolgreichste Werbeagentur im Osten Deutschlands" („Bild am Sonntag", bekannt für ein sicheres Urteil); die anregendste Atmosphäre, die Sie sich vorstellen können: ein Land und seine Menschen im Umbruch.

Jeden Tag können Sie erleben, wie Gegensätze zusammenprallen (zum Beispiel Sie und wir) und etwas ganz Neues entsteht (beispielsweise Ideen, auf die Sie im Westen nie gekommen wären).

Natürlich werden Sie auch bezahlt, wenn Sie nach Dresden ziehen. Aber halten wir uns nicht mit so profanen Nebensächlichkeiten auf. Denn den höheren Preis bezahlen Sie: Rechnen Sie bitte nicht mit einer Ölzentralheizung oder was den Kapitalismus sonst so heimtückisch schön und bequem macht. So weit sind wir noch nicht. Sie können aber dazu beitragen, daß wir einmal so weit kommen.

Dafür arbeiten Sie für die interessanteste Kundenmischung auf deutschem Boden. Erfahrene Westmanager (etwa von BMW, der Deutschen Bank, von Tchibo oder Reemtsma) fragen nach Ihrem Urteil, wenn es um Weltmarken und die Verbraucher in den neuen Ländern geht. Und engagierte Ostökonomen brauchen Ihre Hilfe, damit nicht ganze Betriebe untergehen.

Natürlich gibt es in Dresden keine Schicki-Diskotheken oder Parties mit Lachshäppchen. Aber wir zeigen Ihnen die Kneipen, die Sie als Wessi ohne Eingeborene nie finden würden.

Vielleicht ist die deutsche Einheit ja die größte Herausforderung Ihres Lebens. Machen Sie was draus.

SCHOLZ & FRIENDS
DRESDEN

Johannes-R.-Becher-Platz 3 · O-8019 Dresden
Telefon (0037-51) 4 59 50 38 und 4 59 35 84 · Telefax (0037-51) 4 59 50 40

Ein Nachwort von Jürgen Scholz. Über Kartoffelpuffer in Mülheim und ein Kinderzimmer in Dresden, für das in einer Stellenanzeige Gänsefleisch angelockt wurde.

Es waren nur wenige hundert Kilometer, aber für mich war es eine Zeitreise, gleich vier Jahrzehnte zurück, direkt in meine Kartoffelpufferzeit. Unter einem Dach in Mülheim an der Ruhr arbeitete damals eine Handvoll Freunde. Wenn wir Hunger hatten, gingen wir die vielen Treppen hinunter zu einem Imbissstand und aßen Kartoffelpuffer. Ansonsten arbeiteten wir und arbeiteten und arbeiteten. Was damals seinen Anfang nahm, ist heute die größte deutsche Werbeagentur, BBDO. ≈≈≈ Nun fuhr ich über holprige Straßen nach Dresden, 1990, die Mauer war gerade gefallen, das Land noch nicht geeint. Ein wackeliger Tisch in einem baufälligen Haus, es war kalt und der Wind blies durch die Fensterritzen. Mülheim an der Elbe. Ich lernte drei Freunde kennen, die sich in den Kopf gesetzt hatten, in die DDR zu gehen und eine Werbeagentur zu gründen: Thomas Heilmann, Olaf Schumann und Sebastian Turner. Sie hatten gerade ihr Studium beendet und sie sahen so aus, als ob sie nicht genug Kartoffelpuffer bekommen würden. Sie waren ganz anders, als man sich Werber vorstellt. Und sie waren wirklich hungrig. ≈≈≈ Nach dem Fall der Mauer überlegten wir uns – ich hatte zehn Jahre zuvor Scholz & Friends in Hamburg gegründet – ob wir etwas in der siechen DDR unternehmen sollten. Wir waren skeptisch. Aber die drei hungrigen Studenten haben uns überzeugt. Gemeinsam gründeten wir eine Agentur. Es war eine der klügsten Entscheidungen, die wir je getroffen haben. ≈≈≈ Sie haben gleich etwas Besonderes ausgestrahlt: Talent. Mehr noch, dazu auch Mut und Enthusiasmus. Eine unwiderstehliche Mischung, wie einst in Mülheim. Eine wirklich kreative Persönlichkeit ist nicht nur bei der Gestaltung einer Anzeige kreativ, sondern bei allem, was sie tut. Hier waren gleich drei dieser raren Exemplare. Das sollte sich immer wieder zeigen. ≈≈≈ Weil das ungerechte Recht der DDR noch galt, durften sie nicht selbst eine Firma gründen, das durften nur Staatsbürger der DDR. So wurde die Mutter von Olaf Schumann (er war erst inhaftiert und später ausgebürgert worden) die erste Inhaberin. Die drei hausten in Schumanns kleinem Kinderzimmer, zwei schliefen auf der Couch, einer auf der Erde, jeden Tag wurde gewechselt. Sie standen und stehen füreinander ein. ≈≈≈ Ich erinnere mich noch an einen Dialog. Thomas Heilmann wollte seine juristische Ausbildung noch beenden. Mein Anwalt sagte: »Herr Heilmann, sie müssen sich entscheiden. Wollen sie Geld verdienen oder Jurist werden?« Das war nicht

Hunger sei dank. **Drei hungrige Studenten waren eines der klügsten Investments, die wir je getätigt haben. Eine Mutter wurde Inhaberin, um das ungerechte DDR-Recht zu umgehen. Die drei bedankten sich für so viel Mutterliebe mit einer großen Anzeige zehn Jahre nach dem Fall der Mauer.**

besonders fair, denn die drei hatten das kleinste Gehalt gefordert, das vermutlich je in einer deutschen Agentur an Geschäftsführer gezahlt wurde. Darauf wandte sich Sebastian Turner an mich: »Herr Scholz, können Sie Ihren Anwalt nicht mal vernünftig bezahlen.« Was für eine prachtvolle Pointe! Wir lachten (bis auf den Anwalt) und haben das Thema nie wieder berührt. ≈≈≈ Auch auf den mühseligen Amtsfluren der DDR waren sie einfallsreich. Da der zuständige Verwaltungsbeamte nicht wusste, wie man eine GmbH einträgt – er hatte so was schließlich noch nie gemacht – wurde eine einfacher zu registrierende offene Handelsgesellschaft gegründet, die Erste am Ort nach dem Krieg. Weil sich in der

SCHOLZ & ДРУЗЬЯ

ELBFLORENZ.

REDEN WIR RUHIG
ANEINANDER VORBE

Scholz i Drusja. »Sie sind sicher der Herr Scholz und dann sind Sie Herr Friends?« Wenn die Dresdner Agenturgründer zu zweit neue Kunden besuchten, wurden nahe liegende Fragen gestellt. Und mit dieser

In der Villa am Johannes-R.-Becher-Platz war das zweite Domizil der Agentur: der Raum hinter dem Fenster unten links. Das erste Büro war das Kinderzimmer in der Wohnung der Familie Schumann.

untergehenden DDR niemand für die Kunden interessierte und deshalb natürlich auch niemand ans Werben dachte, renovierten die drei eine ruinenartige Wohnung, die sie teilweise weitervermieteten, und stellten eine kleine Messe auf die Beine. Trotz – oder besser: wegen – dieser Umwege wurden sie in nicht einmal zwei Jahren die größte Agentur der Stadt. ≈≈≈ Das erste Stück Werbung, das ich von dieser Agentur gesehen habe, war eine dünne Broschüre, die sie für sich selbst gemacht haben. Fein gestaltet, gut geschrieben und vor allem gut gedacht. Seither weiß ich, was Friends auf russisch heißt. Man könnte sie auch heute noch verschicken. ≈≈≈ Viele Neugründungen wurden wieder geschlossen, diese aber brach auf nach Berlin. Auch das eine kreative und goldrichtige Entscheidung. Man kann wohl sagen: Scholz & Friends Berlin hat den Werbestandort Berlin auf die Landkarte gesetzt. Deutschlands größte Stadt wird innerhalb weniger Jahre als Werbeplatz wachgeküsst von drei Berufsanfängern aus Dresden. Das sagt eine ganze Menge über die drei, aber auch über die Chancen, die diese Stadt bietet. Die Agentur gehört zu den besten, nicht nur in Deutschland, sondern sicherlich in ganz Europa. ≈≈≈ Sie haben eine Chance genutzt, wie sie nicht jede Generation bekommt: Ein Neuanfang, eine Stunde Null. Der mühsame Start aus dem Nichts ist das größte Geschenk für Gründer. Sie stellen alles in Frage, was vorher gemacht wurde, schon allein, weil sie es gar nicht kennen. So kommt es zu neuen, besseren Lösungen. Mit alten Rezepten wäre dieser – man muss wohl sagen: einmalige – Senkrechtstart einer Werbeagentur nicht gelungen. ≈≈≈ Der überwiegende Teil der

Werbung ist hoffnungslos durchschnittlich, ein markanter Teil ist bedauernswert schlecht. Und dann gibt es den kleinen Teil des Besonderen, der Qualität. Die Arbeiten von Scholz & Friends Berlin haben höchste Qualität, sie sind im Wortsinn originell. Sie haben eine eigene Wurzel, eine Abkunft ganz eigener Art. Vielleicht konnten nur aus diesem ganz neuen Anfang die vielen ausgezeichneten Kampagnen entstehen, auch die, um die sie alle Werbetreibenden voller Anerkennung beneiden: die grandiose F.A.Z.-Kampagne mit den klugen Köpfen, die sich zu den besten Kampagnen der Welt zählen darf – und dabei immer besser wird. Dieses Buch zeigt, dass dieser Evergreen kein einmaliger Zufallstreffer ist. Man muss schon eine ganze Weile suchen, um eine Agentur mit einer solchen Dichte an Arbeiten zu finden, die international bestehen können. Über fünfhundert Preise haben Sebastian Turner und sein Team in den letzten Jahren gewonnen. Mehrfach waren sie die erfolgreichste unter allen deutschen Agenturen beim internationalen Werbefestival in Cannes, unserer Branchenolympiade. ≈≈≈ Wie außergewöhnlich dieser Neustart ist, wird deutlich, wenn man die Geschichte der guten Agenturen in unserem Land durchstreift: Sie entstehen nicht neu aus eigener Kraft, sondern gehen wie Triebe auseinander hervor. Fast alle markanten Agenturen von heute haben ihren Vorläufer in Basel (und manche auch in Mülheim, wenn mir die Bemerkung verziehen sei). In Basel entstand die GGK. Ihr deutscher Ableger in Düsseldorf war die Schule, die fast alle besuchten. Viele der guten Adressen stammen von ihr ab, etwa Springer & Jacoby und hieraus wiederum Jung von Matt. Vielleicht liegt es an

Schulausflug.
Neu ist, was keine Vorgänger hat. Die meisten markanten Werber gingen auf eine Schule. Diese Agentur ging nach Berlin. Vielleicht konnte deshalb eine neue Chance für die Werbung entstehen.

Nach ihnen die Flut. **Immer mehr Werbeagenturen spüren den Sog von Berlin, immer mehr Werber gehen in die aufbrechende Millionenstadt. Das kann ihnen nur gut tun. Man wird einmal von der Berliner Schule sprechen und sagen, da begann die deutsche Werbung Weltklasse zu werden.**

diesem gemeinsamen genetischen Code, dass die Werbung in unserem Land nur in kleinen Schritten den Weg zu internationaler Qualität zurücklegt. ≈≈≈ Neben der Stunde Null in Ostdeutschland hat Scholz & Friends Berlin aber noch ein ganz anderes Privileg: die Unbefangenheit und Bodenhaftung. Wer die Agentur betritt, hat den Eindruck: Hier ist nichts verkrampft. Die Nachbarschaft ist nicht fein, die Büros sind hell, aber bescheiden und die Kreativen und Berater scheinen sich nicht so wichtig zu nehmen, wie es anderswo zu beobachten ist. Immer mehr Agenturen tun es ihnen nach und brechen jetzt nach Berlin auf, um noch ein wenig die Luft der endenden Umbruchzeit zu atmen und die aufbrechende Millionenstadt zu erleben. Das kann den Werbern und der Werbung nur gut tun. ≈≈≈ Einfallsreich und unverkrampft – das könnte die Berliner Schule sein. Man wird einmal von der Berliner Schule sprechen und sagen, da begann die deutsche Werbung Weltklasse zu werden. ≈≈≈ Und angefangen hat alles in einem Kinderzimmer in Dresden! Da sage noch einer, die Werbung erzähle keine Märchen. ≈≈≈≈≈≈≈≈≈≈≈≈≈≈≈≈≈≈≈≈

≈≈≈≈≈≈≈≈≈ Jürgen Scholz zählt zu den bedeutendsten deutschen Werbern der Nachkriegszeit und gilt als Mitbegründer von gleich zwei Werbestandorten. Er gründete mit Günther Gahren und Vilim Vasata 1956 erst in Mülheim an der Ruhr und dann in Düsseldorf die Agentur Team, aus der später die größte deutsche Agentur, BBDO Deutschland, hervorging. Drei Jahrzehnte später eröffnete er in Hamburg ein zweites Mal eine Werbeagentur: Seiner Neugründung Scholz & Friends wird ein wesentlicher Anteil am Aufstieg Hamburgs zur kreativen Werbehauptstadt zugeschrieben. Seit seinem Rückzug aus der Agentur widmet er sich seinem Landgut in Schleswig-Holstein und berät als Aufsichtsrat die Agentur Jung von Matt. ≈≈≈≈

…scher Kriterien muß in die … übertragen werden. Dann ist der Weg frei für bessere Werbung.

TAGESSPIEGEL: ***Wie sehen Sie im Bereich der Werbeagenturen die Entwicklung für Berlin?***

VON MATT: Ich bin überzeugt, daß Berlin die kommende Werbestadt ist. Vor drei Jahren wollte unsere Agentur unbedingt nach Berlin kommen. Leider haben wir damals aber keine Leute auf dem gewünschten Niveau gefunden, die bereit waren, in diese Stadt zu gehen. Hamburg ist auf jeden Fall nicht die Agenturstadt der Zukunft. Die hohe Konzentration von Agenturen in Hamburg führt zu einer Verrohung der Sitten. Damit zerstört solch eine Hochburg sich dann irgendwann selbst. Nach meinem Gefühl ist die nächste Stadt Berlin. Da der Trend hierher geht und die Stadt spannend und aufregend ist, müßte sie für Werbeleute attraktiv sein. Wenn ich nicht durch die Agentur an Hamburg gebunden wäre, würde ich persönlich sofort nach Berlin gehen. Ich wäre in einem Monat hier.

Quelle: Jean-Remy von Matt, Hamburg, in „Der Tagesspiegel", Berlin, 15. März 1998, Seite 31

Die beste Werbung kommt immer noch aus Hamburg.

SCHOLZ & FRIENDS BERLIN

Kommen Sie allein, oder bringen Sie Ihre Agentur einfach mit. Telefon 0 30/2 85 35-300, Fax -599

D A

N K

Mitgesprungen sind:

Aeby, Christian
Albrecht, Ute
Alefi, Fahim
Altpeter, Bernd
Andexer, Anja
Apse, Andris
Arndt, Ivonne
Aubke, Jeanette

Bandilla, Yannah
Baeseler, Sabine
Barbé, Manuella
Beek, Marion
Beer, Stefanie
Behrendt, Sebastian
Bellstedt, Dr. Hans
Below v., Marie-Louise
Berning, Judit
Beutler, Anja
Beyer, Michael
Beyer, Nico
Beyer, Stefan
Birkeneder, Andreas
Bittermann, Dirk
Blohm, Kerstin
Blume, Jens
Böker, Sven
Boldt, Jens
Bolz, Regina
Bonewitz, Maximilian
Bonzel, Jean Baptiste
Booth, Denise
Bothe, Angelika
Botsch, Silke
Bracht, Christian
Brändlein, Frank
Braun, Florian
Brecht, Nadine
Bredendieck, Jörg
Breuer, Matthias
Brock, Carsten
Bruesehaber, Stefan
Bruns, Maria
Bu, Xiaohong
Buck, Simon
Buddensiek, Dirk
Bühre, Heidrun

Caprano, Thomas
Choe, So-Hyon
Choi, Chon
Chtcherbinina, Svetlana
Cordes, Alexander
Cremer, Johannes

Daliri, Barbara
Defounga, Nina
Deussen, Guido
Diers, Manfred
Drenckhahn, Susanne
Drießler, Gernot
Drießler, Claudia
Drobnitza, Sven
Dubois, Nadja
Düppe, Götz
Durmus, Özden
Durst, Daniel
Düttmann, Uwe

Ebneter, Felix
Effner, Gundula
Eichhorn, Ron
Eichler, Matthias
Ellinghaus, Martin
Erdmann, Pamela
Esbruch, Manuela
Esslinger, Annett
Evenson, Dirk
Evers, Frank

Feiertag, Veronika
Feldbusch, Monika
Fiederer, Robert
Fiedler, Heike
Fiessinger, Hedwige
Finke, Daniela
Fischer, Georg
Flatow, Alexandra
Flessner, Stefan
Flöthmann, Frank
Fort, Franziska von le
Franchini, Angela
Frank, Witja Ekkehard
Frerker, Angelika
Fricke, Sandra
Friedrich, Bernd
Fröscher, Jan
Fuglsig, Nicolas
Funk, Andreas
Fusz, Marco

Gaeltzner, Hans-Jürgen
Gahren, Günther
Gaillard, Marie Toya
Gallander, Sebastian
Galley, Nicole
Gangloff, Thorsten
Georgi, Carola
Glage, Sven-Ulrich
Glanz, Karen
Glatzel, Katrin
Glynn-Smith, Jonathan
Göbel, Jana
Götte, Luise
Göttert, Benedikt
Graef, Annette
Grautmann, Maren
Grawert-May, Verena von
Greißinger, Barbara
Grell, Roswitha
Gronle, Thomas
Grote, Andreas
Grün, Michael
Gundlach, Kai-Uwe

Hagge, Sören
Hahn, Corinna
Haider, Doris
Halemeyer, Dietrich
Hamm, Hubertus
Hammerlindl, Klaus
Handlos, Oliver
Hansen, Ronel
Hartmann, Erika
Hartz, Daniel M.
Hauptmeier, Saskia
Havlicek, Nina
Heckener, Claudia
Heilmann, Prof. Thomas
Heintzsch, Carsten
Hempel, Stefan
Henkes, Gisela
Hentschel, Dagmar
Hermann, Susann
Herrmann, Christoph
Heuck, Kristina
Heyde, Peter
Heymach, Kerstin
Hoedt, Axel
Hoenigl, Franz
Hohmann, Till
Holly-Ponientzietz, Ina von
Holz, Ines
Holzmaier, Nadja
Homoki, Robert
Hoppenstedt, Joerg
Hüdig, Burghard
Humborg, Christian
Hunger, Peter
Huss, Isabella
Huss, Ralf

Imgenberg, Klaas

Jaeger, Michael
Jahn, Joerg
Jaiser, Wolfgang
Jakob, Doreen
Jansen, Florian
Janson, Ingmar
Jeibmann, Jürgen
Jessen, Birte
Johnen, Josef
Jork, Solveig
Josimowitc, Josh
Julian, Oliver
Jungnitsch, Imke
Juntke, Nadja

Kahlert, Wibke
Kaiser, Kerstin
Karbe, Katharina
Karpinski, Jürgen
Kauk, Miriam
Khan, Jamal
Klähr, Elke
Klass, Helmut
Klaß, Anja
Klenzendorf, Christoph
Kloep, Rüdiger
Kloss, Christina
Knobelspies, Reinhard
Knust, Sabine
Köditz, Michael
Koenig, Karola
Kolb, Matthias
Kommer, Janine
Kopatsch, Sascha
Kosfeld, Erich-Andree
Koslik, Matthias
Koslowski, Julia
Kotte, Anatol
Kotte, Barbara
Kramer, Ulrich
Krapp, Martin
Krause, Robert
Krebs, Dagmar
Krempl, Johannes
Krogerus, Mikael
Krüger, Madeleine
Krumsick, Axel
Kuka, Marion
Kunhenn, Michael
Kuschel, Heike

Lachmann, Katrin
Lahme, Uwe
Lancina, Nicole
Landmark, Nils
Laube, Archibald
Lauenstein, Christoph
Laux, Angela
Lawaczek, Axel
Lehmann, Carsten
Leick, Stefan
Lepkowski, Gunter
Leube, Jan
Lieberknecht, Werner
Liedmeier, Ronald
Linde, Holger
List, Iven
Lochbihler, Peter
Lönhart, Anne-Sophie
Löser, Kathrin
Lübbe, Jürgen
Lübke, Kay

Marks, Günter
Martin, Gesine
Maser, Kai
Matla, Thomas
Matthaei, Silke
Matthee, Frank
Matthias, Andrea
Matthias, Cosima
Matzer, Jochen
Maus, Stephan
Mayr, Tanja
Meckenstock, Christian
Meier, Julia
Meitzner, Nicola
Melzer, Frank
Menzel, Birgit
Meusel, Matthias
Meyer-Vandenberg, Torsten
Monske, Jens
Montag, Alexa
Mörmann, Hans
Mothwurf, Ono
Muhle, Victoria
Mühler, Martina
Müller, Tanja
Müller, Dietmute
Müller-Trimbusch, Anna
Münkner, Grit
Müßiggang, Darja

Naumann, Nanda
Neef, Nina
Neumann, Sebastian
Newton, Helmut
Noack, Klaus
Nolte, Gabriele
Nowara, Myriam
Nunneley, Marc

Oelert, Claudia
Olbrich, Guido
Oldenburg, Claus
Omvik, Stefan
Orschel, Hartmut
Ottmann, Tobias
Owens, Garry
Özbek, Murat
Ozswald, Uta
Peplow, Matthias
Peters, Susanne
Pilgrim, Jessica
Pilz, Jenny
Pingel, Holger
Pino, Sandra
Pitschke, Claudia
Plinz, Florian
Plümecke, Lutz
Prachnau, Angela
Prien, Linda
Princelle, Meike
Prinzenberg, Sandra
Pross, Martin
Puri, Nina
Püttmann, Raphael

Quester, Peter
Quilitzsch, Daniela

Rahaus, Janina
Rahtjen, Kristian
Raidt, Axel
Ramme, Georg
Rampersand, Ramanan
Rann, Jens
Rappsilber, Kai
Reichel, Inez
Reichelt, Peggy
Reichenbach, Petra
Reif, Cosima
Rejmann, Helena
Reinhold, Annette
Reinking, Elke
Reisel, Ralf
Reiß, Manuela
Reiß, Nicole
Rellin, Martina
Rente, Wolfgang
Richter, Maik
Richter, Viola

Riechert, Carsten
Ring, Wolfgang
Roberts, Maak
Roeder, Philipp von
Rogatz, Christel
Rosik, Marcus
Röske, Andrea
Roßbach, Dirk
Roth-Belkova, Aleksandra
Rothbart, Petra
Rothe, Dirk
Rothin, Ilona
Ruddigkeit, Raban
Rudolph, Charlotte
Rühmann, Björn
Runge, Rudolf
Rzepka, Alice

Schack, Holger
Schalk, Christian
Schallnau, Thomas
Scheer, Stephanie
Schenk, Stefanie
Schierwater, Torsten
Schilling, Sandra
Schimpl, Marita
Schindler, Petra
Schirmer, Kerstin
Schlaudraff, Arndt
Schlott, Dr. Ulrike
Schlüter, Kai
Schlutter, Wolfgang
Schmid, Christiane
Schmid-Burgk, Niko
Schmidt, Julia
Schmidt, Matthias
Schmidt, Michael
Schmidt, Sabine
Schmidt-Bleek, Fritz
Schmiedeberg, Markus
Schmill, Melanie
Schmitz, Silvia
Schoberer, Martin
Scholze, Eva
Schön, Christian
Schöner, Jörg
Schöneweis, Bernd
Schönholz, Prof. Wolfgang
Schöpfer, Joachim
Schrag, Patrick
Schult, Ulrike
Schulze, Michael
Schumann, Olaf
Schürer, Ines
Schuster, Birgit
Schwarting, Kristian
Schwarz, Lutz
Schwarz, Stefan
Schwesinger, Mark
Seegers, Kathrin
Seemann, Martin
Seiland, Alfred
Seltmann, Oliver
Siegmund, Elisabeth
Siewert, Alexander
Simon, Evelyn
Skoluda, Anna Clea
Sobolowski, Ira
Soltek, Moi
Sonie, Bheppi
Spaetgens, Matthias
Specht, Anke
Spilker, Stephan
Starkulla, Burkhard
Steiner, Beate
Steinke, Milena
Stenzel, Andi
Stöhr, Christiane
Stuhr, Jens
Suraj, Oliver
Szabo, Szliva
Tänzer, Klaus
Thomas, Christian
Toll von, Britt
Troppenz, Erich
Truhlar, Piet
Tümpling von, Timo
Turanskyj, Tatjana
Turner, Carl

Uetz, Petra
Ugwuanyi, Ijeoma
Ulbricht, Kristin
Ulrici, Tina-Katrin
Untermann, Marlis

Vaitonis, Keti
Vardakis, Christina

Wagner, Anke
Wagner, Christian
Wagner, Maia
Walter, Susanne
Wandke, Katrin
Warnholtz, Felix
Weber, Lars
Weiler, Andina
Weimann, Nina
Welsch, Axel
Wendt, Andrea
Wenzel, Manuela
Westberg, Valerie
Wiens, Katrin
Wilke, Sebastian
Willmann, Sabine
Wingrat, Franka
Winkler, Daniela
Winstroth, Lutz
Winter, Cornelius
Winter, Magnus
Winterhagen, Michael
Winterhager, Penelope
Wittmann, Annette
Wöbken, Hergen
Wollrath, Oda
Woutskowsky, Tanja
Wulf, Gesine

Zahlten, Timm
Zehnder, Alexandra
Zipperer, Kerstin

Wir haben uns bemüht, vollständig zu sein. Falls wir einen Namen übergangen haben sollten, bitten wir um Entschuldigung – und um eine Nachricht, damit wir es in der nächsten Auflage berichtigen können.

Bildlegende

📷 Fotograf
✎ Illustrator
@ Multimedia-Agentur
Regisseur
Filmproduktion

TITEL 📷 Archivbild, ✎ That's it!
0-1 📷 Archivbild, Matthias Koslik
2-3 📷 Archivbild, ✎ That's it!
4-5 📷 Matthias Koslik
6-7 📷 Archivbild
8-11 📷 Matthias Koslik
12-13 📷 Archivbild
14-59 📷 Matthias Koslik
60-61 📷 Archivbild
62-63 📷 Matthias Koslik
66-67 📷 Archivbild
70-93 📷 Matthias Koslik
96-97 📷 Archivbild
98-105 📷 Matthias Koslik
106-107 📷 Marcus Rosik
108-109 📷 Matthias Koslik
110-111 ✎ Gerhard Richter 📷 Werner Lieberknecht
112-113 ✎ taz-Redaktion
114-115 ✎ Lutz Plümecke
117 📷 Leser der Sächsischen Zeitung
118-121 📷 Matthias Koslik
123 📷 Werner Lieberknecht
124-125 📷 Matthias Koslik
126-129 📷 Archivbild, Jürgen Jeibmann, Werner Lieberknecht
130-131 📷 Archivbild
132-133 📷 Matthias Koslik, Matthias Kolb
134-135 📷 Archivbild, Werner Lieberknecht, Jörg Schöner
136-137 📷 Matthias Kolb
138-139 📷 Matthias Koslik
140-143 📷 Archivbild
144-145 📷 Gunter Lepkowski
146-147 ✎ Murat Özbek
148-149 📷 Gunter Lepkowski
150-151 📷 Sven-Ulrich Glage
152-153 📷 Matthias Koslik
154 📷 Frank Evers, 📷 Kai-Uwe Gundlach
156-157 📷 Niko Schmid-Burgk
159 📷 Christian Thomas
160-161 📷 Jens Boldt
162-163 📷 Matthias Koslik
164-167 📷 Archivbild
170-173 📷 Alfred Seiland
173 📷 Helmut Newton
174-179 📷 Alfred Seiland
180-181 📷 Magnus Winter
182 ✎ Thomas Schallnau

183 Werner Lieberknecht
184-185 Christian Aeby
Glass Film
188-189 Matthias Koslik
190-193 Daniel M. Hartz
194-195 Matthias Koslik
196-199 Nico Beyer
Mann im Mond
201 Jürgen Karpinski
203 Matthias Koslik
205 Werner Lieberknecht
206-207 Matthias Koslik
208-209 Chon Choi
repr. v. Claudia Nerger
211 Andris Apse,
Dietrich Halemeyer
212-213 Nico Schmid-Burgk
214-215 Ralph Baiker
216-219 Nicolas Fuglsig
Zentropa Commerzials,
Therese Oliver
220-225 Matthias Koslik
226 Gary Owens
229 Matthias Koslik
Stefan Leick
230-233 Matthias Koslik
235 Johannes Cremer
(Craftsmen)
242-243 Jürgen Jeibmann
244-245 Matthias Koslik
246-247 Christoph Klenzendorf
248 @ Aperto Multimedia
249 Maak Roberts, Z 21
250-251 Silke Botsch,
Carsten Lehmann
Trigger Happy
Productions
252-253 Gunter Lepkowski
254 Christoph Lauenstein
Lauenstein & Lauenstein
255 @ Aperto Multimedia

256 @ 3000communications
256-257 Archivbild
258-259 Matthias Koslik
260-261 Nadja Juntke
262-265 Matthias Koslik
271 Magnus Winter
274-275 Michael Grün
276-277 Matthias Koslik
278 Ilona Rothin,
Rudolf Runge,
Sabine Willmann,
Wolfgang Jaiser
281 Burghard Hüdig
282-283 Ilona Rothin,
Rudolf Runge
284-285 Sabine Willmann
Filmakademie
Baden-Württemberg
Ilona Rothin
Runge TV
Nils Landmark
av communication
286-287 Kristian Rahtjen
288-289 Archivbild
290-293 Alfred Seiland
294-295 Matthias Koslik
296-297 Chon Choi
repr. v. Claudia Nerger
299 Georg Fischer
302-303 Christian Aeby
Glass Film
306-307 Marc Nunneley
Flyx Film
308-309 Christian Thomas
310-311 Matthias Koslik
312-313 Dietrich Halemeyer
314-315 Bheppi Sonie
316-317 Sven-Ulrich Glage
318-319 Archivbild
320-321 Klaus Noack
322-323 Frank Flöthmann

324-325 Matthias Koslik
327-329 Archivbild
330-331 Uwe Düttmann
332-333 Sammlung Alte Meister,
Dresden
335 Charlotte Rudolph
Wassily Kandinsky
336-337 Archivbild
338-339 Matthias Koslik
342-343 Archivbild,
Matthias Koslik
344-345 Archivbild,
Guido Deussen,
Werner Lieberknecht
346 Axel Hoedt (GB, London),
Hubertus Hamm
347 Jonathan Glynn-Smith,
Anatol Kotte
348-349 Toursalon: Katrin Wiens
350-351 Klaus Tänzer
352-353 Matthias Koslik,
Archivbild
354-355 Thomas Gronle,
Archivbild
356-357 Matthias Koslik
359-365 Ron Eichhorn
Josh Josimowitz
Zak
366-367 Matthias Koslik
370-371 Alfred Seiland
372-373 Archivbild
374-377 Matthias Koslik
378-379 Archivbild
383 Tante Hanni
385 Melzer
390-391 Archivbild
392-397 Matthias Koslik
400-401 Archivbild

Kristian Rahtjen
(Packshots)

Sebastian Turner
Der Vorstandssprecher des Art Directors Club wurde 1966 in Clausthal-Zellerfeld geboren. 1985 gründete er die Zeitschrift MediumMagazin, die er zehn Jahre lang herausgab. Das Studium der Politikwissenschaft schloss er an der Duke University (USA) ab. Nach dem Fall der Mauer gründete er mit Partnern zunächst in Dresden, dann in Berlin die Agentur Scholz & Friends. Turner ist einer der meistausgezeichneten deutschen Kreativen und lehrt als Gastprofessor an der Hochschule der Künste in Berlin.

Petra Reichenbach
Die Designerin, geboren 1963 in Aachen, studierte an der Meisterschule für Mode in München. Erste Erfahrungen in der Werbung sammelte sie in einer Münchner Werbeagentur, ehe sie als Editorial Designer zum New York Times Magazine wechselte. Seit ihrer Rückkehr lebt sie in Berlin und Halle an der Saale und arbeitet für die Werbeagentur Scholz & Friends Berlin. Sie ist Mitglied des Art Directors Club, ihre Arbeiten wurden vielfach international ausgezeichnet.

Matthias Koslik
Der Fotograf wurde 1961 in Freiburg im Breisgau geboren. Nach einer Fotografenlehre arbeitete er zunächst als Art Director und machte sich mit einer Werbeagentur selbstständig. Als freier Fotograf lebte und arbeitete er in New York, London, Hong Kong, Taiwan, San Francisco und Appenzell, ehe er sich 1996 in Berlin mit einem eigenen Studio niederließ. Zu seinen Kunden zählen internationale Marken und Agenturen. Bilder von ihm wurden regelmäßig ausgezeichnet, zuletzt vom Art Directors Club.

Die deutsche Bibliothek –
CIP-Einheitsaufnahme

Spring! : das Geheimnis erfolgreicher Werbung / Sebastian Turner; Petra Reichenbach. Mit Fotos von Matthias Koslik. – Mainz : Schmidt, 2000

ISBN 3-87439-543-X

Verwendete Schriften:
Original Garamond, Garamond Expert Adobe, Stempel Garamond, LegacySansS&F, Meta, Housebroken Clean

Papier:
Job Parilux matt weiß, 135 g, von Scheufelen und Munken Elk, 115 g, von Drissler

Lithoarbeiten:
Appel Grafik Berlin

Gesamtherstellung:
Universitätsdruckerei H. Schmidt, Mainz

Printed in Germany

Credits-Symbole mit der freundlichen Genehmigung von Lürzer's Int'l Archive.

Verlag Hermann Schmidt Mainz
Robert-Koch-Straße 8
55129 Mainz
Tel.: 0 61 31/50 60 30
Fax: 0 61 31/50 60 80
info@typografie.de
www.typografie.de

Scholz & Friends Berlin
In der Dampfbrotbäckerei
Wöhlertstraße 12/13
10115 Berlin (Mitte)
Tel.: 030/2 85 35 300
Fax.: 030/2 85 35 597
st@sfberlin.de
www.sfberlin.de

Wir danken den Berliner Bäderbetrieben für die freundliche Unterstützung.